余胜海 ◎ 著

能源战争

图书在版编目(CIP)数据

能源战争 / 余胜海著. —— 北京：北京大学出版社，2012.1
ISBN 978-7-301-19918-3

Ⅰ.①能… Ⅱ.①余… Ⅲ.①能源-国际争端-研究 Ⅳ.①D815.9

中国版本图书馆CIP数据核字(2011)第262398号

书　　　　名：	能源战争
著作责任者：	余胜海 著
责 任 编 辑：	贾米娜
标 准 书 号：	ISBN 978-7-301-19918-3/F·2998
出 版 发 行：	北京大学出版社
地　　　　址：	北京市海淀区成府路205号　100871
网　　　　址：	http://www.pup.cn　电子邮箱：em@pup.pku.edu.cn
电　　　　话：	邮购部 62752015　发行部 62750672　编辑部 62752926
	出版部 62754962
印　　刷　者：	北京宏伟双华印刷有限公司
经　　销　者：	新华书店
	720毫米×1020毫米　16开本　18.75印张　279千字
	2012年1月第1版　2012年3月第2次印刷
定　　　　价：	38.00元

未经许可，不得以任何方式复制或抄袭本书之部分或全部内容。
版权所有，侵权必究
举报电话：010-62752024　　电子邮箱：fd@pup.pku.edu.cn

前言 PREFACE

美国前国务卿基辛格说:"如果你控制了石油,你就控制了所有国家。"

近百年来,石油促进了世界社会经济的发展和人类的文明进步,同时也让人类付出了惨痛的代价。特别是自20世纪50年代进入"石油时代"以后,世界各国为了争夺石油资源而导致的冲突和战争层出不穷。当我们回过头梳理百年来的战争史时,才发现很多战争都是围绕着石油资源而进行的博弈。从两次世界大战到连绵不断的中东战争,再到2011年爆发的利比亚战争以及不断升温的中国南海主权争端,无不带有强烈的能源色彩。

在19世纪,俄国人和英国人在阿富汗和中亚争夺势力范围,进行剑拔弩张的大博弈。在全球石油、天然气、煤炭供求日趋紧缺的背景下,各国对石油资源的争夺也日趋白热化。大国之间的能源战略暗潮激荡,全球政治风云波澜迭起。

20世纪后半叶的两次"石油危机"已经为全球社会敲响了警钟。随后,人类为寻找石油替代能源而做出了种种努力,核能、太阳能、风能等新能源异军突起,人类似乎看到了减少对石油过度依赖的一丝曙光。然而好景不长,进入新世纪,油价的剧烈震荡使得全球社会的脉搏也加速跳动,第三次石油危机的爆发令全世界惊恐不已。

2011年3月,由于受到利比亚战乱的影响,国际油价大幅攀升,一度升至110美元一桶,创下自2008年9月以来的新高。目前,油价每桶仍在100美元上下的水平徘徊,全球进入高油价时代,第四次世界石油危机正向我们逼进。

联合国能源署发布公告称,高油价必定成为一种常态!因为全球从20世纪70年代起就再也没有发现过大型的油田,以目前世界的原油藏量,大概只能再开采20年,天然气只能再开采30年,煤炭只能开采100多年。对于能源危机,我们每一个国家都不能置身事外,必须未雨绸缪。

随着各国对能源需求的不断增长,围绕争夺最后的油气资源的斗争仍然是21世纪地缘政治的主题。从委内瑞拉到俄罗斯,从里海到波斯湾,从地中海沿岸到西非的几内亚湾,无一不受影响。更为严重的是,石油已经与反恐和人权联系在一起,成为发动战争的理由,世界政局充满了不确定性。

现在发展中国家已成为全球能源消费的主体,全球能源消费的中心正在向亚洲转移。随着以中国、印度等为代表的发展中国家的崛起,全球能源消费和贸易格局逐步转变。一场21世纪的能源争夺战正如火如荼地在美国、日本、中国、俄罗斯等几个大国上演。谁能在这场能源博弈中取胜,谁就能在未来竞争格局中占据主动。

目前,中国成为世界第二大石油进口国和第二大石油消费国。到2011年我国石油对外依赖度已突破55%,到2020年将达到75%,能源已经成为制约中国经济发展的"软肋"。专家预计，中国的石油25年内将枯竭，煤炭只够用100年，能源的开发利用面临着经济增长和环境保护的双重压力，而现在南海主权争端风起云涌，硝烟弥漫，战争一触即发。

值得关注的是，中国在利用国际石油资源的方式上，主要采用贸易方式，因此，国际石油市场的任何风吹草动，都会对我国的国家利益产生巨大影响。长期以来，我国对影响石油供给和波动的各种因素研究不够，跟踪不深，特别是对石油价格波动背后极为隐秘的地缘政治因素了解不多，对国际石油供给波动缺乏预见，更缺少影响国际石油供求的有效手段。同时，我国在国际石油定价中的话语权还很弱，总是被动接受国际石油价格变化，难以转嫁成本。在对国际石油资源依赖性越来越强的情况下，石油价格的涨跌直接影响到我国的经济利益和国民福利。特别是一些国际石油寡头，利用我国石油供求的临时性断档，操纵石油价格，使我们在石油贸易中承受了很大的压力，蒙受了巨大的损失。

特别是2008年全球金融危机爆发后，石油的金融属性日显突出，在一个只有"中国需求"却没有"中国价格"的国际石油价格定价权体系下，构建中国"石油金融一体化"体系是我们亟待解决的问题。

如果说，在20世纪，谁控制了足够的石油资源，谁就能在地缘政治中占据主动并保证本国经济的独立发展，那么，在21世纪，谁掌握了新能源技术，谁就掌握了未来经济和技术进步的主动权，新能源技术将成为改变世界政治经济格局的重要因素。因此，各国在促进新能源产业发展的政策中不遗余力，纷纷争抢全球新能源战略的制高点，于是，新能源资源又成了国家之间新的潜在紧张关系和冲突的来源。

中国作为世界上人口最多、发展最快的发展中国家，对能源的需求不断增长，发展新能源是一场输不起的战争，节能减排更是一种自我救赎。

一方面，我们要大力发展新能源产业；另一方面，也要着重提高传统能源的使用效率，转变经济增长方式。严峻的现实已经不容我们有丝毫停留，着力开发可再生绿色能源，并使其在保障能源供应、维护国家能源安全方面扮演重要角色，是我国经济持续发展的必然战略选择。

目录 CONTENTS

第一章 浸淌着鲜血的石油战争

> 石油是黑色的金子,但同时它又是引发灾难的魔鬼。自从1909年英国人达西在波斯湾打出了第一口油井,石油便与战争结下不解之缘。百年来,石油促进了世界社会经济的发展,促进了人类的文明与进步,同时也让人类付出了沉重的代价。当我们回过头梳理近百年的战争史时,才发现很多战争都是围绕着石油资源而进行的博弈,从两次世界大战到局部战争,无不带有强烈的石油色彩。

石油的百年悲歌 / 3

第一次世界大战:不为人知的石油战 / 7

第二次世界大战:为石油而战 / 10

石油:中东战争绕不开的主题 / 12

利比亚战争:掌控全球石油的"水龙头" / 22

第二章 大国间的能源博弈

在这个能源为王的时代,谁控制了石油,谁就控制了世界经济。在全球石油、天然气供求日趋紧缺的背景下,中国、美国、俄罗斯、日本四个大国之间的能源战略暗潮激荡,全球政治风云波澜迭起,一场21世纪的能源争夺战正如火如荼地上演着。谁能在这场能源博弈中取胜,谁就能在未来格局中占据主动。

中哈油管牵动美国神经 / 31
一波三折的"泰纳线" / 35
中美能源在竞合中博弈 / 38
中俄能源合作的国家利益之争 / 42
中日能源竞争多线交锋 / 47
石油:美国获取霸权的利器 / 51

第三章 石油与地缘政治大变局

剑桥能源研究协会主席丹尼尔·尤金说:"石油,10%是经济,90%是政治。"由于石油的政治属性,它在地缘政治中发挥着不可忽视的重要影响,不论是能源的消费和使用、能源的生产和供应,还是能源的运输和价格波动都与地区性地缘政治问题息息相关。历史也证明,世界能源格局一直处于变动和演进之中,这就进一步增加了油价长期趋势的不确定性。

石油是最大的政治 / 59

能源钳制世界地缘政治格局 / 62

里海纷争背后的大国政治博弈 / 64

东北亚局势影响中国能源安全 / 68

叙利亚危机牵动整个中东政治格局 / 70

美国中东扩张的政治阴谋 / 73

第四章　中国能源现状

中国是世界上第二大能源生产国和第二大能源消费国。经过几十年的努力，已经形成了以煤炭、电力、石油、天然气为主，以可再生能源为辅的多元化能源生产供应体系。但是目前，中国的能源消费进入快速增长时期，以石油、天然气为代表的清洁能源供需矛盾日益突出，进口量越来越大，能源已经成为制约中国经济发展的瓶颈。因此，调整能源消费结构，提高能源利用效率，减少碳排放，确保能源安全刻不容缓。

中国能源构成与分布 / 81

脆弱的天然气 / 90

能源供需矛盾突出 / 93

中国能源发展的路径 / 97

能源安全面临的挑战 / 101

能源安全的应对策略 / 106

第五章 石油危机逼近中国

当今世界，能源已经成为政治和经济力量的通货，是一个国家稳定发展和物质进步的一个新的筹码。获得能源成为21世纪压倒一切的首要任务。能源对于今日中国之意义，从来也没有如此重要过。20世纪90年代以来，中国的能源需求急剧增长，国民财富大量溢出，对外依存度也越来越高。到2011年中国的石油对外依存度已突破55%，专家预测，到2020年，将达到75%，国内石油25年内将枯竭，石油危机逼近中国。

中国石油即将消耗殆尽 / 113

历史上的三次全球石油危机 / 118

第四次石油危机一触即发 / 123

中国陷入"石油魔咒" / 126

中国必须正视石油危机 / 130

高油价时代考验中国 / 134

第六章 "走出去"破解能源困局

在过去的十几年间，"走出去"战略一度让中国企业扮演了国际市场最为凶悍的投资主体的角色，而中石油、中石化、中海油作为央企阵营中确保国家能源安全的要害部门，其海外投资热潮更是一浪高过一浪，在这场能源争夺战中喜忧参半。未来的海外找油之路依然充满艰辛与风险，面对异常残酷的竞争，中国石油企业"走出去"能否破解能源困局？

"走出去"广辟油源 / 139

四面出击 / 142

海外投资频频失手 / 147

破解"马六甲困局" / 152

打通国际油气通道 / 155

第七章　煤炭大国之忧

煤炭是中国的主要能源，产量居世界第一位，煤炭在中国一次性能源生产和消费结构中占到70%以上。按目前的开采水平，世界煤炭剩余储量可供开采192年，而中国仅可供开采110年。长期以来，我国的煤炭资源没有得到合理的开发利用，资源浪费和环境污染十分严重。加强对煤矿安全的监管，降低煤炭作为终端能源使用的比例，推动煤炭资源的清洁化利用，减少对生态环境的污染，实现经济、社会可持续发展已成为中国的当务之急。

中国煤炭资源概况 / 161

煤炭生产存在的问题及对策 / 163

煤矿行业整合风暴 / 167

煤炭运输面临的"瓶颈" / 170

煤炭资源未来需求趋势 / 173

中国煤炭能源的出路 / 176

第八章 核电大国的安全考量

核能是地球上储量最丰富的能源,又是高能量密集型和高风险的可再生能源。中国的核电虽起步较晚,但后来居上。目前中国核电站在建规模居世界首位。2011年3月,日本福岛核电站发生泄漏事故以后,引发了全球核电信任危机,核电安全成为全世界关注的焦点,正处在发展高峰时期的中国核电该何去何从?中国的核电与外国相比有哪些安全特性?能否经得起考验?

后来居上的中国核电 / 181

核电的利与弊 / 185

世界核电技术的演变 / 187

中国核电的安全特性 / 192

中国发展核电面临的挑战 / 194

第九章 新能源战略争锋

新能源具有可再生的特性,被视为未来经济领域的下一个IT和取之不尽、用之不竭的巨大"金矿"。新能源产业对于世界各国来说不仅蕴藏着巨大商机,还具有保障国家能源安全的战略意义,关系到国家经济的长远可持续发展和长治久安。因此,各国在促进新能源产业发展的政策上不遗余力,争抢全球新能源战略的制高点。这场新能源争夺战或许不会出现血流成河的可怕景象,但对于能源消费大国来说,新能源是一场输不起的战争。

新能源：一场输不起的战争 / 203

中国5万亿做大新能源产业"蛋糕" / 206

美国引领绿色工业革命 / 209

日本力拔全球新能源头筹 / 212

印度发展新能源不遗余力 / 216

欧盟构筑"绿色壁垒" / 219

中美打响新能源贸易战 / 225

第十章 中国新能源畅想

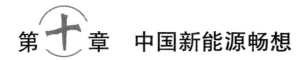

如果说，在20世纪，谁控制了足够的油气资源，谁就能在地缘政治中占据主动并保证本国经济的独立发展，在21世纪，谁掌握了新能源，谁就掌握了未来经济和技术进步的制高点及主动权，新能源技术将成为改变世界政治经济格局的重要因素。那么，中国新能源发展的现状和前景如何？未来将有哪些新能源进入我们的生活？

新能源时代的中国力量 / 231

中国新能源产业前景光明 / 235

新能源汽车离我们有多远？ / 238

光伏产业由配角向主角演变 / 243

方兴未艾的生物质能源 / 249

可燃冰向我们走来 / 251

氢能：21世纪的宠儿 / 253

第十一章 硝烟弥漫的南海争端

近年来,中国南海局势不断升温,争议各方剑拔弩张,再度紧张的局势引起国际社会的高度关注。越南、菲律宾、马来西亚等周边国家在美国的支持下,抱团侵占南海岛礁,掠夺海洋资源,企图瓜分南海,战争一触即发。美国学者宣称,南海问题将成为检验中国是否和平崛起的"试金石",解决南海主权争端考验着中国的智慧。

南海问题的历史溯源 / 261

导致南海纷争的原因 / 264

被外国掠夺的南海 / 266

美国介入南海争端的图谋 / 267

中国在南海为何望油兴叹 / 271

如何破解南海争端 / 275

南海问题备忘录 / 278

附　录　主要参考文献 / 283

后　记 / 286

第一章

浸淌着鲜血的石油战争

石油是黑色的金子，但同时它又是引发灾难的魔鬼。自从1909年英国人达西在波斯湾打出了第一口油井，石油便与战争结下不解之缘。百年来，石油促进了世界社会经济的发展，促进了人类的文明与进步，同时也让人类付出了沉重的代价。当我们回过头梳理近百年的战争史时，才发现很多战争都是围绕着石油资源而进行的博弈，从两次世界大战到局部战争，无不带有强烈的石油色彩。

石油的百年悲歌

石油是黑色的金子，但同时它又是引发灾难的魔鬼。当我们还在骑自行车的时候，某个地区的战争，只不过是收音机里听到的一条消息。当我们开上汽车的时候，我们发现战争和加油站不断滚动的数字之间，似乎有了某种联系。

2003年，美国发动伊拉克战争，国际油价从70美元飙升到了140美元，2011年3月，利比亚战争爆发，国际油价大幅攀升，一度升至106.95美元一桶，创下自2008年以来的新高。目前，每桶油价仍在100美元上下的水平徘徊，而中国的油价从每升2元多涨到了今天的7元多，全球进入高油价时代，于是中国人开始关心一个问题，我们的石油从哪里来？战争和油价之间究竟有着怎样的联系？

当我们梳理近百年的战争史时，才发现很多战争都是围绕着石油资源而进行的博弈。百年来，石油促进了世界社会经济的发展，促进了人类的文明与进步，同时也让人类付出了沉重的代价。特别是自20世纪50年代世界进入"石油时代"以后，世界各国为了争夺石油资源而导致的冲突和战争层出不穷。在近现代战争史上，无数次战争因石油而起。从两次世界大战到一系列的局部战争，无不带有强烈的石油色彩。

1859年，美国人德雷克在宾夕法尼亚发现石油，这是美国石油开发的开始，也是世界石油大规模商业性开发的开始。只是，当时的美国，在发达的欧洲之外。石油需要得到欧洲人的肯定，才会重新影响美国与世界。

1885年德国发明了世界上第一台实用燃油引擎，1909年英国人达西在波斯湾打出第一口油井。1911年,温斯顿·丘吉尔担任英国海军大臣,把海军军舰的动力燃料改为石油,并开始寻求拥有和控制石油资源,从此,石油便与战争结下不解之缘。

波斯湾的石油帮助英国在两次世界大战中打败了德国,但是波斯湾这个世界石油宝库,也把整个中东地区卷入了一场又一场的石油战争。直到今天,战火仍在燃烧。苏伊士位于北非大陆和西奈半岛之间,南接红海北临地中海,是亚洲和非洲的分界线。苏伊士拥有曼扎拉湖、提姆萨赫湖和苦湖,土地由海洋沉积物降雨时积存的砂砾、尼罗河的冲积土和吹来的沙等构成。早在四千多年前,古埃及的索斯特里斯法老当政时期,聪明的埃及人就开凿了一条运河,但运河的路线与今天的苏伊士运河稍有不同。7世纪上叶,阿拉伯人入侵埃及后再次疏浚了这条运河。把尼罗河流域丰富的谷物,运往沙漠中的圣地麦加。8世纪埃及人出于军事上的考虑,堵塞了运河,就这样,这条曾经给埃及带来繁荣和富庶的法老运河在地下沉睡了上千年。如今,埃及人民用血汗和生命在自己土地上开挖的苏伊士运河成为波斯湾石油运往欧美的重要通道,为争夺苏伊士运河的控制权,以色列和埃及先后进行了三次中东战争。

1956年埃及宣布将苏伊士运河收归国有。英国、法国和以色列对埃及发动了第二次中东战争。以色列军队一度占领了埃及的西奈半岛,5个月后在国际压力下被迫放弃,1967年,以色列空军突然袭击埃及、叙利亚的空军基地,第三次中东战争爆发。战争开始后仅仅6天,以色列就再次占领了埃及的西奈半岛和叙利亚的戈兰高地。这一次,以色列打算吞并西奈半岛,长期控制苏伊士运河,因此,在巴列夫将军的提议下,花费5亿美元修建了著名的巴列夫防线,在运河东岸还筑起了20米高的沙堤以及大量碉堡,配备了地雷和大炮。在运河水下埋设了储油罐和喷油管,几分钟就可以把运河变成一片火海。看上去巴列夫防线似乎万无一失。

三次中东战争之后,以色列占领了大片阿拉伯土地。那么,以色列为什么要对邻居如此大动干戈呢,答案只有一个:石油。大家都知道中东地区的石油储备量是全球第一,但是以色列在20世纪70年代以前却是一个滴油不见的贫油国。大约80%的石油是从俄罗斯（前苏联）和其他国家进口的。1967年第三次中东战争中，以色列占领了埃及的西奈半岛，随后就在半岛上打出了几口油井，缓解了本国石油资源紧缺的状况，面对已经到手的油田，以色列自然是不会轻易放手的。为了防止埃及再把西奈半岛夺回去，以色列可谓是费尽了心机。

埃及进行了三年备战，保密是最重要的。为了欺骗美国的卫星，埃及军队进行了22次军事演习，每次把满载士兵的车队开到运河边再把空车开回去，而以色列的情报人员早已对这种调动习以为常。进攻日也是精心选择的，这一天属于伊斯兰教的斋月，按惯例阿拉伯人在斋月中不打仗，前沿的埃及士兵也在与家人团聚。

从自然条件来看，那段时间苏伊士运河的水流相对比较缓慢，便于先头部队快速渡河，月光正好也是相对满月的时候，能够给后续部队提供一些光照条件。

1973年10月6日14时整，一个本该宁静祥和的日子，苏伊士运河两岸却再次燃起战火。为了争夺对苏伊士运河的控制权，占领石油运输的咽喉要道，埃及与以色列在各自幕后指挥国的操纵下，打响了中东战争。

在中东战场上以色列和埃及坦克迎头相撞，同时，前苏联和美国，则开始对各自支持的国家投入大量的武器装备，为埃及和以色列助战，那么美苏这两个超级大国为什么要趟这趟浑水？答案依然是石油。

第二次世界大战结束后，西方国家的传统战略就是支持以色列作为控制中东石油资源和石油通道的桥头堡。因为以色列这个国家不产石油，所以就要对其他的产油国进行挑衅。而阿拉伯国家的局势一旦失去平衡，西方国家就可以乘机染指其中，而后达到控制阿拉伯产油国的目的。就在埃以两军相持不下时，美国侦察卫星发现埃及第二军和第三军之间有个大缺口，于是以色列装甲部队乘虚而入，包围了埃及第三军，北线的以军也趁势攻入叙利亚。这就使前苏联驻美国大使多勃雷林威胁要出动空降兵和以色列作战。最终，在各方压力下，埃及和以色列终于达成停火协议。

这次战争的结果，直接导致了阿拉伯国家对西方国家实施石油禁运，国际油价一路攀升，从1.90美元上涨到3.05美元，1974年又上涨到11.65美元，第一次世界石油危机爆发。

中东战争导致的油价上涨很大程度上影响了世界工业经济发展的整个趋势。国际油价高涨对当时的中国来说却是一个走出政治经济困局的难得机会。从20世纪50年代开始，中国开始以重工业为核心的工业化。在钢铁、煤炭、石油、核工业和航天领域取得了巨大成就，但是农业和轻工业长期缺乏投资，人民生活水平急需提高，当时我国都要凭粮票、布票来解决吃饭穿衣的问题。我国的石油，在60年代就非常短缺，但是后来我国发现了大庆油田，使石油产量迅速增加，还有少量出口。

1974年国外石油价格一下子增长了4倍，对当时还是石油出口国的中国经济注入活力。中国用增加的外汇收入引进了化肥和化纤成套设备，不但粮食产量增加了，人民的服装也发生了变化。当时，很多中国人喜欢穿一种叫"的确良"的化纤和棉混纺面料做的衣服。不但外观平整而且好看、好洗、易干，更重要的是这些引进项目展现了与西方世界开展经济合作的前景。这一年，石油工业部部长余秋里受周恩来总理的委托，指示长春电影制片厂拍摄一部以反映大庆石油会战为题材的电影《创业》。

1975年2月11日，电影《创业》在全国各大城市正式上映。由于对出口石油引进技术的不同认识，《创业》一时引起争议，最终有关这部电影的官司打到了最高层，毛泽东主席在看《创业》时感动地落了泪。7月25日，毛泽东就《创业》做出批示："此片无大错，建议通过发行。"

而在遥远的中东，石油战争仍在继续。对西方石油消费国来说，最怕的不是石油禁运，而是阿拉伯产油国的团结，于是美国不再单纯依靠军事优势，转而设法瓦解阿拉伯联盟。

1975年，在美国总统专属的度假地马里兰州的戴维营，埃及和以色列签署和平协议。以色列把西奈半岛归还给埃及，而埃及则退出对以色列的战争。对西方消费国来说，这次战争导致的石油危机使长期以来用便宜的中东石油换取巨大财富的时代彻底宣告结束。

无情的战争导致石油价格暴涨，1981年国际石油价格由2.12美元，一路飙升到36—40美元，让对中东石油有着严重依赖的欧洲苦不堪言。

一场石油战争，一旦发展到石油禁运的地步，产油国和消费国都无法获得好处，战争就肯定进行不下去。第四次中东战争引发了全球第一次石油危机，全世界的石油进口国都受到了失业率上升和产品成本增加的冲击，而一些新独立的发展中国家则面临着财政破产，经济上重新受到西方资本的控制。巴西、伊朗等国开始寻找核能，日本等先进的西方国家开始寻求先进的节能新技术。一个低油价时代的结束，改变了世界的未来。

石油作为工业的"血液"，不仅是一种不可再生的商品，更是国家生存和发展不可或缺的战略资源，对保障国家经济和社会发展以及国防安全有着不可估量的作用。随着经济的增长，石油成为各国竞相追逐的目标，发展无限与资源有限（主要指不可再生的稀缺性资源）之间的矛盾日趋尖锐，并逐渐成为制约许多国家可持续发展的战略性问题。石油的超经济属性，导致各国对其趋之若鹜，美国甚至不惜发动战争来确保其能源安全。因此，石油一直是影响大国政治取向的重要因素，历史上的多次战争也都是为石油而战。

第一次世界大战：不为人知的石油战

第一次世界大战是一场发生在欧洲但波及全球的世界大战，当时世界上的大多数国家都卷入了这场战争。这场世界大战是同盟国集团和协约国集团之间为重新瓜分殖民地和势力范围、争夺世界霸权而进行的第一次世界规模的战争，是欧洲历史上破坏性最强的战争之一。

第一次世界大战从1914年7月28日开始到1918年11月11日结束，历时4年3个月，战火燃遍欧洲大陆，延及非洲和亚洲，大西洋的北海海域、地中海和太平洋的南部海域都曾发生激烈的海战。先后卷入这场战争的有33个国家，人口在15亿以上，约占世界人口总数的75%。双方动员的兵力达889个师，共计7 400万人，共有840万人阵亡，另有2 100万人受伤。

中国国际问题研究基金会能源外交研究中心主任韩立华在《能源博弈大战》一书中写道：第一次世界大战前，英国是石油资源的主要掠夺者，它控制了世界大片产油基地，成为世界石油霸主。1914年7月第一次世界大战爆发后，意图速战速决的德国人坐着烧煤的火车，推进到了距巴黎仅40英里的马恩河。措手不及的法国部队却由于铁路瘫痪，还待在后方。于是，法军征用了3 000多辆烧油的出租车，满载士兵冲向前线，挡住了德国的攻势。德军统帅当时就给德皇发电报说：我们已经输掉了战争。让德国人失去最后希望的，是两年后的日德兰海战。尽管德国舰队更大、更结实，却输给了英国舰队，因为后者在战前按照海军大臣丘吉尔的建议，英军舰艇全都转用石油做燃料，因而以更快、更灵活战胜了德军。

第一次世界大战期间，英、德两国海军在日德兰半岛以西斯卡格拉克海峡附近海域进行了一次大规模海战。第一次世界大战爆发后，英国对德国实行海上封锁，使德国经济陷入困境。为打破封锁，德国海军决心同英国海军决战。英国海军从截获的无线电报中得知德国海军即将出海，乃先于对方派出舰队前往迎击。

当时，盟国的石油主要是从美国标准石油公司进口，只有少部分石油是由荷兰皇家壳牌集团从中东地区进口的。1915年2月，德国海军的潜水艇曾经把商船作为攻击的目标，因此，这些石油来源就被切断了，因为石油公司不愿意拿它们的油轮去冒险。美国标准石油公司和荷兰皇家壳牌集团都开始将其石油销往远东地区，而不是欧洲地区。战争双方的石油都快要耗尽了。

德国自己没有石油，战争期间使用的石油多半来自罗马尼亚的油田。罗马尼亚不仅拥有肥沃的农场，还是仅次于俄国的最大的欧洲石油生产国。

据《石油阴谋》一书记载，1916年8月19日，罗马尼亚对德国和奥地利宣战，迅速派遣军队穿越边界赶往特兰西瓦尼亚，希望收复特兰西瓦尼亚和其他领土。德国声名显赫的两位将军麦肯森和法尔肯海因麾下的德国部队迅速进入这个国家，并为其尚未准备充分的军队规定了行军路线。12月6日，布加勒斯特被占领了，罗马尼亚宝贵资源的控制权落入了德国人之手。

当英国人看到罗马尼亚即将沦陷时，认识到了普洛耶什蒂油田的极端重要性，他们便蓄意破坏油田，点燃或者放掉了大约80万吨汽油。1917年10月，罗马尼亚驻美大使康斯坦丁·安格尔苏谈到罗马尼亚的损失时，曾经说过这样的话："我们被迫破坏了自己的油井——它们价值数亿法郎，还破坏了我们的粮仓和工厂，我们这么做都是为了防止它们落入侵略者之手。"

德国主要通过战争手段统治罗马尼亚，并且疯狂地开发罗马尼亚的资源，尤其是那里的油田，这占了德国战果的很大一部分，不过，一直到战争结束，德国人都没有使这些油田恢复最大产能。

英国和法国也有一段时间受到了石油的束缚。荷兰皇家壳牌集团的德特丁是第一个给同盟国带来希望的人。也许是希望分享英波石油公司在波斯的石油勘探特许权吧，1915年他向英国政府暗示，他愿意把荷兰皇家壳牌集团变成一家由英国控制的公司。

德特丁开始以成本价把石油卖给印度政府，条件是印度铁路要允许伯马石油公司把石油运往西部战线。他还把荷兰皇家壳牌集团总部从海牙搬迁到伦敦，自己也加入了英国国籍。从1916年开始，英国政府开始考虑把荷兰皇家壳牌集团变成一家英国公司而不是一家荷兰公司的各种方案，甚至考虑将其与英波石油公司合并的方案，但这些想法均未付诸实施。

然而，美国标准石油公司的石油供应却发挥了真正的作用。战争期间，美国标准公司的石油供应量占同盟国燃料需求的80%。

1917年，同盟军领导人急于得到石油，他们向美国总统伍德罗·威尔逊求助并告诉他，如果没有石油，他们将会在战争中战败。法国总理在给威尔逊的电报中这样写道："如果汽油供应不足，将会立即导致我方瘫痪。"在威尔逊的施压下，美国标准石油公司同意开始向欧洲同盟军供应石油，不过是有一定条件的，它要求赔偿所有被德国海军潜艇击沉的油轮，并要求归还在战争初期被没收的那些油轮。

与美国标准石油公司签署的这项协议对同盟国来说至关重要，尤其是这项协议刚好是在德国的石油即将耗尽时签订的。在没有海上石油供应的情况下，德国一直依赖于俄国和罗马尼亚的石油供应，但法国巴尔干战役切断了这些石油供应线。1917年，当土耳其占领巴库油田的时候，德国的石油供应几乎完全被切断了。

在第一次世界大战中，英国与德国是主要战争对手。资源争夺当然是世界战争最为重要的推动力。第一次世界大战结束后的《凡尔赛条约》，以国际法的形式将中东的利益划给了英国与法国，纳入两国的殖民体系之内。只是，法国的获益有限，只拥有叙利亚与黎巴嫩。

所以说，第一次世界大战是一场不为人知的石油战争。随着战争的展开，其军事意义变得越来越明显。在1918年之前，法国军队每月使用石油3.9万吨，英国每月使用石油3.2万吨，美国每月使用石油2万吨。战前，法国每年进口40万吨石油，但到1918年，它每年不得不进口100万吨石油。

第一次世界大战结束后，那个在战争爆发前刚刚成立的新的土耳其石油公司中，德意志银行的25%的股份，因为德国战败，随即划转给法国石油公司。战争很现实也很残酷，德国在中东可能的利益，包括三B铁路，经此大战，灰飞烟灭。

第二次世界大战：为石油而战

第二次世界大战发生在1939—1945年，是世界历史上迄今为止规模最大、伤亡最惨重、破坏性最强的全球性战争。交战双方是以中国、法国、英国、苏联及美国等为主组成的同盟国军事联盟，以及以纳粹德国、大日本帝国、意大利王国等为主的军国主义国家组成的轴心国集团。战争进展到最高潮时，全球有61个国家参战，有19亿以上的人口被卷入战争，战火遍及欧洲、亚洲、美洲、非洲及大洋洲五大洲；交战双方同时也在大西洋、太平洋、印度洋及北冰洋四大洋展开战斗。最后，第二次世界大战以同盟国的胜利结束。

韩立华在《能源博弈大战》一书中写道：如果说，石油决定了第一次世界大战的胜负，那么，第二次世界大战在很大程度上就是为了石油而战。

第二次世界大战，德国始终将夺取石油资源作为其重要的战略目标。1939年，德军以闪电战占领波兰。1940年春天，德军扫平挪威、法国等国家，其首要任务就是掠夺这些国家的石油资源，增加其石油储备。1942年6月22日凌晨3时，德军全线出击，进攻苏联，其重要的战略任务是要夺取高加索地区丰富的石油资源，并由此打通通往中东地区的通道，占领伊朗和伊拉克，控制海湾地区丰富的石油资源，满足其战争机器的需要。更伟大的胜利发生在斯大林格勒。如果能够打下斯大林格勒，德国人就能切断苏联的外高加索石油供应。但是德国人败了，德国的机械化部队因为没有足够的燃油给养而功亏一篑，失去石油供应成为德国在第二次世界大战中不得不投降的重要原因。

石油不仅是德国人发动战争的目的，更是日本人发动战争的主要原因。在东亚，日本为了解决其日益加剧的石油危机，悍然发动了太平洋战争，侵占了东南亚产油基地。战争期间，日本从东南亚掠夺了大量的石油。由于美国对日本的石油禁运，迫使只剩下最后3个月石油储备的日本不得不孤注一掷地偷袭珍珠港。之所以说孤注一掷，是因为日本联合舰队往返珍珠港所耗费的汽油相当于日本海军平时一年的用油量。结果是日本赢了珍珠港，却输掉了整个战争。因为日军在摧毁美国太平洋舰队的同时，忘了摧毁瓦胡岛上美国太平洋舰队的450万桶燃油。最后还是美国取得了战争的胜利。

第二次世界大战中，交战双方激烈争夺苏联的高加索（尤其是巴库油田），争夺罗马尼亚和印度尼西亚油田，猛烈破坏对方的石油运输线，一方面是为了让自己获得可靠、充分的石油，确保机械化部队发挥威力；另一方面是为了摧毁敌方的石油补给，让对方的坦克、飞机陷入瘫痪。第二次世界大战以后的几场局部战争，同样散发着浓烈的石油味道。如1982年4月至6月英阿在南大西洋马尔维纳斯群岛开战的一个重要原因，就是为了争夺马岛附近海域丰富的石油资源。而打了50多年的中东阿以战争之所以至今看不到尽头，一方面是因为有丰富的石油给阿拉伯国家做后盾；另一方面是美国为了争夺和控制海湾石油而坚决支持以色列，因为中东地区的打打停停最有利于美国在中东的存在，也最符合美国在海湾地区的石油战略利益。

第二次世界大战结束后，以色列建国获得更为实质性的进展，1947年的联大会议，通过了关于巴勒斯坦分治的181号决议，成立阿拉伯国和犹太国。至此，阿以冲突延绵至今。

一般史论认为，第二次世界大战打破了以维持欧洲均势为中心的传统国际政治格局，而苏联与美国经此大战迅速崛起。《雅尔塔协定》即为这两个超级大国按"大国治理"模式划定各自势力范围的关键文件，欧洲、亚洲的东亚与东南亚——"东西方"，"各归其位"。但是，《二十世纪中东史》指出："在全球范围内，唯有东西方之间的中东尚在两大阵营的势力范围之外，因而，双方在中东的争夺也就更加激烈。"

石油：中东战争绕不开的主题

石油作为一种战略资源，被誉为"黑色金子"，象征着金钱、权力，甚至霸权。中东是全球石油最集中的地区，但它给该地区带来的不只是福音，还有战乱和苦难，又是该地区国家矛盾与纷争以及大国插手干涉中东事务的祸根。发生在中东地区的每一场战争中都可看到石油的影子。

中东地区包括伊朗、伊拉克、沙特阿拉伯、巴林、科威特、卡塔尔、阿拉伯联合酋长国、阿曼、埃及、叙利亚、约旦、巴勒斯坦和以色列等18个国家和地区，面积约740万平方公里，它衔接亚、非、欧三大洲，蕴藏着丰富的石油资源，战略位置十分重要。

众所周知，中东地区是世界石油工业的中心，1991年探明的世界储量为10 015亿桶，其中海湾地区储量为6 493亿桶，占世界总储量的70%，油产量占欧佩克的68%，石油出口量占世界总出口量的60%左右。沙特、伊拉克、科威特三国的石油蕴藏量占世界总蕴藏量的45%，其产量占世界的16%。按目前的产油量，该地区石油可以开采100多年。有人形容沙特是个躺在油海上的国家。然而，石油不仅给中东带来了滚滚的财富，也带来了挥之不去的历史性灾难。在第二次世界大战后至今的60多年间，中东地区爆发了七次大规模的局部战争，即四次阿以战争，一次两伊战争，一次海湾战争和一次伊拉克战争。

分析人士指出，中东问题主要是阿以冲突问题。阿以冲突的核心是巴勒斯坦问题，表面上看起来似乎与石油毫无关联，但实际上每次的中东战争都与石油紧密相关。中东战争经历着一个由大国强国从介入、操纵、主导到直接发起的过程。这个过程的发展是与石油在世界经济、政治、军事等全部生活中重要性的加强趋于同步的。在现在及可预见的将来，只要我们仍然处在以石油为人类主要能源的时代，石油就始终是中东战争绕不开的"主题"。

下面我们来回顾一下发生在中东地区的七次石油战争。

第一次中东战争：生存之战（1948—1949年）

由于美国操纵的联合国对巴勒斯坦不合理的分割，以及战争前犹太人武装对巴勒斯坦原住民的驱逐和对巴勒斯坦的占领，第一次中东战争爆发。

1948年5月15日凌晨，当以色列的犹太人还沉浸在建国的欢乐中的时候，阿拉伯联盟国家埃及、伊拉克、黎巴嫩、叙利亚以及外约旦（1950年改称约旦）的军队相继进攻巴勒斯坦，随后，阿拉伯联盟发表声明，宣布对以色列处于战争状态，第一次中东战争由此爆发。结果以色列在美国的支持下战胜，阿拉伯联军战败。第一次中东战争可以看做是整个阿以问题的开端和导火索，由于联合国对巴勒斯坦土地极为不公平的分割，所以这场战争本来就不可避免。

巴勒斯坦战争从阿拉伯出兵开始到以色列、叙利亚签订停战协定为止，共历时15个月，战争以阿拉伯国家的失败、以色列的获胜而告终。战争中，阿拉伯国家军队死亡1.5万人，以色列军队死亡约6 000人。除加沙和约旦河西岸部分地区外，以色列占领了巴勒斯坦4/5的土地，计2万多平方公里，比联合国分治决议规定的面积多了6 700平方公里。战争中有96万巴勒斯坦人逃离家园，沦为难民。联合国所规定的阿拉伯国家始终未能建立。战争激化了阿拉伯国家和以色列、阿拉伯国家以及美、英的矛盾。从此，中东战乱不断。

第一次中东战争的起因表面上看是阿拉伯民族同犹太民族间的矛盾——阿以冲突，但冲突一开始就同石油和石油公司的利益连在一起。

第二次中东战争：苏伊士运河石油之战（1956—1957年）

1956年10月29日爆发的第二次中东战争，其根源在于石油。当时，英国等西欧国家经济对海湾石油严重依赖，而大部分石油都必须经苏伊士运河运输，否则须绕过非洲好望角，当时任英国首相的艾登声称："没有苏伊士运河运入的石油，英国和西欧的工业便不能保持正常运转。"所以为了夺回运河，英法和以色列于当年10月29日出兵攻打埃及，第二次中东战争爆发。阿拉伯国家给予埃及坚决支持，叙利亚、黎巴嫩和约旦立即切断了输油管道，同时沙特停止向英、法供应石油。阿拉伯国家第一次使用了"石油武器"。石油供应中断给了英、法致命打击……通过这场战争，石油生产国体会到了石油武器的"威力"。

在这一背景下，20世纪60年代石油生产国在伊拉克巴格达发起成立了自己的组织——石油输出国组织（欧佩克），这一组织在以后的国际石油市场发挥了重要作用。

第三次中东战争：阿拉伯国家再次拿起"石油武器"（1967年6月5日至10日）

第二次中东战争结束11年后的1967年6月5日7时45分，以色列在美国大规模的武装援助下向埃及、叙利亚、伊拉克和约旦同时发起了大规模的闪电式的袭击。空袭半小时后，以色列地面部队也发动了进攻，阿拉伯国家开始奋力抵抗。至10日战争结束，阿拉伯国家失败。这就是第三次中东战争，也称

"六·五战争"或"六天战争"。这次战争中，以色列共侵占了65 700平方公里的土地，使50万阿拉伯人民沦为难民。

战争爆发的第二天，埃及关闭了苏伊士运河，卡住了中东原油西去美国和欧洲的重要通道。同一天晚上，各阿拉伯产油国的石油部长们在巴格达举行紧急会议，决定动用石油武器，来迫使美国和西欧改变支持以色列的政策。6月7日，沙特阿拉伯石油大臣亚马尼通知阿美石油公司的四家美国母公司，立即停止向美国和英国运送石油。6月8日，阿拉伯各国的石油总产量减少60%。沙特阿拉伯和利比亚一度停止了石油生产。由于当时美国正在进行越南战争，所需石油的大约2/3来自中东。阿拉伯国家的行动使美国不得不宣布石油供应处于紧急状态。更令美国政府感到不安的是，多年来其精心培养和扶持的沙特阿拉伯政权这一次居然站在了自己的对立面。

与此同时，作为西欧重要石油供应国的尼日利亚也爆发了内战。盛产石油的东部比夫拉地区闹独立，迫使政府对其进行封锁并停止了石油出口。世界市场每天又多减少50万桶石油供应。美国乘机要求经济合作与发展组织处于紧急状态，并实行西方国家总体的石油分配。美国还成立了由24家石油公司组成的石油供应委员会。在美国的努力下，美国的石油产量每天增加近100万桶，非阿拉伯产油国也加紧了增产。一个月后，阿拉伯石油生产国发现，禁运不仅没有达到它们的预期目的，反而使它们损失了大量的石油收入。不得已，阿拉伯产油国于9月初取消了石油禁运。

第三次中东战争只打了六天便以阿拉伯国家的失败而告结束。尽管如此，它还是向世界显示了阿拉伯人的团结和觉醒，是阿拉伯产油国第二次运用石油武器来保护自己的利益。

第四次中东战争：十月石油战争（1973—1974年）

1973年10月6日14时，改变世界格局的第四次中东战争（又称"十月战争"）爆发。原因是埃及、叙利亚为收复失地，经过周密准备之后，向以色列发动突然袭击。于是，另一场战争——石油战争，不可逆转。

1973年10月19日，在美国决定向以色列提供22亿美元的紧急援助后，沙特阿拉伯立即宣布从当天起减产10%，并对美国实行禁运。中东产油各国随即宣布减产和对美国实行禁运。与此同时，阿拉伯国家还大幅提高油价，各国还乘机推行石油国有化政策，将西方石油公司股份收归国有。战争在进行了两周后，即告休战，进入谈判时间。但石油战争并未停止，当年12月23日，石油欧佩克组织决定把每桶石油的价格从2.12美元提高到11.65美元，加上10月份提价70%，油价在两个月内增加了387%。时任美国国务卿的基辛格说：48个小时内，就使美国、西欧、日本的石油开支增加了400亿美元。

在一场真正的战争里，石油作为武器，将使高度依赖中东石油进口的国家无比脆弱；石油禁运、提价，全球性经济震荡无可避免。美国联邦能源署报告说：5个月的石油禁运，使美国经济失去5万个工作岗位，GDP损失100亿—200亿美元。

石油禁运和国有化导致石油减产，还让油价飞涨，使开始陷入经济危机的美、欧、日经济雪上加霜，社会经济活动陷入一片混乱。这场战争导致了第二次世界大战后最为严重的全球能源危机。

第五次中东战争：两伊战争（1980—1988年）

伊拉克和伊朗战争，又称第一次波斯湾战争，是发生在伊朗和伊拉克之间的一场长达8年的边境战争。战争于1980年9月22日爆发，直至1988年8月20日结束。

两伊战争是在资本主义世界第二次"石油危机"余波未息，西方国家经济普遍陷入衰退的情况下发生的。它对世界石油的供求、油价的波动以及产油国与消费国的经济关系已经产生了相当的影响，对世界的石油和经济形势产生了严重后果。

据《能源博弈大战》一书记载，1980年9月22日，伊拉克对伊朗发动突然袭击，用飞机空袭伊朗的油田和石油城镇，尤其是轰炸伊朗主要炼油基地阿巴丹炼油厂和出口油港，意在瘫痪伊朗的经济。伊朗在抵抗中也反击伊拉克的石油设施，封闭了伊拉克的石油出海通道，还策动叙利亚关闭了伊拉克输往地中海的输油管线。战争头两年，伊拉克占据主动。但是从第三年起，战局发生逆转，伊朗收复了被占领土，战火烧到了伊拉克领土上。在关键时刻，伊拉克得到了美国和中东阿拉伯国家的支持。美国直接、间接地向伊拉克供应武器，提供军事情报，甚至向伊拉克提供制造化学武器的原料。阿拉伯国家则提供经济援助，借给伊拉克大量资金，帮助其建成了通过沙特阿拉伯的输油管道。

两伊战争持续到1985年以后，战争呈胶着状态，双方继续轰炸、炮击对方的石油设施。伊拉克重点打击伊朗的出口基地哈格港，打击前去装载伊朗原油的外国油轮；伊朗则封锁伊拉克的出海口。1986年，伊朗人开始打击伊拉克的盟友科威特，不仅袭击来往科威特的船只，而且直接向科威特发射导弹。美国军舰开始在波斯湾为有关船只护航。1988年春，伊拉克靠化学武器扭转了颓势。战争持续了8年之久，双方两败俱伤，于1988年8月20日停火，结束了这场石油战争。两国死伤数万人，边境城镇化为焦土。战争使伊朗的石油产量从1978年的2.65亿吨锐减至1980—1982年间的6 500万—9 800万吨，炼油能力损失了一半。伊朗官方宣布，战争造成的直接损失高达4 400亿美元，间接损失4 900亿美元，其中石油工业的直接损失1 050亿美元，间接损失1 900亿美元。

伊拉克和伊朗历来就有尖锐的宗教矛盾和领土争端，但石油因素也是其中一个重要因素。20世纪70年代的高价石油为两伊积累了庞大的石油财富，随之而来的就是两国称霸海湾的野心开始急剧膨胀，接着双双大量购买军火武器。此外，伊拉克还对与其接壤的伊朗胡齐斯坦省虎视眈眈，而该省的石油储量几乎占了伊朗石油储量的90%。战争期间，双方都竭力破坏对方的石油设施，轰炸产油基地。两个产油大国间的战争引起了世界石油市场的动荡和供应紧张，欧佩克油价一度涨至34美元一桶，从而酿成了第二次世界石油危机。

第六次中东战争：海湾战争（1990—1991年）

海湾战争是指1990年8月2日至1991年2月28日期间，以美国为首的由34个国家组成的多国联盟部队在联合国安理会授权下，为恢复科威特领土完整而对伊拉克进行的一场局部战争。

海湾，即波斯湾的简称，位于西亚中部。海湾周边国家是世界石油主产区，战略地位突出。1990年8月1日，伊拉克与科威特围绕石油问题宣告破裂；1990年8月2日，伊拉克军队入侵科威特并很快占领全境，推翻科威特政府并宣布吞并科威特；1990年8月7日，美国军队开赴沙特阿拉伯；1991年1月17日，以美国为首的多国部队开始轰炸巴格达，海湾战争爆发，战争于2月28日结束。

据有关资料显示，伊拉克入侵科威特，主要是看上了科威特丰富的石油资源，妄图据为己有。而且两国一直有领土争端。科威特是中东阿拉伯的一个小国，但是拥有极为丰富的石油资源，石油探明储量达108亿吨，年产量为9 100万吨，可开采118年。而伊拉克的石油探明储量为60亿吨，年产量1.42亿吨，照此速度仅可开采42年。科威特的地理位置得天独厚，处于油田盆地中心，经多年开采而产量不减。而伊拉克北部油田处于盆地边沿，为此伊拉克对科威特在靠伊边境地区采油横加指责，要求科威特赔偿"损失"，遭到拒绝。另外，科属布比延岛和沃尔拜岛，油气资源十分丰富，伊拉克对该两岛提出主权要求，也遭到科威特的拒绝。再者，伊拉克要求勾销其在两伊战争中欠科威特的200亿美元债务，科威特未同意。种种原因使伊拉克产生了要吞并科威特，进而控制其石油资源、打开波斯湾石油出口通道、控制整个中东地区石油资源、左右世界石油市场的野心。

海湾战争的结果，一方面使伊拉克受到联合国对其实施的包括石油禁运在内的经济制裁，另一方面使美国成了这场战争的最大赢家。美国借此在海湾地区驻扎了军队，控制了波斯湾的石油，既保证了美国石油进口的来源，也以此为手段控制了依赖中东石油的西欧和日本。

在这场大规模的海湾战争中，美军首次将大量高科技武器投入实战，展示了压倒性的制空、制电磁优势。通过海湾战争，美国进一步加强了与波斯湾地区国家的军事、政治合作，强化了美军在该地区的军事存在，同时为2003年的伊拉克战争埋下了伏笔。

第七次中东战争：伊拉克战争（2003—2010年）

伊拉克战争又称第二次海湾战争，2003年3月20日（伊拉克时间），美国以伊拉克隐藏有大规模杀伤性武器并暗中支持恐怖分子为借口，绕开联合国安理会，公然单方面决定对伊拉克实施大规模军事打击。

联合作战部队是由12万人的美国部队、4.5万人的英国部队、2 000多人的澳大利亚部队和200人的波兰部队所组成的，除此之外还有大约5万人的伊拉克反叛军。他们是通过驻扎在科威特的美军基地正式对伊拉克发动军事打击的。2010年8月3日，美国总统奥巴马宣布，美军对伊拉克战争结束，并于8月20日从伊拉克撤军，历时7年零5个月的战争宣告结束。

美国、英国等国家对伊拉克开战的主要理由是萨达姆政权拥有大规模杀伤性武器以及伊拉克政府践踏人权的行径。根据美国国防部长拉姆斯菲尔德的说法，美国对这场战争最终要达成的目的包括：（1）铲除萨达姆政权，帮助伊拉克人民建立一个自治的政府；（2）发现并销毁藏匿在伊拉克境内的大规模杀伤性武器以及恐怖分子；（3）结束制裁，并提供人道主义援助；（4）保护伊拉克的石油以及其他天然资源。

冷战结束后，国际力量严重失衡，美国在军事、科技和经济等诸多领域都占有绝对优势，成为世界上唯一的超级大国，确立了以维护美国霸权为总目标的国家安全战略，即霸权战略。通过第一次海湾战争，美国打击了伊拉克地区霸权主义，主导和控制了海湾地区局势；通过北约东扩和科索沃战争，挤压了俄罗斯的战略空间。布什政府上台后，受共和党保守主义的影响，开始调整美国安全战备和对外政策，突出维护国家安全，将俄罗斯和中国作为潜在的战略竞争对手，企图按照自己的意愿建立单极世界。

"9·11"事件以后，美国把铲除中东的原教旨主义温床、遏制恐怖主义威胁作为自己在中东追求的又一战略目标。随着布什政府以维护美国"唯一超级大国"地位为核心的国际安全战略的确立，中东地区在美对外战略中的地位进一步上升。伊拉克是地区大国，处于中东的中心地带，石油储量居世界第二，在中东的地缘政治经济中占据重要地位。在这个极具地缘政治经济意义的区域，铲除一大强烈反美的地区性强国，对美来说具有长远的战略利益，它当然不会错过机会。美国有官员曾公开声称：伊拉克是美国在中东建立军事基地的最佳位置。20世纪70年代以后，美国基本上失去了控制世界石油市场供应的主动权。西方国家主要通过国际能源组织和节能技术消极地应对世界石油市场的波动，应对欧佩克的配额生产机制。而此次"倒萨"战争的胜利使美国在一定程度上重新控制了世界石油市场主动权。

20世纪60年代末（1968年7月革命后）至70年代初，伊拉克对本国石油资源进行国有化，西方石油公司基本上退出了对伊拉克的石油资源的控制与开发。伊拉克在此后积极参与"制造"了阿拉伯国家"石油武器"，多次通过对石油的限产、提价和禁运企图实现政治目的。直至2002年还通过停止石油出口一个月声援巴勒斯坦人反对以色列的斗争。此次美国"倒萨"战争的胜利无疑使伊拉克的石油资源重新回到西方（特别是美国）的控制之下。掌握伊拉克的石油权必将增强对整个海湾地区石油供应的控制，甚至对欧佩克成员国的石油政策也将产生重要的抑制作用。

众所周知，海湾地区是全球最大的石油宝库，其石油储量占世界总储量的2/3，出口量约占世界石油出口总量的44.5%。而这一地区的石油生产国占了欧佩克成员的2/3，是欧佩克最主要的石油输出国，欧佩克控制着世界石油出口的80%，仅沙特阿拉伯一国就占欧佩克日产量的1/2左右。海湾地区最重要的产油国伊拉克、伊朗是美国指控的"邪恶轴心"成员（还包括反美的利比亚），美国在"9·11"事件后对沙特阿拉伯产生了严重的信任危机。美国担心自己与整个世界严重依赖于沙特阿拉伯的石油政策将是相当脆弱的。因此，控制了伊拉克，对于摆脱严重依赖沙特阿拉伯石油的局面和控制世界石油供应的主动权有极大的战略意义。美国前中央情报局局长詹姆斯·伍尔西说："对伊战争不仅仅关系到美国对石油的依赖，而且还关系到全世界对石油的依赖。从短期看，我们的最根本的薄弱之处在于沙特人有可能很快削减或提高石油的开采量……沙特人对油价的升降起着决定性的影响。我们必须把石油武器从中东抢过来。"

詹姆斯·伍尔西在他撰写的《我们必须把石油武器从中东抢过来》一文中有这样一段耐人寻味的话：

> 伊拉克战争对美国从中东人手中抢过"石油武器"具有决定性的意义。有了亲美的新伊拉克政权，沙特阿拉伯、伊朗和利比亚将失去决定世界石油价格的重要能力。美国如果能进一步遏制伊朗（这将是美国在这次"倒萨"战争后要解决的问题），世界石油将重新回到20世纪70年代以前西方控制的时代，但不同的是此次美国具有单独的控制权。这对另外的世界产油大国如委内瑞拉、俄罗斯也将产生重要的经济制约，这种制约对这些国家的政治和外交走向也可能产生制衡作用。委内瑞拉的查韦斯被认为是拉美的第二个卡斯特罗，有着强烈的反美和平民主义的倾向，美国能控制世界石油市场，至少查韦斯政权的作用将被进一步削弱；而俄罗斯尽管在近年来与美国拉近了关系，但美国如能在石油上有效地制约俄罗斯，这对今后迫使俄在重要国际问题上支持美国将增加筹码。最后，在经济全球化的条件下，油价对世界其他经济体仍具有重要影响，其他经济体不稳定也会波及美国经济。如果美国能控制世界原油的供应，不仅可以减少美国经济受石油影响的不确定性，而且还可以在这种控制下从世界政治经济中获得巨大的权力与租金，有助于控制未来的竞争者。

伊拉克战争是"倒萨"带出的"石油战"。由此可见，这场伊拉克战争是美国加紧推行其全球战略扩张的又一重要步骤，通过伊拉克战争，美国企图实现其全球战略扩张的三个重要目标：一是通过拔掉伊拉克这个钉子，在伊斯兰世界建立维护美国利益的战略走廊；二是通过建立民主政权的样板，彻底改造中东地区的政治版图；三是通过控制欧亚大陆的核心地带，实现对俄、欧、中、印等大国的战略牵制这一箭双雕的作用。

另外，值得一提的是，亚太地区是全球地缘战略力量最集中的区域，美国在亚太地区有着广泛而巨大的政治、经济、军事和安全利益，是美国继中东后又一个战略扩张的重要方向。随着美国全球战略扩张的矛头转向亚太地区的步伐加快，中国周边地区正在成为大国进行地缘战略竞争的热点，使中国的安全环境面临新的挑战。

利比亚战争：掌控全球石油的"水龙头"

2011年3月17日，联合国安理会17日通过决议，决定在利比亚设立"禁飞区"，并要求有关国家采取一切必要措施保护利比亚平民和平民居住区免受武装袭击的威胁。

安理会决议说，为了保护利比亚平民的安全，除以人道主义救援为目的和负责撤离外国侨民的飞机外，禁止所有飞机在利比亚领空飞行。决议指出，为保护利比亚平民所采取的一切必要措施中并不包括派遣地面部队占领利比亚。

此外，决议还决定对利比亚实施比第1970号决议更为强硬的武器禁运和财产冻结的制裁措施，其中包括冻结利比亚中央银行和利比亚全国石油公司等利比亚实体的财产。

3月19日晚，巴黎峰会召开，欧盟及美国等与会各方决定对利比亚进行军事干预。法国总统萨科奇在会上表示，欧盟及美国等与会各方已经决定，如果卡扎菲不马上停火将立即对利比亚进行军事干预。萨科奇表示决心相当坚定，并强调法国已经做好一切军事准备。当时法国、英国和加拿大三国战机已成功飞越利比亚班加西上空，并成功阻止利比亚政府军对班加西的进攻。意大利政府表示全力支持联合国安理会对利比亚的决议，并将为军事行动提供空军基地。丹麦、美国的战机已经飞抵意大利的空军基地。

3月19日，利比亚政府一方面表示愿意停火，另一方面却向该国北部班加西城发动连续炮击，英国、法国、美国等国家决定空袭利比亚。

3月19日晚，法国、美国、英国等西方国家开始对利比亚实施代号为"奥德赛黎明"的军事打击。在法国成为第一个发动空袭的西方国家后，英国和美国、加拿大、西班牙、挪威等国也参与了对利比亚的军事行动。英国、法国、美国等多国出动战机、发射巡航导弹对利比亚政府军地面军事目标进行轰炸。

面对来势汹汹的空中打击，利比亚领导人卡扎菲立即发表公开讲话，声称利比亚针对"十字军侵略"的反击战已经开始。卡扎菲称，根据联合国宪章第51条的规定，利比亚可以自现在起还击"十字军"的侵略。

从3月19日夜间起，地中海以及整个北非地区战火四起。有战争就会有无辜伤亡，有战争就会伴随纠缠不清的利益之争。在现代社会中，战争之弊总是大于利。尽管美军参谋部高官威廉·戈特尼对外宣称，"奥德赛黎明"的目的是保护利比亚平民以及反对派组织，同时打击卡扎菲政权的"不法行径"，但是，此次多国部队对利比亚采取的军事行动，似乎仍然招致了其他国家及组织的强烈反对。

在利比亚战争爆发之后，俄罗斯外交部发言人卢卡舍维奇就表示，对部分西方国家以联合国安理会的决议为理由袭击利比亚的事件表示遗憾，并且呼吁参与袭击利比亚的国家立即停止使用武力。接下来的第二天，印度外交部发言人也发表了本国观点——对利比亚战争表示遗憾，并且希望参与利比亚战争的各个国家能够公开放弃武力，尽最大的努力通过和平的方式解决国家之间存在的问题。

在法国战机开始对利比亚军事目标开火后，委内瑞拉总统查韦斯发表电视讲话表达了对利比亚局势的担忧，以及对英国、美国、法国等国对利比亚发动军事行动的不满。他说："已经开始的对利比亚的军事入侵令人遗憾。这将会带来更多的伤亡，更多的战争。美国和欧盟的举动是不负责任的。"

查韦斯还指责美国和他的盟友们是想要利比亚的石油，并强烈要求美国和欧盟停止军事行动。他说，他们的行动是对一个国家的军事干预，他们已经践踏了国际法。他呼吁各方实现真正的停火，在北非和全世界走和平解决争端的道路，并停止军事干涉其他国家政权的做法。

3月23日，在利比亚贝尼沃利德，卡扎菲的支持者们参加示威游行。利比亚首都的黎波里当地时间23日晚遭到西方战机袭击，导致大量平民伤亡。阿尔及利亚、加纳、意大利等国呼吁和平解决利比亚危机。

原本是利比亚国内不同部落和不同派别之间的争斗而引发的国内战争，后来由于西方国家的介入发展为西方国家与中东、北非的国际战争。利比亚动乱的原因,一般认为主要由于总统卡扎菲的专制统治,以及受到近来席卷中东地区的抗议浪潮的影响。但事实上,这个国家正在陷入的分裂还有着深刻的根源。利比亚战争,是继20世纪90年代的科索沃战争,21世纪的阿富汗战争、伊拉克战争后,西方国家为首的军事联盟第四次对主权国家发动大规模军事打击。

法国在3月10日率先承认了利比亚"全国过渡委员会"成立的临时政府的合法性,政府成员还得到了法国总统萨科齐在总统府的高规格接待。在法国的游说影响下包括美国在内的五十多个国家也陆续公开给予承认。

紧接着,由美国、北约成员国、欧洲联盟和阿拉伯联盟组成的"利比亚联络小组"在土耳其伊斯坦布尔开会后发表声明说:"卡扎菲政权在利比亚已不具合法权利。"该声明称:"卡扎菲和他的一些家人也必须离开利比亚。"

多国在外交上承认"全国过渡委员会",意味着美国将把卡扎菲政权在美国的银行被冻结的超过300亿美元的资产的一部分,用于资助革命军。

这场持续近半年之久的战争进入8月,正当卡扎菲政府和反对派僵持不下之时,突然发生逆转,国际上多个国家一反常态,纷纷站到了利比亚反政府武装这边,支持美、英、法等国推翻卡扎菲政权。

8月12日,俄罗斯总统梅德韦杰夫签署总统令,落实联合国安理会第1973号决议,全面禁止与利比亚的空中交通,并冻结利比亚领导人卡扎菲亲属及亲信的资产。

根据俄总统令,除以人道主义救援为目的和紧急迫降的飞机外,禁止外国飞机通过俄罗斯领空飞往利比亚,也禁止在利比亚注册或属于利比亚公民的飞机使用俄罗斯领空。

8月19日,中国政府向利比亚反政府武装提供价值总计5 000万元的紧急人道主义救援物资,还表示将参与利比亚战后重建。就在中国出手援助利比亚反对派的关键时刻,8月22日,在利比亚班加西,利比亚"全国过渡委员会"主席贾利勒在新闻发布会上称,"卡扎菲时代"已经终结。

10月20日，利比亚"全国过渡委员会"宣布，卡扎菲已在其家乡苏尔特被俘获，后被士兵击毙。22日，利比亚执政当局宣布全国解放！

卡扎菲的死亡并非动乱的终结、和平的开始。应该说，各国在利比亚的利益博弈战，可以粉墨登场了。

卡扎菲政权彻底垮台，给了世界舆论无穷的评论空间。卡扎菲这半年来的表现"跌宕起伏"，多次出乎舆论的预测，称得上是中东政治中"最娱乐"的人物。他是外界看热闹，借着他表达种种情绪再合适不过的靶子。

这是一个悲剧的开始，也是一个矛盾的聚焦，也许它就是战争的引子，因为魔鬼在那里肆虐，那里已经成为世界的目光聚集点。

关于此次法、美、英等西方国家军事干涉利比亚的原因，可谓是众说纷纭，但有一类"西方国家急于博取石油利益"的声音，获得了广泛的传播，也得到多数人的认同。当然，这样的声音出现的频率不低，人们并不陌生。为何美欧国家如此急于对利比亚动武？利比亚拥有极其丰富的石油资源，而美欧极不满意目前利比亚石油的分配。如果想趁乱下手、重新"洗牌"而博取最大的利益，那么眼下就是一个难得的好机会。

德国经济学家、《石油战争》作者威廉·恩道尔认为：美国对利比亚发动军事干预的动机，一是整个北非和中东的动乱是美国一个大战略的一部分，即创造不稳定并造成政权更迭，以此对这个全球已知石油储量最高的地区进行直接控制，控制石油以及石油美元的流动。

几十年来，卡扎菲都是华盛顿的一个眼中钉。因为利比亚的生活水平在整个非洲是最高的，对普通人有教育补贴，在卡扎菲统治期间，利比亚的识字率从20世纪70年代的10%升至今天的90%。卡扎菲是个障碍，美国不喜欢利比亚的发展模式。

而且与惯有的印象不同，利比亚的石油储量是非洲最大的。笔者相信其实际储量要比公开的大。石油的质量也很高，适于美国和欧洲的现代炼油技术。现在利比亚的石油主要供应于西欧国家。

在布什执政期间，其"大中东计划"的目的是控制中东石油的流向，尤其是要控制其流向欧亚地区，包括中国，以及西欧的法国、德国和意大利等国。这样华盛顿就可以勒索这些国家顺从华盛顿的意志。奥巴马政府显然也决定要继续这种策略。

据2011年1月19日利比亚央行公布的数据，2010年，利比亚石油收入达324.3亿美元，而美国能源署2010年12月公布的利比亚石油最新数据显示，利比亚以443亿桶位居2010年非洲国家石油储量的第一位。

让以美国为首的西方国家不满的是，自2005年利比亚政府要求已在利比亚进行生产的外资石油公司与其重新签订协议以限制外资分成比例后，外资与利比亚合作开采石油的协议份额下降近一半，其中美国新竞标的石油区块2009年几乎为零。未来两年内，利比亚也不再进行新一轮石油勘探区块招标。相比之下，埃及等其他国家的石油企业则在利比亚高歌猛进。这让以美国为首的西方极其不快。

一位国际问题专家表示："一旦这次利比亚'改朝换代'成功，并组建亲西方的政府，那么势必会重新划分利比亚现有的能源利益，保证西方利益的极大化。"

除能源利益之外，美欧还看重在利比亚的军火利益。目前利比亚的军火主要是俄罗斯制造的，一旦利比亚建立起亲美、亲西方的政权，那么巨大的军火市场同样将重新洗牌，购买美国武器。

1969年9月，卡扎菲推翻了亲西方的伊德里斯国王，随即要求石油公司提价。此举的价值是，产油国重新开始争取主权和对本国石油资源控制权的斗争。更为深刻的变化是，1994年，美国从中东进口的石油占到进口总量的一半。在这一事实之下，1991年打击伊拉克的海湾战争，以及此后推翻萨达姆的伊拉克战争，其基础性动力，一目了然。

更值得关注的是，利比亚占据着地中海和北非独一无二的战略好位置。如果美军在巴林或其他中东国家的军事基地丢失，那么美国也能在利比亚找回来。一旦这种可能成真，那么久无定所的美军非洲司令部也就可能借势落在利比亚，从而让美国的非洲战略走出关键性的一步棋。再进一步，如果利比亚东边的埃及、西边的突尼斯出现令美欧不安的政治新格局，如果邻近的西亚、北非诸国再出不测之变，美国不仅可以就此形成政治压力和军事威慑，而且可以对地中海、苏伊士运河、波斯湾等中东战略要点直接下手。

第二章

大国间的能源博弈

在这个能源为王的时代,谁控制了石油,谁就控制了世界经济。在全球石油、天然气供求日趋紧缺的背景下,中国、美国、俄罗斯、日本四个大国之间的能源战略暗潮激荡,全球政治风云波澜迭起,一场21世纪的能源争夺战正如火如荼地上演着。谁能在这场能源博弈中取胜,谁就能在未来格局中占据主动。

中哈油管牵动美国神经

"中哈原油管道"是由中国和哈萨克斯坦共同兴建的中国第一条跨国原油管道。这条大型长输管线西起哈萨克斯坦阿塔苏，经过中哈边界的阿拉山口口岸进入中国，全长962.2公里，于2004年9月动工建设，2006年5月25日开始注油，当天凌晨3时，原油抵达中国新疆阿拉山口计量站。这是中国首次实现以管道方式从境外进口原油。

向中国输送的原油中有50%来自哈萨克斯坦的扎纳诺尔油田和阿克纠宾油田，另外50%来自里海地区的俄罗斯油田。该管道最初年输油量为1 000万吨，未来年输油量将增加到2 000万吨。作为中国第一条陆路能源进口大动脉，这将有利于促进中国石油进口渠道的多元化。中哈石油管道建成投产，标志着中国推动能源供给多元化的努力取得重大进展。这也提高了中国在与日本、俄罗斯进行的"管道"博弈中的主动性。

这条长达近千公里的中哈石油管道，从一开始就充满波折。自20世纪90年代中期以来，哈萨克斯坦就一直是我国在中亚地区最重要的油气资源合作伙伴国。1997年9月，中石油击败俄罗斯、美国的大型石油公司，成功获得了哈萨克斯坦境内阿克纠宾斯克和乌津两大油田的开采权。当时，中哈双方就曾商定共同铺设从上述两油田至中国新疆的输油管道。1997—1999年，中哈双方完成了该管道建设的可行性研究报告。此后，由于从哈萨克斯坦到中国的管道工程成本较高、石油供应量不充分及开采成本较大等原因，中哈石油管线项目曾一度搁浅。近两年来，随着哈萨克斯坦国内石油开发进程的加快和中国国内石油需求量的不断上升，出于陆地石油进口与海洋石油进口并举的考虑，中哈石油管线项目再度被提上日程。

2004年5月，哈萨克斯坦总统纳扎尔巴耶夫访华时，中哈双方决定正式开始兴建中哈石油管道。2004年9月，工程正式开工，2005年11月管道竣工。对这条管道，哈萨克斯坦和俄罗斯媒体都给予了较多的关注。哈萨克斯坦媒体评论说，中哈管道是中哈两国历史上的首条跨国管道，也是哈独立后的第一条跨国管道。中哈双方的合作没有经验可以借鉴，整个建设过程历经考验。比如超低温环境下的施工以及管道跨越两国边境的军事禁区等，都是十分复杂的事情。所幸的是，通过双方的努力，这些障碍最终都被克服。哈萨克斯坦石油天然气管道公司副总裁卡贝尔金说："中哈石油管道投产运营是哈中两国合作的又一典范，加强能源合作是哈中的共同愿望，是互惠的。"

俄罗斯《生意人报》的评论认为，中哈石油管道正式开始输油，使得中国有了更安全的石油来源，这对俄罗斯也是一个不错的消息，因为俄罗斯的油田也获得了稳定的出口市场。俄罗斯电视一台的评论说，哈萨克斯坦战胜美国压力向中国供油，这是中国谋求石油进口来源多样化的又一大进展，有利于中国的能源安全。

值得关注的是，就在中哈石油管道正式开始输油不久，俄罗斯新闻社2005年5月25日发布了一条消息，称俄罗斯储蓄银行24日已经同意为俄罗斯石油管道运输公司提供大宗系列贷款，为铺设东西伯利亚—太平洋石油管线一期工程提供资助。有观察家认为，这表明俄罗斯也不甘落后，加紧了向中国等东亚国家通过管道供应石油的步伐。

但是美国作为全球最大的能源消费国和能源进口国，中哈石油管道却触及了它的敏感神经。据专家介绍，这条输油管道在建设过程中，的确曾受到美国的百般阻挠。

对于中哈石油管道的稳步推进，美国人是"看在眼里，急在心中"。美国智库战略预测公司撰文指出，有迹象表明美国正竭力阻挠中哈石油管道的兴建，以遏制中国的崛起。美国官方对哈政府威逼利诱，让哈方对未来通过巴杰管线出口本国石油做出具体许诺。2003年，美国共向哈萨克斯坦提供了9 200万美元援助，美承诺帮哈萨克斯坦维护里海安全，并提供了用于海上巡逻的船只和雷达，协助哈萨克斯坦组建里海部队。作为回报，美国自然要求哈萨克斯坦能在加入巴杰管线上采取"更加积极"的态度。2004年3月，阿塞拜疆总统阿利耶夫访问哈萨克斯坦时又"苦口婆心"地劝说哈方，希望哈萨克斯坦每年通过巴杰管线运送2 000万吨的石油。哈萨克斯坦总统纳扎尔巴耶夫虽指出巴杰管线是哈石油输出的选择方向之一、哈对实现这一计划表现出极大兴趣，但哈萨克斯坦仍未最终就此事向阿做出具体承诺。不仅如此，日本、韩国等国的石油公司也纷纷加入里海能源的开发，欲在里海石油开发上抢得"一杯羹"。

事实上，美国对哈萨克斯坦的主要战略是：绕过俄罗斯，开辟一条里海石油直接出口西方的新线路。这一点从美国能源部长博德曼及副总统切尼2011年访哈时的表态就可以看出。两人访问哈萨克斯坦的一个共同主题就是加强美哈在石油领域的合作，特别是里海石油开发问题，具体落脚点就是敦促哈尽快加入巴库—第比利斯—杰伊汉管道（以下简称巴杰管道）。巴杰管道号称世界上最长的输油管道，在美国一手操办下建成，美国希望借助其打破俄罗斯对里海石油出口的垄断局面，为里海地区石油生产国提供一条不受制于俄罗斯的运输管线，使里海地区成为美石油天然气的可靠来源，更希望借此帮助外高加索及中亚诸国摆脱对俄罗斯的依赖。

众所周知，里海地区横跨欧亚大陆，石油、天然气资源丰富，被称为21世纪的战略能源基地，根据美国能源部1993年的统计，里海石油储量在500亿到1 900亿桶之间，而其中的40%—50%都集中在靠近哈萨克斯坦的里海大陆架地区。

哈萨克斯坦目前仍然是能源型经济，石油出口占国家经济的重要比重。目前，哈萨克斯坦石油主要是通过从阿特劳到萨马拉（俄）的管线和里海管道财团从田吉兹到新罗西斯克（俄）的管线出口，约占哈石油出口总量的70%。俄哈两国每年都要就哈的出口份额进行商议，配额经常成为两国政府在其他问题上讨价还价的筹码。

为减少对俄罗斯石油管道的依赖性，哈萨克斯坦一直在寻求石油出口的多元化。1997年，哈萨克斯坦政府与中国石油天然气集团公司（以下简称中石油）签署了修建中哈管道的协议。由于担心哈萨克斯坦当时的石油产量无法满足管道的满负荷运转，项目被束之高阁。近年来，里海大陆架勘探工作取得了巨大进展，哈萨克斯坦石油产量也稳步增长，中哈管道项目又开始提上日程。因为中俄管道生死未卜，中哈管道便受到格外关注。

然而，中哈管线项目的进展惹恼了力图控制里海石油资源的美国。它深知石油出口在哈经济中所占的地位，控制了哈石油出口的主要管道，就等于是抓住了哈的软肋。

于是，美国开始牵头修建巴杰管道，管线全长1 760公里，经阿塞拜疆、格鲁吉亚到土耳其的地中海港口，设计运输能力为每年5 000万吨。为使巴杰管道拥有充足油源，美一直希望哈尽快加入该管道运输系统。1999年11月，管线签约协议在伊斯坦布尔举行。当时的美国总统克林顿也出席了签字仪式。2002年9月，巴杰管线工程举行了奠基仪式，计划2004年年底完工，2005年春投入运营。

直到2004年，哈萨克斯坦接入巴杰管道问题终于尘埃落定。6月17日，在亚信第二次元首峰会前夕，哈总统纳扎尔巴耶夫与阿塞拜疆总统阿里耶夫正式签署协议，标志着哈终于加入了巴杰管道石油出口项目。哈将通过该管道每年出口原油750万吨，未来将达到2 000万吨，美国对此非常满意。但是有观察人士认为，哈萨克斯坦不可能在能源问题上全听美国的，哈萨克斯坦的国家利益在于能源出口的多元化，向中国供油符合它的国家利益。

中哈原油管道二期第一阶段管道于2009年10月9日投入商业运营。同时，中国为打破美国的百般阻挠，和哈萨克斯坦政府及企业在北京签署了一系列油气领域合作协议，中哈两国的能源合作正逐步走向深入。

由此来看，中哈石油管道对中国的战略意义深远。这意味着中国与中亚、俄罗斯等前苏联国家建立关联，将可以不再仅仅通过海上输入石油。一直以来，中国的石油来源必须经过南海、马六甲海峡、印度洋和红海，这给中国的外交带来诸多不便。中哈石油管道的建设意味着中国将摆脱困难重重的海上运输，直接从陆路进口石油，从而减少了利益冲突、延缓了对峙，也加强了中国的全球化与市场化进程，使中国的利益进一步与主流国家一致，也有利于促进中国与能源国家的关系，加紧和平崛起的进程。

一波三折的"泰纳线"

中俄石油管道"泰纳线"历经十多年迂回曲折的"世纪谈判"之后，俄罗斯政府决定实施"泰纳线"一期工程并率先开通中国支线。从此，泰舍特成了人们关注的焦点。

中俄石油管道的构想最早在1994年由俄方提出，经历了"安大线"、"安纳线"、"泰纳线"三套方案多次变更的周折，终于在2009年4月由中俄两国政府签署政府间合作协议，将"泰纳线"作为最终方案确定下来。

耗资60多亿美元的"泰纳线"一期工程于2008年11月8日正式交付使用，2010年9月27日管道工程全线竣工，并于2011年1月1日正式投入商业运行，从而结束了中国由俄罗斯进口石油主要靠铁路运输的历史，标志着中国四大油气资源进口通道之一——中国东北方向的原油进口战略要道贯通。

"泰纳线"实际上是"安纳线"的改良版，即在"安纳线"的基础上做出的远离贝加尔湖的修改方案，"泰纳线"的起点改在了距安加尔斯克西北约500公里的泰舍特，该管线穿越贝加尔湖北部，然后沿着贝加尔—阿穆尔大铁路南下，途经滕达和斯科沃罗季诺，并沿着俄中边境地区一直通向纳霍德卡附近的佩列沃兹纳亚湾。

"泰纳线"的管道设计总长度为4 130公里，途经伊尔库茨克州、阿穆尔州和哈巴罗夫斯克边疆区，管道建设周期预计为4年，管道的年输油设计能力为8 000万吨，总耗资大约160亿欧元，输油管道的直径为1 220毫米，沿途修建32个油泵站。

2006年1月6日，俄罗斯总统普京在雅库特社会经济发展局势大会上宣布："泰纳线一期工程从西伯利亚中部的泰舍特到靠近中国东北边境仅60公里的斯科沃罗季诺，2008年11月正式交付使用，其年输油能力将达3 000万吨。"

擅长用"石油牌"在国际上长袖善舞的普京，却向来在"泰纳线"上出言谨慎。上述宣布是他代表俄罗斯政府就此事所做出的正式的官方表态。

这也是中俄总理2005年11月的第十次定期会晤联合公报发表、力推中石油和俄罗斯管道运输公司研究从俄罗斯到中国的原油管道设计和建设问题的工作后，中俄石油管道启动进程中的最新进展。

2005年4月26日，俄罗斯工业和能源部部长签署了"泰纳线"管道分阶段建设令。根据规划，它的一期工程从西伯利亚中部的泰舍特到靠近中国东北边境仅60公里的斯科沃罗季诺；二期工程将铺设从斯科沃罗季诺到纳霍德卡的管道。一波三折的"泰纳线"实属来之不易。

1994年，俄罗斯主动向中国提出铺设俄中石油管道的建议。于是，在中俄两国政府的认可下，中国石油天然气公司和俄罗斯尤科斯石油公司开始谈判。按照当时的设计方案，中俄石油管道以伊尔库茨克州安加尔斯克为起点，途经贝加尔湖南岸，从满洲里进入中国境内，最后输往中国石油基地大庆，也即轰动一时的"安大线"。

9年谈判无果的"安大线"在2002年年底突遭变故。由于担心中国控制东亚能源供给权，日本极力反对"安大线"。

"安纳线"和"安大线"最大的不同在于其全程都在俄境内，是俄国内石油管道，而不是直接通往中国的跨国管道。然而，由于生态问题，"安大线"和"安纳线"方案皆未实现。2004年12月31日，俄罗斯总理米哈伊尔·弗拉德科夫正式做出铺设"东西伯利亚—太平洋"石油管道（"泰纳线"）的决定。从"安大线"到"安纳线"再到"泰纳线"，围绕这条石油管线，中、日、俄三国展开能源博弈。

实际上，如果按中俄两国最初的设想，这条即将开工建设的石油管线会有一个与中国城市大庆相关的名字——"安大线"。中俄当初的共同想法是，这条石油管线西起俄罗斯伊尔库茨克州的安加尔斯克油田，向南进入布里亚特共和国，绕过贝加尔湖后，一路向东，经过赤塔州，进入中国，直达大庆。"安大线"有三分之一铺设在中国领土。

但在日本政府干预下，2002年年底，承担"安大线"管道技术经济论证的俄罗斯石油运输公司突然声称要放弃"安大线"，改修一条从东西伯利亚经过远东地区到太平洋港口的石油管道（"安纳线"），该方案被称为"新远东方案"。

在"安大线"几近夭折的时刻，俄罗斯考虑到本国利益最大化的原则，2003年2月，能源部部长尤素福夫主持召开会议，最终出台了一个折中的方案：将"安大线"和"安纳线"两条线合并为一条线。"第三种方案"就是现今"泰纳线"的原型，它的全线都在俄罗斯境内。"安大线"的影子体现为在安加尔斯克—纳霍德卡干线上建设一条到中国大庆的支线，其中到中国的管道线路将优先开工。

2005年9月5日普京总统做出明确表示，从中我们可以深刻体会到俄罗斯的用意。普京说："率先建造通往中国的输油管，在经济上对俄罗斯更具吸引力。向大庆输出石油，俄可以实现原油出口路线多样化，把石油卖到整个亚太地区，从而避免依赖单一石油客户的局面。"为此，俄石油公司也在催促政府尽快让项目步入正轨，患得患失对俄罗斯绝不会带来好处。中国与中亚国家日渐紧密的石油贸易更是让俄罗斯石油公司感到心急。其间，中国与哈萨克斯坦之间的石油管线工程已经启动，中国一旦将目标转向中亚地区，把石油输运管道伸向哈萨克斯坦及里海地区的油田，俄罗斯石油将痛失中国市场。

中哈石油管线的竣工不仅为中国打破"马六甲"困局，还一定程度上成为中俄石油管线开建的"加速器"。当人们在希望中等待中国东北出现一条中俄石油管线之际，却在自己的西部"神速"地打通了另一条石油管道——中哈石油管线。中哈石油管线后来居上，是中国第一条跨境输油管线。

在俄罗斯《独立报》看来，俄罗斯能源公司面临的严峻财政危机是此次俄方做出决定的动力所在。也正是在全球金融危机加剧的背景下，俄方才开始主动向中方靠拢，这符合俄罗斯石油公司的利益。

从经贸合作的角度看，中俄原油管道建成投运，不仅会明显增加贸易规模，有利于两国原油贸易多元化，也进一步加强了经济互信，巩固了两国战略协作伙伴关系的经济基础。

中美能源在竞合中博弈

虽然中国政府认为，目前中国是全球第二大能源消费大国，但在美国人看来，中国已经在2009年就成为全球第一大能源消费大国了，只是统计的数据不同而已。比较权威的是说2010年中国一次性能源的消费总量是24.32亿吨标准油，美国是22.85亿吨，中国第一次超过美国，多消费1.47亿吨石油能源。

虽然中美两国统计的数据有出入，但都明白无误地反映了一个客观事实，中美是世界上最大的两个能源消费国，共消费了全球能源总量的40%，两国各占约20%。排在第三位的是俄罗斯（5.8%），第四位的是印度（4.4%），第五位的是日本（4.2%）。随后的是德国、加拿大、法国、韩国和巴西，2010年这十个能源消费大国共消费了全球总量的66%，约占2/3。

分析师袁正扬先生认为，全球范围内石油、天然气和煤炭的比例超过能源供给总量的85%，美国为87%，而中国更高达92%；能源是中国经济发展的瓶颈，虽然"十二五"规划都已经决定要转变经济发展结构，但结果是石油和天然气的对外依存度越来越高。仅石油而言，进口依存度已接近55%，天然气也已经超过40%，全球石油、天然气需求增长的一半来自于中国需求的增长。这就不难理解中美之间博弈的焦点大多落在能源方面了，譬如美国曾经对中国新能源的指责，等等。

近几年来，中美两个大国在新能源领域展开了竞争与合作，并开始从框架性协议进入到具体项目。

2011年1月，在中国贸易代表团访美期间，中美在新能源领域达成了一系列合作，成为外界关注的焦点。此间，中美两国政府与企业签署了多项协议，总额突破230亿美元，其中仅清洁能源领域就超过200亿美元，范围涉及核电、风电、太阳能、水电、智能电网等多个领域。一系列具体项目的签订，标志着中美新能源合作开始正式进入实质性领域。

"中美新能源合作空间巨大，并且在推动各自经济发展和改善环境方面都有极大好处。"2011年2月，中国可再生能源学会副理事长赵玉文在接受《21世纪经济报道》记者采访时表示："新兴可再生能源是世界关注的焦点，也是社会转型的关键，中美双方应当共同促进这一市场的发展。赵玉文参加了第二届中美清洁能源务实合作战略论坛，这也是此次中国贸易代表团访美的重要组成部分。"

不过，在看好中美在新能源领域合作前景的同时，不可否认的是，在这一战略领域，中美亦是直接的竞争对手。作为全球最大的两个能源消费国，在全球新能源市场谋求话语权，对于中美两国来说，均具有极其重大的战略意义。

上海国际问题研究院副研究员于宏源撰文称，"我们仍需要清醒地认识到，随着美国政府把中国看成最强劲的经济竞争对手，随着中国在新能源领域日益领跑世界，中美新能源领域的合作潜力可能有限，新能源可能成为未来双方竞争和冲突的新领域"，"美国不会容忍中国在新能源革命中领跑世界，它势必从战略、贸易和技术标准等方面对中国的新能源发展进行遏制"。

而美国的新能源战略，最终将在那些进军中国市场的美国新能源企业身上现实地逐一体现。在中美新能源合作大幕即将拉开之时，从已经深入中国市场的美国光伏巨头第一太阳能公司（First Solar）身上，我们可以看到它在中国市场的野心和困顿。

2009年9月，奥巴马当选美国总统之初，便将"新能源战略"提升到了美国国策的高度。奥巴马上任后，在国会发表首次演讲时，就呼吁加强对清洁能源的投资，并重申将在三年内使美国的新能源产量翻一番。当时，奥巴马称，要想使美国的经济真正转型、维护美国的国家安全并使地球免遭气候变化之苦，生产清洁的可再生能源势在必行，掌握新能源的国家将领导21世纪。而在奥巴马政府公布的预算中，风能、太阳能、生物燃料以及清洁煤技术等每年将从中获得150亿美元的投资，10年共计1 500亿美元。

当时，奥巴马的新能源战略更多地被视为美国政府振兴经济、抵御全球金融危机之举。美国政府寄望于通过新能源战略，维持其全球经济领袖的地位，发展低碳核心竞争力、新能源和低碳经济，对美国未来经济竞争力和国际地位影响重大。美国推动气候变化和绿色壁垒可以保护其竞争力，同时削弱中国等竞争对手的竞争力。

于宏源研究员指出，"奥巴马政府通过绿色新政建设清洁能源结构和减少石油依赖，强调将技术作为应对气候变化的主要途径，采取'限额与交易'等减缓行动，加强低碳能源技术的研发和推广，强化包括生物燃料、风能、太阳能、氢能、碳捕集和封存等新能源及核能利用带来的长期机遇和竞争力"。

据《21世纪经济报道》报道，2010年，中国有10%的能源消耗来自可再生能源，而2020年，这一比例可能将达到15%。对于试图主导全球能源新秩序的美国来说，中国市场显然是最重要的海外市场。更何况，中国还可能是其最主要的新能源竞争对手。

在新能源领域，美国什么都想卖给中国。美国极其渴望在中国新能源市场占有一席之地，而在合作方式上，美国最希望通过做项目来卖产品和技术。目前，美国已经是中国最主要的新能源设备供应商，以美国太阳能设备供应商GTsolart应用材料为例，其绝大部分订单来自中国，而且，中国也是美国太阳能级多晶硅的主要采购商。

而在风电领域，美国通用电气公司2005年向中国出口的风机达8万千瓦，2009年，美国通用电气公司向中国出口的风机达34万千瓦，增加了4倍多。在这5年间，美国累计向中国出口113万千瓦风机，而中国仅向美国出口了3台风机，不到1万千瓦。

不过，在新能源产品领域，中国企业正在迅速追赶。目前，风电设备的国产化已基本完成，并开始大举出口，而在太阳能领域，赵玉文称，中国现已基本可提供全套太阳能生产设备，制约中国太阳能产业发展的太阳能电池原材料多晶硅，也实现从无到有，现已占据中国市场的半壁江山。

一位新能源产业人士认为，"只要掌握了技术，中国企业就能快速打败国外企业，占领市场。中国新能源产业与中国其他产业类似，模仿复制能力特别强，中国需要的是技术"。

虽然海外企业严控技术外流，但中国新能源技术的快速发展，已让它们的国际竞争对手不得不改变策略。厦门大学中国能源经济研究中心主任林伯强看来，"随着中国新能源企业的快速崛起，国外企业比较现实的方式是把技术卖一个好价钱，单纯的技术转让，收益不佳，比较好的方式是，以技术入股合资企业，组建合资企业，然后从中国市场的快速发展中获得持续的高收益"。

事实上，这种模式目前正在日益成为主流。比如，全球最大的风能电机生产商之一的维斯塔斯、通用电气等，都在中国设立了合资企业。

2009年9月20日，总部设在美国亚利桑那州的太阳能组件生产巨头第一太阳能公司宣布，它们已经就在内蒙古鄂尔多斯市附近建造一座规模超过曼哈顿的太阳能发电厂达成协议。不久将在中国第六大沙漠——位于鄂尔多斯高原杭锦旗的库布其沙漠上建起一座世界上最大的光伏发电厂，发电能力将达到2G瓦（2 000兆瓦），发电量可以满足中国300万户家庭的用电需求。这个占地将达到64平方公里的太阳能电厂，将由第一太阳能公司在未来10年内建设完成，其总投资达60亿元人民币。项目完工后，该电站的规模将比现今运营的世界上最大的光伏电站大30倍。

第一太阳能首席执行官麦克·埃亨在一份声明中说："这项对太阳能的重大投入是中国采取先进能源政策的直接结果，这些政策旨在为中国建立长期可持续的太阳能市场并开创低碳未来。"

内蒙古社会科学院区域经济研究所所长姜月忠表示，"这对于鄂尔多斯乃至于内蒙古'金三角'呼（和浩特）、包（头）、鄂（尔多斯）正蓬勃发展的光伏产业来说，是一件很好的事情。这是内蒙古对传统能源战略的一次重大调整"。

长江证券分析师虞亚新则认为，这个项目对我国光伏行业最为利好的是超白玻璃制造商。综合考虑荒漠电站中太阳能电池的成本占比，以及第一太阳能公司薄膜电池中玻璃的成本占比，鄂尔多斯项目将带来8.1亿美元的太阳能玻璃需求。

第一太阳能公司在中国落地的背后，是中国在新能源发展方面的宏伟规划。中国此前发布的《可再生能源中长期发展规划》，提出了从现在到2020年期间我国可再生能源发展的目标，即力争到2010年使可再生能源消费量占到能源消费总量的10%，2020年提高到15%。

2010年10月，美国政府发动了一场针对中国清洁能源产业的"301贸易反垄断调查"（以下简称"301调查"）。这背后的真实情况是，当时美国对太阳能的需求增长了41%，但美国本土产量只增加了7%，正因为如此，奥巴马政府开始推动边界碳关税协调，刻意把中国出口与美国的失业率联系起来，对中国清洁能源行业采取各种贸易保护措施。

从全球历史演变来看，霸权兴衰的前提条件是国际能源权力结构的变化，即是否有国家拥有了可以挑战现行体制的新的能源链条，这包括：新型能源的发现、能源应用技术的应用、能源利用率的提高等。美国不会容忍中国在新能源革命中领跑世界，美国势必从战略、贸易和技术标准等方面对中国的新能源发展进行遏制。

中俄能源合作的国家利益之争

在中国与俄罗斯经贸关系中，能源合作无疑是最受外界关注的领域。中俄石油、天然气合作在中国能源安全中具有重要地位，对实现中国油气进口渠道多元化，全面发展中俄战略伙伴关系具有重要意义。尽管在合作谈判中遇到不少挫折，存在国家政治和经济利益之争，但我们必须承认，俄罗斯是目前中国最为可靠的能源保障，未来，中俄能源博弈仍将继续下去。

2011年6月，胡锦涛主席在对俄罗斯访问期间强调："中俄要构建战略性、长期性能源伙伴关系。"并确认两国关系要"进一步全面发展"。这其中，能源合作是两国关系的重要组成部分。

不过在构建中俄两国能源战略伙伴关系中，中俄两国的能源博弈则一浪接一浪。2011年元旦，"久经考验"的中俄石油管道终于顺利输油，但不久前，俄罗斯公司准备把中国公司告上法庭，"指控"中石油拖欠俄方所供石油款项。最终在胡锦涛主席访俄之前，中方补足了所有的款项。

紧接着，中俄天然气合作计划也再度搁浅。俄罗斯国家杜马副主席、天然气协会主席瓦列里·亚泽夫2010年6月20日在莫斯科通过视频会议表示，在中俄天然气谈判问题上，中方提出的235美元每千立方米是毫无根据的。而中方专家在视频会议上称，"中国国内天然气价格水平尚未完全和国际接轨"。可惜谈判并未能给政治宣言"献花"，胡锦涛主席访问俄罗斯后，天然气合同依然未能达成。

中俄石油管道建设的曲折历程，透露出两国能源政治中的利益分歧。中俄石油管道的谈判一拖十几年，外人看上去管道谈判很纠结，但是双方若干年来却不离不弃。毕竟合作有利可图，只需充分利用自己手中的牌，在自己的利益最佳点交易。

2006年3月，中俄两国签署了《关于从俄罗斯向中国供应天然气的谅解备忘录》，计划从2011年始，俄罗斯每年向中国出口600亿至800亿立方米天然气。

2010年9月，俄罗斯天然气公司和中石油敲定了框架协议，确定从俄罗斯输气采取西线与东线两种方案，前者以西西伯利亚资源为基础，年供气量约300亿立方米，后者则涉及东西伯利亚、远东与萨哈林大陆架等天然气田，年供气量约380亿立方米。计划2011年中旬签署正式的商业合同，供应计划从2015年开始。不过，双方并未就主要问题——进口天然气价格达成一致。此后，中俄双方由此展开了一场谈判拉锯战。其间，虽然两国领导人在就天然气合作的多次会晤中均表示希望尽快签署合同，但双方的谈判仍时断时续，管线建设进展亦十分缓慢,而阻挠谈判进展的焦点就是天然气的价格问题。

据《证券日报》透露,中俄双方对每千立方米天然气的出价差距已经缩小到了50美元之内。俄罗斯希望按照向欧洲国家出口天然气每千立方米大约300美元的价格标准确定对中国天然气出口;而中国方面则坚持俄罗斯应该与中亚国家向中国出口天然气的价格保持一致,即每千立方米大约250美元。

如果再加上管道输送费,到中国的价格就更高了。从目前来看,这个差价确实太大,国内难以承受如此高的售价。考虑到总供气量巨大,在这个基数上每1美元的差距背后就是6 800万美元,更何况是50美元的差距,这对双方而言,都不可能轻易做出让步。

普京在谈到中俄天然气价格谈判时说:"买方希望便宜,卖方希望贵些。"中俄天然气供气谈判已从2005年至今,俄方在价格问题上自始至终也不肯让步。俄方担心,如果向中国输出的天然气价格低于欧洲,必然会引发欧洲各国也要求降价,这会让俄方蒙受巨大的经济损失。

此外,目前国际天然气属于卖方市场,各国均在大力推广天然气这一清洁能源,未来全球对天然气的需求量将会不断增长。加上2009年以来天然气价格不断上涨,同时日本也在积极争取俄罗斯出口天然气。此外,日本核危机发生后,欧洲有些国家将关闭或减少核电站,导致全球对天然气的需求增加,其更加看好天然气市场。这些因素使得俄罗斯对未来的天然气市场十分看好,增加了它们谈判的筹码,在此情况下俄方不肯降低对中国出口天然气的价格。

对中方有利的是,目前,中国已经可以从伊朗、澳大利亚等国进口液化天然气,且与土库曼斯坦等国达成了中亚天然气管道的协议。2011年6月16日,哈萨克斯坦石油和天然气部发表声明,称与中国达成共识,将中亚管道输气能力增加250亿立方米,到2013年,中亚天然气管道年输送能力将达650亿立方米。中亚管道2009年已经开通,目前年输气量为100亿立方米左右。随着输气量的增加,中国没有必要承受如此高的价格从俄罗斯买入天然气了,这也给俄天然气公司造成了压力。

而值得注意的是,高价从俄罗斯买入天然气也必然会导致国内天然气涨价。林伯强在接受《证券日报》记者采访时表示：国内气源很便宜地卖给了三大石油公司，一旦俄罗斯高价格的天然气大规模进来，只能用国内利润来弥补国外亏损。根据俄方供应的天然气量，国内的天然气价格最终还是会有一个相应的上调。

因此，中国能源网首席信息官韩晓平指出，花费巨额成本买来的天然气，最后还是需要老百姓埋单。如果价格过高，老百姓根本支付不起这样的能源成本。所以，中国不太可能用较高的价格从国外买天然气，与其花巨额的钱去建设管道和买天然气，还不如自己来加强勘测开发。如果俄方还继续死咬价格的话，此次合作恐怕将难以继续。

俄罗斯从2011年开始正式向中国输油，双方再生龃龉，其中主要的矛盾还停留在定价机制上。第一是供油价格的标准不统一，第二则是运费的问题。俄方认为，对中国供应的石油价格，供油运费将计算至太平洋沿岸的科济米诺港，而中方认为只能算到中国支线的起点斯科沃罗季诺。

由于管道已经开始持续输油，似乎中俄双方可打的牌不多。就俄方而言，传统手法包括断油。由于中国不像乌克兰对俄罗斯的能源依赖，断供这张牌效力有限。俄罗斯某家投资公司的专家柳佳金认为，中断对中国的供应将使俄罗斯石油公司的东西伯利亚油田项目亏损。石油管道运输公司已经为建设管道投入了大量资金，因此中断供应不是明智的方案。而中方则有人士认为，中国已向俄罗斯支付了购买石油的预付款，并提供了贷款，如果中国拒绝让步，吃亏最大的还是自己。

此外，俄罗斯也开始寻求其他合作方。比如此前，俄罗斯石油公司建议同中石油在合资的东方能源公司框架内联合开发马加丹项目。同中方出现纠纷之后，据俄《生意人报》报道，俄罗斯石油公司决定邀请日本公司参与开发马加丹大陆架和东西伯利亚的油田。

除了俄罗斯能源管理体制和法律体系的制约之外，与中国的合作中也包括许多不确定因素。俄罗斯能源部前副部长米洛夫指出："从俄罗斯当前形势来看，非正式的职能部门一直在经济关系中扮演着比正式的职能部门更重要的角色。"而正式获得"准允"的条件和程序却没有被正式规定在俄罗斯现行法规中。当和海外公司交往的时候,俄政府总能通过各种程序机制,以阻止收购。此外,俄罗斯方面部分人士则心存疑虑,认为中国的崛起会威胁到俄罗斯的国家安全,并把两国能源合作视为中国对俄罗斯进行的资源掠夺。

中国能源局局长刘铁男指出,中俄长久以来一直是战略协作伙伴,在很多方面都有着广阔的合作空间。"在能源谈判问题上,我们不能因小失大,求合作、谋共赢才是我们共同追求的目标。"可以预期,未来继续深化的双边能源合作中,磕磕碰碰在所难免。不过正如中国社会科学院俄罗斯东欧中亚研究所研究员陆南泉分析的:"不能过分倚重俄罗斯。如与俄罗斯能源合作遭到重大挫折,虽对中国能源安全会产生消极影响,但并不构成根本性的威胁,不要看得过重。"

石油管道只是体现了中俄能源合作的浓缩,可以预见,今后中俄将在更广泛的能源领域开展合作。2011年10月11日,俄罗斯总理普京与中国国务院总理温家宝共同出席中俄总理第十六次定期会晤。

温家宝说:在这次会晤中,双方就管道原油贸易价格完全达成一致,并决定按照互利共赢的原则,积极推进在石油、天然气领域的合作。落实好商定的重点项目,深化在航天航空、煤炭、电力、跨境基础设施、水利、农业和环保等领域的合作。

在中俄能源合作中,天然气合作项目又是重中之重。此前由于报价的分歧,中俄一直没有能够就天然气合作达成协议。有专家分析,报价的分歧不是短时间能够解决的,但是普京的一句话让大家看到了合作的曙光。

普京说:"天然气问题的谈判距离终点已经不远了。双方准备在天津建设大型合作炼油厂,在田湾核电站非常积极的合作经验的基础上,我们会加强在核能领域的合作,而且采用世界最先进的技术。"

普京还明确表示,俄中合作是全方位的、多元化的,俄中两国有很多共同的国家利益,为了在国际市场占有一席之地,我们必须加强合作,共同努力,把两国的合作提升到新的、更高的水平。

在这次会晤中，中俄两国签署了《中俄总理第十六次定期会晤联合公报》，并共同见证了涉及经济、人文、旅游、农业、卫生、金融等多项双边合作文件的签署。

经济合作一直是中俄两国关系的短板，现在以能源领域的合作为突破口，提高了两国经济合作的水平，中俄能源合作在某种程度上已经超越经济合作的范畴，上升到了增进两国相互信任、巩固双边合作的高度，意义非常深远。

《南风窗》杂志就此发表评论认为，中俄两国一个是正在崛起中的新兴强国，一个则是力图摆脱急遽衰落势头的前洲际强国。许多西方战略观察家都饶有兴味地想知道，到底谁才是未来欧亚大陆的真正强国？在这个问题的背后，是使两国间能源合作无法真正启动的深层次原因。一个最简单的例子，如果不能建立互信，要修建连接两国的投资巨大的油气运输管线，对双方来说都是不能承受的巨大风险。

众所周知，能源已经成了俄罗斯最主要的经济来源之一，俄罗斯在能源输出问题上采取在商言商的态度，不会因为中俄的战略伙伴关系而放宽谈判的底线。同样，能源也成了中国未来经济发展的最大瓶颈，任何的让步都会触及深层次的国家利益。最具体的价格谈判，现在成了当前中俄关系最核心的问题之一。中俄战略合作关系在许多具体的问题上都将继续面临利益取舍的考验。

总之，中俄加强能源合作，建立战略伙伴关系，一方面可以保障中国的能源安全，巩固俄罗斯作为中国能源进口主要来源地之一的地位；另一方面也有利于两国的经济安全和产业合作，进一步巩固政治互信，对两国长期的战略合作具有积极意义。

中日能源竞争多线交锋

在中国为能源问题发愁的同时，全球第三大石油消费国日本在能源方面同样处于饥渴状态，随着中国对石油需求的不断加强，日本人的神经更被扯紧。

在世界上有石油的地方，除了有中国人外，都会闪动日本人的身影。

2004年6月29日，中国社会科学院日本问题专家冯昭奎在接受记者采访时说："中日两国在能源问题上正处在十字路口。中日双方如果不改变目前的这种过度竞争或者冲突的局面，将会两败俱伤。"

2003年，中国已经超过日本，成为全球仅次于美国的第二大石油进口国。统计数据表明，2003年中国的原油日需求量增长5.8%，即536万桶。

国际能源署的数据显示，到2030年，进口石油占中国石油总需求的百分比将从2002年的34%激增至80%以上。国际能源署预计，到那时，中国的原油日进口量会接近1 000万桶，相当于美国2000年的日进口量。

中国能源的严峻形势引起了中国政府最高层的关注。2004年6月25日，国务院总理温家宝主持会议，听取中国工程院关于中国可持续发展油气资源战略研究的汇报。温家宝指出：石油、天然气是重要的战略资源，要抓紧制定和实施可持续发展油气资源战略。

中国工程院关于中国可持续发展油气资源战略的课题研究，于2003年5月正式启动。中国工程院组织了31位院士和相关单位的120名专家学者组成课题组，同时聘请中国工程院、中国科学院院士和各大石油公司的专家23人组成课题咨询委员会。温总理曾于2003年5月和10月两次主持会议，听取课题组汇报并对研究工作提出要求。

中国的石油战略遭到日本的严重"搅局"。由于日本的插手，中国一直抱以厚望的俄罗斯原油进口受到了严重挑战。日本紧锣密鼓地介入，让中国抱以厚望的"安大线"以流产而终结。

在中东地区，中国和日本对伊朗阿扎德甘油田的开发权展开了较量。阿扎德甘油田现已探明石油储量约为350亿到450亿桶，估计可开采量为50亿到60亿桶，成为中东最大的一块油田。最终日本于2004年2月战胜了包括中石化在内的其他竞标公司与伊朗签订了联合开采该油田的高达20亿美元的协议。

协议规定：日本方面享有75%的权益，伊朗方面享有25%的权益。日本获得阿扎德甘油田的开采权就为日本继续从中东地区获得稳定的石油供应提供了重要的保障。

中国社会科学院国际问题研究所的一位专家分析认为，与中国刚刚在能源外交上迈出步伐相比，日本在开展能源外交方面已经积累了极为丰富的经验。为了获得石油资源的开采权，它早就开始对俄罗斯的滨海边疆区和萨哈林州等地方政府做了许多工作。所以，在采纳中国方案还是日本方案的选择上，海滨边疆区地方政府坚定地站到了日本一边。这无疑是日本向俄罗斯方面施展"欲取姑予"小恩小惠手段的结果。在开展能源外交方面，日本采取了"官民合作"的路线，不仅政府各个部门立场一致，而且没有本国企业之间自相残杀的无谓消耗。

伊朗的阿扎德干油田现已探明石油储藏量约为260亿桶，估计可开采量为50亿—60亿桶。这是自俄罗斯1982年发现普里奥博耶油田以来，世界上发现的尚未开采的最大油田。2000年，日方企业财团获得了该项目的优先谈判权，从而获取了优先开采权。但2003年9月22日，伊朗宣布取消了日本的优先开采权。按照伊朗方面的新计划，阿扎德甘油田将由英国皇家圣马力石油公司、法国埃尔夫石油公司和中国石化总公司（以下简称中石化）中的一家通过竞标获得。据了解，中石化已经开始对此项目进行研究。按照伊朗方面的解释，日本失去开采权的原因是过于追随美国要求伊朗取消核计划，导致了双方合作的破裂。

但是，日本有关官员曾表示，日本不会放弃获取阿扎德甘油田的开发权。中石化的一位专家称，日本此前为了获得优先开采权已经向伊朗支付了巨额贷款，而伊朗一直是日本第三大原油供给国。

2004年1月28日，正在大规模扩大原油生产能力的伊朗宣布，要在全世界范围内招标16个油田开发权，世界知名能源巨头纷纷表示参与竞标。中国石油行业人士认为，在中国的石油战略中，北非已经被放在了第三位。

非洲石油的储量不足中东地区的1/6，但石油含硫量低，很适合加工成汽车燃油。为了实施中国的石油战略，中石油公司高层奔赴苏丹，分别与苏丹能矿部、财政国民经济部签订了富拉—喀土穆石油管道项目、喀土穆炼油厂扩建项目和组建中苏物探合资公司等三项正式协议。

但是,日本也已开始同中国争夺北非。日本前首相小泉纯一郎2005年称,将在此后5年内无偿向非洲提供总额10亿美元的帮助。日本同时保证:放弃对非洲等重债务贫困国家总额约30亿美元的债权。日本媒体认为,小泉对于非洲的"感情"突然升温,主要是看中了非洲大量未被开发的石油资源。

从事日本问题研究的冯昭奎研究员一直对中日关系的现状表示忧虑。他说:"在石油领域的恶性竞争是持续多年的中日政治关系冷淡、缺乏互信所造成的恶果之一。"

美国未来学家迈克尔·T.克莱尔在《资源战争:全球冲突的新场景》中预言:21世纪的最初10年,资源匮乏将成为国家之间冲突的最重要根源;未来的战争不是由于意识形态的分歧而爆发,而是为确保最宝贵并日益减少的自然资源的供应而爆发。

能源专家也认为,中国在东海油气田开发上的一举一动之所以触动日本的敏感神经,是世界上两个能源消费大国在能源短缺时代的必然。尤其是由于历史上两国的夙怨,使得任何两国间的问题都会带上强烈的政治色彩。

自2004年以来,中日东海油气田争端逐步升级。2005年7月14日,日本政府批准帝国石油公司对东海"中间线"以东油气的试采权后,东海资源开发问题又成了两国间冲突的新焦点。

中日两国首脑曾经在2008年达成政治性协议,原则上同意合作开发东海油气田,让日本公司以参股的形势,参与开发春晓和龙井两个油气田,但是一直没有能够就投资比例等细节达成共识。

2010年7月27日,中日两国外交代表在东京展开谈判,商讨签署正式条约,合作开发东海油气田,这是双方就东海问题所举行的首次局长级换文谈判。而这一次就合作开发东海油气田举行的换文谈判,使用相互照会的形式,将此前口头谈判的内容书面化,以推动谈判的进展。但相对于协定和合约,换文谈判距离明确共识还有一定的距离。日本共同社分析认为,由于尚存分歧,预计这一次谈判将会是一场持久战。

而从全局来看，近几年来，日本凭借雄厚的经济实力和技术优势，在世界各个主要能源产地精心构筑能源供应网络，这在客观上必然与同样致力于开辟新能源市场的中国形成竞争态势，且这种竞争的态势会长期存在下去。

石油：美国获取霸权的利器

美国石油霸权的一个最重要措施就是建立某种形式的国际石油机制以弥补霸权领导的缺陷和不足。国际机制被定义为国家间旨在一定问题领域中调节国家行为的多边协议。国际机制与国际制度难以区别，经常混淆使用。国际石油机制是指国际石油领域存在的一整套明示或默示的原则、规范、规则和决策程序，它汇聚着石油领域的规范、价格、数量和要达到的预期。

复旦大学国际关系与公共事务学院张建新教授在《美国霸权与国际石油政治》中写道：20世纪60年代，国际石油机制表现为西方大石油公司对石油资源及其生产的垄断，其政治基础则是西方国家在美国霸权领导下对产油国实施政治军事控制。"七姐妹"决定着世界石油产量，石油价格则由"七姐妹"的石油产量和消费国（主要是西方富国）的石油需求来决定，当时"七姐妹"包揽了全球以权力关系的高度不对称为基础的：对产油国来说，只有接受美国主导的石油机制和不平等的权力格局，才能保障各自的利益。对于石油消费国而言，霸主对石油资源的控制构成了一种"软"权力，有意无意地影响着它们的对外政策。在战后，西欧和日本在外交政策上追随美国霸权，同时在美国主导的石油旧机制中享受实惠，而它们的追随又有利于提高美国制定规则、维持机制运转的威望和能力。但是，石油旧机制在20世纪60—70年代受到了内外两个因素的影响，导致石油领域的权力分配结构悄悄地发生了变易。内部因素表现为越南战争导致美国霸权衰落，外部因素是第三世界国家争取建立国际政治新秩序的斗争对美国霸权产生了一定的制约作用。最终，以石油消费国为中心的旧机制走向衰落，以产油国为中心的新机制（欧佩克）却逐步壮大。

欧佩克是第一个由第三世界国家建立、旨在抗衡西方垄断集团和美国霸权的国际经济机制。欧佩克在维也纳建立了常设机构，决定每年召开两次石油部长级会议，制定石油战略政策和协调各成员国之间的立场。1960年，欧佩克成员国的石油出口量占世界石油总出口量的85%，每天出口730万桶左右，这代表着巨大的权限。当然，这些权力长期掌握在西方大石油公司手中。20世纪70年代起，欧佩克经过艰苦谈判和斗争，迫使西方石油公司同意提高原油价格和石油税率，并在1971年的《德黑兰协议》和《的黎波里协议》中取得了油价决定权，所得税相应增加到55%。与此同时，许多产油国开始了石油国有化运动，将西方石油公司在本国的石油开采权及股份收归国有。此后，产油国已可以决定石油产量，石油价格也不再单纯由富国市场决定。随着中东石油领域的权力从被称为"七姐妹"的卡特尔向欧佩克转移，西方国家不得不在中东政策上进行相应调整。

1973年，由于欧佩克国家不满西方国家奉行亲以色列的政策，阿拉伯产油国对美国等西方国家实施减产、禁运和限制供应等政策，导致第一次世界石油危机。原油价格由每桶3美元飙升为每桶12美元。石油禁运使世界石油贸易总量减少了15%，美国的石油进口则减少了25%。

虽然第一次石油危机标志着石油定价权从美国转向了欧佩克，但石油武器并未促使美国在中东政策上改弦易辙。美国人非但没有抛弃其盟友以色列，转而支持阿拉伯人的事业，反而在1974年把石油消费国重新组织起来，建立了国际能源组织。此后，美国主导的国际能源机构与石油生产国组成的欧佩克时而发生冲突、时而合作的复杂博弈给世界石油政治注入了新的内涵。美国有意将国际能源机构作为抗衡欧佩克的一件利器，欧佩克则成为石油生产国维护其民族经济利益的法宝。

1990年8月，伊拉克入侵科威特，引发了海湾危机。由于这次危机发生在冷战结束之际，美国总统布什决定趁机发动海湾战争，在"解放科威特"的幌子下向中东派遣重兵，其根本目的是将海湾石油置于美国霸权的控制之下。

海湾战争是美国第一次在世界石油地缘政治的心脏地带直接实施武力政策，这与美国处理苏伊士危机、1973年石油禁运以及对待两伊战争的外交政策截然不同，主要原因是美国不再担心苏联的威胁，而全球石油争夺愈演愈烈。

海湾战争结束后，美国在中东地区长期驻军，重视用武力直接控制全球能源命脉，这体现了布什政府的三重战略意图：一是控制了包括伊拉克在内的重要的中东产油国，美国就能控制和影响国际石油市场和国际能源格局；二是控制石油的"水龙头"可使美国像战后霸权巅峰时期那样号令诸侯；三是对石油资源控制得越多，敌对国家可占有的资源就越少，从而在全球竞争中确保其战略优势。

2001年美国"9·11"事件发生后，全球反恐形势为美国推行全球能源战略和建立新世纪美国霸权提供了又一次重要契机。阿富汗是基地组织的大本营，小布什政府决定先向阿富汗开战，实现美军进驻中亚石油宝库的世纪梦想。2003年5月，主导美国外交政策的新保守主义势力借口伊拉克藏匿大规模杀伤性武器，又不惜重兵发动了伊拉克战争，推翻了萨达姆政权。显而易见，伊拉克战争的目的之一，就是要使美国绝对控制伊拉克及其富饶的石油资源，这是小布什政府外交战略的基点，也是新保守主义激进外交政策的必然。美国学者宣称："保持美国在中东的军事存在，控制这里的石油，同时不让伊拉克、伊朗等敌对国家得到该地区的石油资源是美国在该地区的石油战略。"小布什政府在《美国能源政策报告》中强调：寻求更多的资源供应地是今后的优先任务，但因为要依赖中东的石油，因此必须加强对其的控制。

2004年6月，小布什向G8集团推荐的大中东计划获得成员国一致认可，美国开始对包括伊拉克在内的22个阿拉伯国家采用和平和非和平手段推行民主政治及社会经济改革，重建中东，以消除伊斯兰极端主义势力。这是战后美国推行民主营造美国统治下的和平秩序的第三波努力。用武力推翻萨达姆后，2005年，美国计划以伊拉克为蓝本，在伊拉克建立一个符合美国标准的民主国家，然后向整个中东和北非地区扩散："要让民主之风吹遍中东的每个角落。"

如果说小布什还热衷于通过非和平方式以硬实力来推进民主大中东，2008

年奥巴马政府一上台，即大力推动面对伊斯兰世界的公共外交，希拉里几经筹谋，转而更多运用巧实力，在2010年新年伊始推出了数字边疆战略，通过新网络、IT技术的运用，构建数字新边疆，以捍卫美国的价值观。

张建新教授认为，在全球石油供应越来越紧张的背景下，美国政府从全球战略出发，准备大规模开发伊拉克石油，由于萨达姆在伊拉克掌权，美国宣布解除对伊拉克的禁运措施是不可能的，因此必须颠覆萨达姆政权。伊拉克战争使美国在全球能源战略和能源外交中取得了绝对优势，可以说是一石数鸟。首先它有利于制约沙特，美国认为沙特通过支持伊斯兰极端主义势力在海外的活动以保持其国内政治稳定，已经成为一个"背叛的盟国"。美国推翻萨达姆政权，扶植亲美政府，不但直接控制了伊拉克的石油资源，而且间接控制了世界能源供应的心脏地带。美国占领伊拉克以及把军事基地从沙特转移到伊拉克，在沙特之外建立起另一个安全的石油供应基地。美国决定在战后把伊拉克石油产量恢复至战前每年大约350万桶的水平，以此削弱以沙特为中心的欧佩克对国际石油市场的影响力，从而打破国际原子能机构和欧佩克之间的平衡状态，使美国在国际石油市场上发挥主导作用。据美国剑桥能源研究协会估计，国外大石油公司2003—2010年在伊拉克的勘探开发，累计投资额可能达到300多亿美元，而资金雄厚、技术先进的美英公司将会控制战后伊拉克大油田70％以上的权益。

其次，美国的能源战略本质上是为了遏制俄罗斯和中国的发展，以确保美国的单极霸权地位。由于全球性经济增长刺激世界石油需求飙升，国际石油资源争夺愈演愈烈，俄罗斯试图通过能源外交恢复其传统大国的影响力。普京认为，俄罗斯应该成为世界能源大国和负责任的、稳定的能源供给者。俄罗斯一直是独联体国家的主要能源供应者，冷战结束后，俄罗斯利用能源牌推动俄欧关系发展，它对欧洲的能源出口已占其石油出口量的85％。

丰富的油气资源还使俄罗斯在远东能源外交角逐中居于有利位置，中、日、韩等东亚国家的能源安全越来越受到俄罗斯的影响。"9·11"事件后，普京积极推动与美国的能源合作关系，双方在石油开发、生产、运输和销售方面展开全面合作。2002年，俄罗斯首次向美国出口原油，并计划到2010年使俄罗斯对美油气出口占到美国需求的13%。面对俄罗斯作为能源大国的崛起，美国要牢牢控制沙特和伊拉克，并且把后萨达姆时代的伊拉克变成世界产油大国，以平衡俄罗斯的影响力，确保美国对世界两大能源中心——海湾和里海——的控制。

2011年3月19日，美、英、法等国再次联手，对利比亚发动代号为"奥德赛黎明"的空袭，利比亚战争由此拉开帷幕，经过5个多月的战争，终于推翻了卡扎菲政权，并组建成立了利比亚新政府——"全国过渡委员会"。

利比亚是世界第十二大、非洲第三大产油国，其中意大利占32%，德国占14%，中国占10%，美国占5%。以美国为首的西方军事大国发起的利比亚战争，目的是争夺地中海霸权。利比亚战争虽因部族之争而爆发，但通过大国在这场战争中的表现，其战争企图暴露无遗：竞争地中海的主导权。"世界油库"——中东有两大富油区：海湾地区和濒临地中海的北非地区。通过两次海湾战争，美国一定程度上实现了对海湾地区产油国的控制。此次利比亚战争，西方大国又对与欧洲大陆隔海相望的北非国家打起了算盘。

近年来，中国对国际石油进口的依赖迅速增加，石油安全问题日益突出。1986—1990年间，中国石油消费需求年增3.7%，1990—2000年间，中国石油消费需求年增7.6%（世界为1.4%）。2003年，中国的石油消费同比增长11.8%，首次超过日本成为仅次于美国的世界第二大石油消费国。预计2020年中国石油对外依存度将高达70%。中国高度依赖中东传统产油区，有1/3的进口石油来自该地区。但是，伊拉克发生战争后，该产油区实际上在美国绝对军事控制之下，美国具有随时切断中国油源的能力。正如布热津斯基所说："在危机时期，美国可以随心所欲地封锁中国——这样就会完全阻断中国的对外贸易和石油进口。"

从长远来看，过度依赖便宜的石油其实对美国不利。在美国，也有有识之士意识到能源合作的重要性。民主党参议员利伯曼认为，美国和中国应该在能源开发和能源研究方面合作，否则，两国对能源的需求将掏空外国供应商，导致冲突。著名的中美关系问题专家兰普顿认为，中、日、美必须建立能源合作机制。这个机制包括能源的协调、应急机制、节约能源的技术等。用这个机制来解决矛盾，不仅对亚洲和平有益，也对世界和平有益。兰普顿的建议似乎是一个值得尝试的思路，市场上买家联手平抑物价是最常见的手段，能源合作其实是中美最有前景的合作领域，不过操作起来难度太大——因为美国不想和中国分享世界能源。

总之，美国控制海湾地区，就等于握住了全球能源的"水龙头"，既可以向西方盟国发号施令，迫使其承认美国"领导"，又可以遏制中国、俄罗斯和印度的崛起。美国霸权及其对世界油气资源的控制已成为发展中国家经济发展和战略安全的重要外部制约因素。

第三章

石油与地缘政治大变局

剑桥能源研究协会主席丹尼尔·尤金说:"石油,10%是经济,90%是政治。"由于石油的政治属性,它在地缘政治中发挥着不可忽视的重要影响,不论是能源的消费和使用、能源的生产和供应,还是能源的运输和价格波动都与地区性地缘政治问题息息相关。历史也证明,世界能源格局一直处于变动和演进之中,这就进一步增加了油价长期趋势的不确定性。

石油是最大的政治

能源是一个国家发展的命脉，它与政治、经济有着非常密切的关系，直接影响着国家的稳定与安全。在许多情况下，石油、天然气产品常被某些国家当做战略武器使用，以威慑或制约他国，达到某种经济的或政治的目的。

正是因为石油具有政治属性，各国都尽可能地控制石油资源，谁掌握了石油的控制权，谁就掌握了战争的主动。第二次世界大战中，日本攫取东南亚的石油资源，希特勒入侵苏联打算夺取高加索的油田，他们都企图通过控制石油资源来主导战争。从这一角度看，石油的直接政治后果更是显而易见的。

近百年来，一些国家为了达到其政治目的，往往在国际关系运作中把石油作为一种武器，从而导致冲突或战争。人们熟悉的"石油禁运"便是其一。"石油禁运"可以是产油国对消费国采取的，也可以是某些国家或国际组织对另一些国家实行的。在第四次中东战争中，为迫使以色列从阿拉伯被占领土上撤军，1973年10月阿拉伯产油国采取了减少石油产量和对美国、荷兰等国的石油禁运。这次行动产生了效果。在阿拉伯产油国实行石油禁运期间，欧共体国家为保证取得石油供应，于1973年11月6日发表声明，这些国家的外交部长要求"在中东实现公正持久的和平"，提出"以色列必须结束1967年冲突以来的领土占领，承认在建立公正持久的和平时，必须考虑巴勒斯坦人的合法权利"。再如，联合国为反对南非种族主义而对南非实行石油禁运。而且，石油还是促使某些国家结盟的主要原因。例如，北美自由贸易区的建立，其中的一个原因就是美国看中了加拿大、墨西哥丰富的石油资源。据报道，美国1989年年底的5.8亿桶的战略石油储备中，3.88亿桶含硫原油绝大部分来自于墨西哥。而且，美国1992年进口原油38 820万吨，其中5 190万吨是由加拿大进口的，从中东进口的数量为8 830万吨。可见，美国从中东进口的原油仅比从加拿大进口的原油多3 640万吨。显然，美国建立此自由贸易区，可以在自己的后院解决相当数量的石油供应问题，以减轻对不安全的中东地区石油的依赖。

由于石油与经济发展、社会安定及国家安全密切相关，所以西方国家都把建立石油战略储备和保障石油供应安全放在国家战略的重要地位。这是因为西方国家大都是石油进口国，特别是对危机四伏的中东地区的石油依赖程度很深。据美国能源部统计，自1950年以来，由于中东地区的各种政治、经济事件而造成的不同程度的石油供应中断大约有15次。第一次石油危机后，经济合作与发展组织成员国纷纷开始建立大量石油储备，确立了自己的应急能源储备体系。这种石油储备已超出一般商业周转库存的意义。它不仅具有保障供应、减少风险、稳定价格的作用，更是着眼于石油的政治后果，力图使本国在国际政治的风云变幻和激烈斗争中站稳脚跟、取得主动，避免受制于人。

在这方面，中国目前面临的局面却是十分严峻的。现在，中国当年生产的石油基本上都是当年消费，由于国民经济增长的速度很快，石油供应始终处于紧张状态，短缺的部分都是靠增加石油进口来弥补的。1991年起，中国成为石油净进口国，在一定程度上形成了对国际石油市场的依赖。因此，中国的石油战略储备问题已经开始实施。正是由于石油具有如此的政治效果，所以，石油已与国际政治结下了不解之缘，在国际斗争中常常被用来作为达到一定目的的手段。这样的例子数不胜数。20世纪80年代初，当美国里根政府得知苏联通过大量出售石油而得到高额利润后，立即派人到中东和欧洲一些产油大国游说，大量增产原油，使世界油价一泻千里，从而导致苏联外汇收入大幅度下降，迫使其几十个大型工业项目因缺钱而取消，内部的经济结构日益恶化。

美国运用"石油武器"成为导致苏联解体的重要因素之一。而正当新世纪的钟声还余音在耳之际，美国则又不惜冒着步英国和苏联后尘而落入"阿富汗陷阱"的危险，打响了"世纪第一战"。虽然从表面上看此战以以美国为代表的西方国家的胜利而结束，但争夺那里的石油的或明或暗的战争还远远没有结束，甚至可以说只是一个新的开始。美国一轮接一轮的军事行动正相继在中东、中亚展开，为了"石油桶"，为了维护其世界霸权，美国甚至不惜点燃伊拉克和利比亚这两个"火药桶"。

2011年3月，美、英、法等国再次联手，燃起利比亚战火。同前几场战争一样，这场战争依然是由西方军事大国发起的影响地区安全和稳定的局部战争，依然是一场针对主权国家的非对称战争，其目的是欧美霸权国家想争夺地中海控制权，以牵制中国和俄罗斯的发展。

据《能源博弈大战》一书记载，一百多年来，"石油因素"始终是影响国际关系的一个重要方面。时至今日，无论是世界强国还是发展中国家，其政策仍然受到能源，首先是石油因素的强烈影响。虽说石油本身只是一种具有战略意义的物质资源，并没有什么政治属性，但是对于一个国家来说，拥有石油这种战略资源数量的多少，或者获得这种战略资源能力的大小，则是一件具有战略意义的大事。因为一国要想获得经济发展、政治稳定、军事安全，没有充足、稳定、价格合理的石油供应几乎是不可能的。对于高度依赖国外石油资源的国家而言，必然别无选择地要卷入与石油有关的国际事务中去。其对外石油依赖度越高，对受威胁的感觉就会越强烈，其对外安全战略中的"油"味也就会越浓。石油对于一国的经济发展与安全所起的作用不可替代，导致大国为了控制世界石油，不惜自相残杀，兵戎相见。

所以我们不得不承认，石油又是最大的政治。石油作为国际政治中的敏感因素，不仅影响着世界各国外交政策的制定和外交战略的实施，也影响着世界政治和国际关系的变化。

能源钳制世界地缘政治格局

由于石油是"能源中的能源"、工业经济的命脉，进入21世纪，能源资源匮乏进一步成为国家之间竞争与冲突的重要根源。

在这个能源为王的时代，谁控制了石油，谁就控制了世界经济。在所有的能源资源类别中，石油目前是全球消费比例最高的。近十年来的石油消费量占所有能源消费量比例一直在40％左右。而且在今后的几十年里，石油资源的采掘将达到顶峰，之后，随着石油资源藏量的减少而将逐渐进入一个石油资源的短缺时期。在人类还没有能够成功发现其他能源替代物，以及随着经济的发展与增长，对能源需求势必大幅度上升的情况之下，石油自然成为各国最为关注的重要能源。也正是由于石油是"能源中的能源"、现代工业的"血液"和现代经济的命脉，直接影响着国家的稳定与安全，因此目前还没有哪一种能源资源能比石油更有可能引起国家之间的冲突。伊拉克战争即是一个例证。美英联军推翻伊拉克萨达姆政权，扶植成立新的亲美政权后，不仅使得美英在中东产油国家的影响明显增强，而且还将改变20世纪80—90年代形成的世界能源地缘政治格局。

中国社会科学院世界经济与政治研究所研究员任海平认为，由于能源特别是石油具有的特殊战略价值，世界能源中心同时也成为各种政治力量争夺的焦点。而世界能源中心的每一次转移，都导致了世界地缘政治格局的相应变化。今天，从北非的马格里布到波斯湾，从波斯湾到里海，从里海到外高加索，再到俄罗斯的西伯利亚和远东，形成了一个巨大的能源富集地理带。这个巨大的地理带蕴藏了65％的世界石油储量和73％的天然气储量。在这种意义上，可以把北非—波斯湾—里海—俄罗斯称为"世界能源供应心脏地带"。而围绕着世界能源供应心脏地带，形成了两环世界能源需求圈，第一环包括东亚、东南亚、南亚和欧洲大陆；第二环包括北美、南美、撒哈拉以南非洲、南太平洋地区。在世界能源需求圈中，从能源需求未来发展趋势及其与世界能源供应心脏地带的关系上考虑，亚太地区显得尤为重要。过去10年间，亚太地区石油消费量平均增长5.4%，大大高于世界平均水平；目前亚太地区探明的石油可采储量仅占世界总量的4.2%，石油产量占世界总产量的10.4%，消费量却占世界消费量的26.4%。据有关预测，2005年，亚太地区将超过北美，成为世界第一大石油消费区。与亚太相比，世界另两大能源需求中心——北美和欧洲虽然能源消费量很大，但能源需求增长极为缓慢，未来甚至有可能出现能源需求停滞乃至下降的局面。因此，可以把亚太地区称为未来的"世界能源需求心脏地带"。

虽然近几年，亚太区域化、自由贸易区谈判取得了空前进展，并开始从经济区域化向区域安全合作推进，但是亚太地区还是国际矛盾的焦点地区，恐怖与反恐怖、扩散与反扩散、衰退与反衰退三大矛盾在亚太地区都有反映，这里因而是国际社会从事三大斗争的主要平台。亚太地区也是单极与多极激烈碰撞的主要舞台，各主要大国普遍加大了对亚太地区的战略关注。美国地缘战略活动的重点已转向亚太地区，俄罗斯及德、法等欧洲大国也纷纷"向东看"。包括中东、中亚、南亚、印度洋、东南亚、东北亚等在内的亚洲濒海地带更成为世界地缘政治活动最活跃的区域之一。

虽然几个大国对石油的争夺受各自的生存与发展需求驱动，但在一定程度上可以说国际石油争夺战是因美国的石油战略变化而起的。在对世界石油资源的争夺中，美国是主要角色。美国争夺石油不仅在于确保自身需求得到满足，更有控制这一战略资源进而维护其世界霸权地位的长远意图。美国副总统曾明确讲："谁控制了波斯湾石油的流量，谁就有了不仅对美国的经济，而且还对世界其他大多数国家的经济的'钳制'力。"

2001年，美国"9·11"事件发生后美军进驻中亚，同样具有明显控制里海石油的战略考虑。但近期，俄罗斯在国际石油战略格局中的地位在上升。近年来，能源出口一直占俄罗斯GDP的20%以上和外汇收入的50%—60%，俄罗斯经济增长的近90%也都得益于能源出口的拉动。因此，普京政府对能源出口给予了极大关注，并力求对国际石油战略格局施加更大的影响。可以说，在丧失与美国的核战略平衡后，能源正成为俄罗斯维护大国地位的"战略武器"和额外的政治砝码。

里海纷争背后的大国政治博弈

近几年来，里海地区的军事政治形势风云激荡，变幻莫测，沿岸国家之间以及地区外力量之间围绕里海丰富的油气资源以及外运路线的争夺日趋激烈，昔日的平静之海，如今变得暗流涌动。里海局势正因军备竞赛的升级而变得火药味十足，而各国外交战略日趋"模糊化"，大国政治经济利益交织的局面也让局势更加扑朔迷离。

里海位于亚欧大陆腹部、亚洲与欧洲之间。东北为哈萨克斯坦，东南为土库曼斯坦，西南为阿塞拜疆，西北为俄罗斯，南岸为伊朗。整个海域狭长，南北长约1 200公里，东西平均宽度320公里，面积约386 400平方公里，相当于全世界湖泊总面积的14%。里海湖岸线长7 000公里。有130多条河注入里海，其中伏尔加河、乌拉尔河和捷列克河从北面注入，3条河的水量占全部注入水量的88%。里海中的岛屿多达50个，但大部分都很小。海盆大体上为北、中、南三个部分。

特殊的地理位置和丰富的能源决定了里海地区的重要性。该地区没有公认的边界，但其范围通常包括里海和沿岸5国——阿塞拜疆共和国、伊朗伊斯兰共和国、哈萨克斯坦共和国、俄罗斯联邦和土库曼斯坦。专家们对里海地区地下油气资源储量的估算差别很大——从4万亿到50万亿吨标准燃料不等。已经探明的可开采石油储量为50亿—100亿吨，天然气为5万亿—10万亿立方米。

2004年，俄罗斯1万多名军人在里海展开了历史上最大规模的军事演习，普京此次"出拳"意在告诉其他里海国家以及一些对里海有企图的西方国家，到底谁是里海老大。

2009年11月12日，一条简短的新闻出现在阿塞拜疆《我们的道路》报上，阿海军的数艘舰艇从8日开始集结于阿塞拜疆和伊朗里海领海连接水域。这条新闻称，阿海军此次部署主要是为了应对伊朗从8日开始的大规模空军演习。

伊朗此次空军演习动用了其北部空军基地的数架战机。伊朗如此"大动干戈"无非是为了抗拒华盛顿针对其核计划而施加的压力，但却意外地引起了其北面邻国阿塞拜疆的警惕。

苏联时期，里海岸边只有两个国家——苏联和伊朗。在20世纪20年代和40年代签署的两份苏伊关系协议中都规定伊朗不可以在里海拥有海军力量。面对苏联的"大国主义行径"，伊朗只能忍气吞声，两国倒也相安无事。但苏联解体后情况马上发生了改变。里海岸边一下子多出了哈萨克斯坦、土库曼斯坦和阿塞拜疆3个国家。由此，富含资源的里海海底划分问题浮出水面。

在资源高度紧张的背景下，5国开始"锱铢必较"起来。经过多年的协商，俄、哈、阿、土4国基本上在多边及双边的层面上同意了按海岸中心线原则划分里海海底的方式，只是土库曼斯坦仍对3个区块问题有所保留。按照这一划分方式，伊朗只能得到13%的区域，吃亏最大。伊朗自然不愿当"冤大头"，提出要均分里海海底。也就是说它至少要得到20%的区域，这自然无法让其他4国满意。

如此一来，5国迟迟无法在该问题上达成一致，冲突就难以避免。2001年闪现的军事紧张是里海最近一次面临战争威胁。时间进入2009年，种种迹象表明5国经过了8年的"备战"之后，笼罩里海的"战云"比2001年更加浓密。在这种情况下，美国及其北约盟国正在采取积极措施确保在该地区的军事存在。

由此可见，里海的资源开发以及管道建设的种种纷争，实际上反映出里海地区地缘政治形势的复杂性。大国在里海的竞争，目的不仅仅是石油合同中的份额，还有更长远的战略考虑。

美国前国家安全顾问布热津斯基说："谁控制主导进入该地区的途径，谁就最有可能赢得这一地区地缘政治和经济的大奖。"那么谁控制了通往里海地区的油气管道，谁就会在新世纪的能源格局中占领有利的战略制高点。

在里海地区众多的石油管线中，与俄罗斯有关的有4条，分别是连接俄管网的阿特劳至萨马拉管线、巴库至新罗西斯克管线、巴库至季霍列茨克管线和里海管道财团管线。这4条管线使俄罗斯在里海石油问题上占据重要地位，但这是美国等西方国家所不愿看到的。

以美国为主导的巴杰管道在2005年开通，这标志着由俄罗斯垄断里海地区石油出口管线的局面被彻底打破。由于阿塞拜疆和哈萨克斯坦的石油主要通过俄罗斯的管道出口，两国一直希望渠道"多元化"，这与试图打破俄罗斯垄断的西方国家一拍即合。

里海能源产量很大程度上取决于管线建设，里海周边国家为了实现自己的利益，还积极开展新管线建设的外交准备、可行性论证与研究，提出一系列新输油管线建设方案，从而试图打破俄罗斯对该地区油气资源输油管线的独霸权，使输油管线逐渐呈现复杂多样的分布格局。

长期以来，从哈萨克斯坦到土库曼斯坦等国的油气储备，一直是寻求更多资源的国际石油公司追逐的目标。里海地区各国不仅向外资开放，同时也被视为改善西方国家能源安全的一种途径，可以提供一种替代政治不稳的中东地区的能源来源。

国际能源署发布的《世界能源展望》报告中，列举了里海地区面临的一些挑战，例如"所需投资的绝对规模、修建穿越几个国家才能抵达出口市场的石油管线的复杂性以及一些油气项目存在的技术和监管难题"，所有这些因素交织在一起，至少在一定程度上会限制里海地区油气供应的增长。到2035年，该地区在全球石油出口中所占的比例将达到9%，高于2010年的6%，并"足以满足2035年北美地区几乎全部预期进口需求"。

从英国石油（BP）到荷兰皇家壳牌（Royal Dutch Shell）、法国道达尔（Total）和美国雪佛龙（Chevron），许多国际石油公司和全球石油官员都将密切关注上述前景。这些公司已在该地区投资数十亿美元。

国际能源署还表示，尽管存在上述问题，但通过降低开发其他更昂贵油气来源的必要性，以及增强进口地区油气供应来源的多样性，里海地区"具有为确保（全球）能源安全作出重大贡献的潜力"。

国际能源署预测，2025—2030年，里海地区的石油产量将达到每天540万桶左右的峰值水平，高于2009年的290万桶。哈萨克斯坦将成为石油生产的主要驱动力：该国将"加入小型精英群体"，2015年的石油产量将超过每天200万桶，并将在2020年成为全球十大产油国之一。该国拥有Kashagan和Tengiz两个特大型油田。因此，以石油产量的增量而言，哈萨克斯坦将成为全球第四大最重要的产油国。

尽管哈萨克斯坦在里海石油产量增长方面作出了重大贡献，但在天然气领域，起到牵头作用的是土库曼斯坦，从2015年开始，该国将跻身全球十大天然气生产国之列。

国际能源署警告称，俄罗斯可能会遏制里海天然气出口的发展，因为俄罗斯政府几乎没有任何"促进里海国家"直接进入全球市场的动机。在这方面，它们可能会与俄罗斯展开供应方面的竞争。俄罗斯对中亚天然气流动的控制，使欧亚大陆丧失了一个市场多样化的重要因素。

美国能源部公开宣称，至少有两个因素决定了美国在中亚地区的切身利益：一是里海丰富的能源，二是它位于欧亚大陆心脏地带的重要地缘战略地位。美国在该地区的策略是：支持里海沿岸各国能源出口多元化，帮助里海沿岸国家加入美国主导的西方经济体系，摆脱俄罗斯的控制。具体措施是：经济上增加援助，扩大合作；政治上加强高层交往和联系，增强对这一地区的影响力；军事上积极推进"和平伙伴关系计划"范围内的军事合作。

里海地区大国竞争的态势已经形成，随着各国经济发展对能源需求的不断增长，围绕争夺最后的油气资源的斗争仍然是21世纪地缘政治的主题。

东北亚局势影响中国能源安全

尽管随着全球化趋势的不断加强,世界各国经济已经日益联为一体,地缘政治对经济安全的影响越来越小,但是,在能源这个特殊商品问题上,地缘政治却仍然发挥着不可忽视的重要影响。

如果说工业化国家是20世纪能源的主要消费者,那么到了21世纪,发展中国家对能源的需求将迅速超过发达国家。中国作为一个重要的发展中国家,就正在成为仅次于美国的能源消费大国。21世纪世界能源消费的另一个变化是,地区结构发生了改变。如果说北美是20世纪能源消费的主要地区,那么东北亚将成为21世纪能源消费的主要地区,并且在消费量上会很快超过前者。中国作为东北亚地区的一个大国,与这种地区结构的改变关系密切。

上海国际问题研究所副研究员潘忠歧在《中国能源安全的地缘政治分析》中写道:从东北亚地区能源需求结构来看,中国正面临着与日本、韩国激烈竞争的严峻挑战。近十几年来,东北亚地区的经济持续迅速发展,对能源的需求也在快速增长。东北亚地区的能源需求总量在世界能源需求总量中所占的比重不断提高,已成为世界上石油缺口最大的地区和石油消费增长最快的地区。过去10年间,亚太地区石油消费量平均增长5.4%,大大高于世界平均水平;目前亚太地区探明的石油可采储量仅占世界总量的4.2%,石油产量占世界总产量的10.4%,消费量却占世界消费量的26.4%;其中,20%左右被东北亚地区(包括中国、日本、韩国、朝鲜、蒙古)消费。据有关预测,2005年,亚太地区将超过北美,成为世界第一大石油消费区。与亚太地区相比,世界另两大能源需求中心——北美和欧洲虽然能源消费量很大,但能源需求增长极为缓慢,未来甚至有可能出现能源需求停滞乃至下降的局面。因此,有人把亚太地区称为未来"世界能源需求的心脏地带"。而东北亚无疑又是这个"心脏地带"的

"心脏地带"。

在东北亚地区，日本、中国和韩国的能源需求占该地区能源总需求的98%以上。中国的石油消费2009年超过日本，跃居世界第二，仅次于美国，日本则居世界石油消费第三位，韩国也是居世界排名前列的石油消费大国。这三国中，日本是传统能源进口大国，目前仅在日本海沿岸拥有为数不多的几个油田，产量仅占全国石油供给量的0.2%，其他则全部依赖进口，所以日本几乎是一个石油纯进口国，对进口石油的依赖程度高达99%以上；日本的石油进口不仅居东北亚地区第一位，也是亚洲地区进口石油最多的国家。韩国的石油完全依赖进口，中国对进口石油的依赖程度也已达32%。韩国、中国既是东北亚地区石油进口的第二、第三位，也是整个亚洲地区进口石油的第二、第三位；韩国还是全球第四大石油进口国。从石油进口地区来看，东北亚地区石油进口主要来自中东地区。俄罗斯远东地区虽有丰富的石油资源，但到目前为止，对中、日、韩三国能源出口仍非常有限。日本石油进口几乎全部来自中东地区，韩国原油进口70%以上来自中东地区，中国则有50%以上进口原油来自中东地区，而且这个比例正呈不断上升的发展趋势。

就能源消费安全而言，最重要的就是能够买到所需的能源。随着中国能源进口比重的大幅度提升，中国能源消费面临的重要难题就在于如何能在国际能源市场上得到所需的能源需求份额。由于世界能源储备除少量可再生能源（如风能和太阳能）之外是固定不变的，能源生产和供给也是相对稳定的，因此，要在世界能源市场争得更多的份额就必然要与相似的消费者展开激烈竞争，而中国石油消费的竞争对象主要就是东北亚的日本和韩国。在东北亚地区，中国与日本、韩国能源消费的利益冲突远远大于利益重叠。三国共同的特点，也是共同的弱点，就是能源对外依赖程度过高。而对进口能源依赖程度的提高，直接意味着中国将逐渐表现出越来越强的对世界能源市场的敏感性和脆弱性。东北亚地区能源需求结构的演变明显不利于中国的能源安全。

而且，由于东北亚地区缺乏北美地区和欧洲地区那样的地区安全框架，因此这种对能源需求的竞争将难以得到有效协调，能源竞争和地缘政治对抗极有可能在该地区形成一种下降的恶性螺旋。中日之间"安大线"与"安纳线"的较量就是一个不祥之兆。因此，东北亚地区面临的共同挑战就在于如何把能源依赖的共同弱点变为能源合作的推动力。一位美国著名能源问题专家曾将从东北部富有能源的萨哈林，穿过朝鲜经日本到中国缺乏能源的福建和广东省称为"东北亚弧形危机地带"。他认为，由于地缘政治结构和自然资源的差别，能源对这一敏感地带而言是一把双刃剑，"一方面，能源可能造成大国对抗从而加剧地区紧张，另一方面，通过重要的新形式的合作，各国之间的矛盾可得到化解。积极推进能源合作，将对整个东北亚的稳定起建设性作用"。

美国对伊朗、伊拉克、利比亚、叙利亚、苏丹等部分产油大国实行的经济制裁也在一定程度上影响了这些国家的石油生产和出口。现在，石油主要生产国面临的另外一个难题是如何为能源发展寻找必要的资金投入。因此，尽管中东和北非地区是中国石油进口的主要来源，但它们却不是一个稳定的来源。中国石油供应安全不仅取决于中国同这些地区的政治、经济关系，而且更取决于这些地区本身的稳定和安全。

潘忠歧还指出，为迎接能源运输方面的挑战，中国既需要逐步壮大中国的海军实力，使之在必要时具有足够的护航能力，又需要致力于整合现有的油轮运输事业，使之与石油进口公司形成长期的战略合作伙伴关系，避免不必要的脱节和错位。重要的是，运输安全作为中国能源安全的一个部分必须得到应有的重视。

只有把能源安全作为地缘政治问题来考虑，中国才能切实做到"找得到"、"买得到"、"运得到"，能源才不会成为制约中国进一步发展的瓶颈。

叙利亚危机牵动整个中东政治格局

2011年11月18日，北约刚结束了在利比亚的军事行动，又将目标瞄准了叙利亚。叙利亚政权危机事关整个中东的政治格局，成为全球关注的焦点。

11月27日，阿拉伯国家联盟（阿盟）外长会议决定，立即对叙利亚实施经济制裁，并中止了叙利亚的成员国资格。

12月2日，联合国人权理事会在日内瓦召开叙利亚问题特别会议，以37票赞成、4票反对、6票弃权通过一项由欧盟提出有关叙利亚人权形势的决议。中国、俄罗斯、厄瓜多尔和古巴对该决议投了反对票，但并没能阻止由欧盟提出有关叙利亚人权形势的决议。

叙利亚总统巴沙尔警告说："叙利亚人民反对混乱、恐怖主义和外来干涉。如果西方敢对叙利亚动武，整个中东将燃烧。"

叙利亚局势动荡始于2011年3月15日。这一天数十名叙利亚人在大马士革市中心哈米迪亚广场举行游行抗议活动，揭开反政府活动"序幕"。

其反对派呼吁北约插手叙利亚局势，复制"利比亚模式"，在叙利亚设立禁飞区，推翻巴沙尔政权。

美国国防部长罗伯特·盖茨说："谁控制了中东石油，谁就控制了整个世界。"这次以美国为首的西方国家和阿盟对叙利亚实施制裁的目的就是推翻巴沙尔政权，实行"西式"民主，控制整个中东石油资源。

制裁叙利亚是美国实施"大中东计划"的一个重要组成部分。美国以武力推翻了萨达姆和卡扎菲政权后，巴沙尔成为其实施"大中东计划"的最大障碍。要实现这一目标，必须推翻巴沙尔政权，在叙利亚建立一个"亲美政府"，从而控制整个中东这个世界石油宝库的油门，来制衡其他国家。

叙利亚地处阿拉伯地区北端的产油区，目前叙利亚已探明储量为25亿桶，占阿拉伯国家石油总储量的3.47%和世界总储量的0.2%。一直以来，叙利亚石油出口收入占出口总收入的60%以上。叙利亚未加入欧佩克，但是阿拉伯石油输出国组织成员国。

叙利亚是个相对保守的农业国，人民生活必需的农产品等基本物资可以实现自给自足。此前美国和欧盟就对叙利亚实施了经济制裁，虽然制裁沉重打击了这个国家的旅游业和石油出口，使其外汇收入锐减，但对该国民众的基本生活并未造成太大影响。此次阿盟制裁叙利亚的影响会比美欧制裁大一些，因为叙利亚经济对阿拉伯国家的依赖较为严重。欧盟的制裁将使叙利亚每年损失大约70亿美元。叙利亚外汇储备为174亿美元，目前面临外汇短缺问题。

叙利亚2010年国内生产总值为560亿美元，外贸总额大约为250亿美元，与阿拉伯国家的贸易额大约为100亿美元。叙利亚分析人士指出，阿盟的最新制裁将使本已陷入困境的叙利亚经济雪上加霜，人民生活也受到不利影响，但对于巴沙尔政权一时还难以构成致命威胁。

那么，叙利亚会不会成为下一个利比亚？笔者分析认为，西方直接在叙利亚实施类似利比亚的军事干预行动并不明智，因为两国的局势有着本质的区别。首先，叙利亚毕竟不是利比亚。叙利亚位于中东的"心脏地带"，牵一发而动全身。

在叙利亚周边有以色列、伊拉克、沙特、伊朗、土耳其、埃及等各大势力，从地缘政治的角度看十分敏感。而且在中东动荡和美国的"威胁"面前，叙利亚与伊朗已经结成了更为紧密的联盟，叙利亚与黎巴嫩真主党之间又有千丝万缕的联系。一旦捅了叙利亚这个"马蜂窝"，中东可能会面临新的全面战争。

另外，叙利亚是俄罗斯的传统盟友。俄罗斯在叙利亚塔尔图斯港有海军基地，叙利亚的大部分精良武器都来自俄罗斯。此次美国和北约军事同盟威慑叙利亚，俄罗斯采取了非常强硬的态度。从一定程度上说，未来西方国家是否会对叙利亚采取军事干涉行动，还须看俄罗斯等国的态度。

现在，美国、欧盟、土耳其和约旦要求巴沙尔下台的呼声日盛，以卡塔尔为首的海湾国家希望逊尼派掌握叙利亚权力，以对付伊朗。阿盟在调解叙利亚危机方面明显站在反对派一边。国际环境和地区环境对巴沙尔政权来说非常不利。

但是，就目前的局势看，巴沙尔政权总体来说是比较稳固的，只要不发生外国的军事打击，反对派想靠自己的力量打倒巴沙尔政权，难度非常大，而且持续时间较长。

眼下叙利亚冲突各方已陷入僵局。一方面政府无法通过武力的方式平息这场"造反"运动；另一方面境外激进反对派高喊"打倒巴沙尔政权"的口号，但它也不能自己实现这一目标。从目前情况看，叙利亚危机将持续较长时间，未来叙利亚局势的发展仍然具有较大的不确定性。

从政治打压、外交孤立，到如今的经济制裁，阿盟和西方国家对巴沙尔政权步步紧逼，叙利亚局势正在变得愈加错综复杂，并面临进一步"国际化"的风险。

法国外长朱佩警告说："如果叙利亚政府拒绝配合在其境内开设'人道走廊'运输必需物资的情况下，法国等国不排除采用军事手段护送运输车队。"这表明西方欲军事干预叙利亚的意愿十分强烈。

阿盟部长级委员会已明确表示，一旦经济制裁叙利亚仍达不到理想效果，将采取其他手段。这意味着，"利比亚模式"有可能在叙利亚重演。

如果叙利亚现政权垮台，不仅会对伊朗、黎巴嫩和巴勒斯坦产生重大影响，甚至可能改变整个中东地区的政治格局。未来叙利亚局势的发展事关整个中东地区。从对中东政治格局的影响来看，叙利亚政权的更迭比埃及政权的更迭的影响还要大。

美国中东扩张的政治阴谋

世界离不开石油，更离不开中东石油。特别是中东海湾地区集中了全球石油储量的2／3，可谓名副其实的"世界油库"。据统计，海湾石油储量达910亿吨，占全球的64.5%，其中沙特占25%，伊拉克占10.9%，阿联酋占9.5%，科威特占9.1%，伊朗占8.7%。全球前五个石油储量最多的国家都在中东。此外，中东天然气储量也相当可观。仅海湾地区天然气储量就达48万亿立方米，占全球的33.4%。中东也是世界重要的产油地和出口地，产量占全球的1／3，出口量为全球的65%。此外，中东石油还有其他地区无法比拟的优点。在海湾开采一桶石油成本仅2美元，比美国和北海要低80%以上。储量上，目前世界其他许多产油地资源已呈现枯竭状态，而海湾石油的可采储量年限要比世界各地平均水平多44年。可以毫不夸张地说，中东是世界经济的发动机。

在位于亚洲和非洲之间的阿拉伯半岛上，石油管道可谓星罗棋布、纵横交错，总里程长达数十万公里。这种管道主要有两种：一是各国境内管道网，二是跨国管道网。输油管道将远离港口的石油分别输送到地中海、红海和海湾沿岸的港口，然后再用船运到各消费国。海湾出口到西方的石油经管道可直达地中海东岸港口，缩短路程近5 000公里。目前沙特、伊朗和伊拉克境内管道密度最大，都有数万公里管道线，仅沙特境内就有两条横贯东西、长达1 000公里以上的管道，年输送能力达百万吨以上。

目前，美国、西欧和日本对海外石油的依赖度分别为51%、60%和99%。其中，美国1/4、欧洲60%、日本80%以上的石油进口都来自中东。有日本学者称，如果中东产油国停止供给日本正常石油供应量的30%并持续200天的话，那么日本将会有300万人死亡，70%的财富将被蒸发掉。有专家预计，到2015年左右，世界石油产量在达到45亿吨的高峰后将出现递减，届时能够继续增产的国家可能只剩下中东和个别非欧佩克国家。2010年，美国新能源计划指出，全球经济仍将继续依赖于海湾国家，沙特仍将是世界石油市场稳定供应的关键。

作为政治地理概念的中东，开启了两大事件：苏伊士运河的开凿与发现石油。1859年，苏伊士运河开凿始建；同一年，美国人德雷克在宾夕法尼亚发现油井。

英国人的第一个猎物是澳大利亚地质学家威廉·诺克斯·达西与他手里的波斯石油特许权。19世纪90年代，新波斯（今伊朗）国王希望国家进入现代化，他召见了达西，要求他帮助波斯建设铁路。作为回报并为了换取大量现金，国王于1901年授予达西一项特权：在60年的时间里，他可以不受任何限制，在波斯的土地上自由探采石油，所有发现的与石油有关的财产，都将归他所有。达西支付了大约2万美元的现金，并同意只要找到石油，他都从销售额中支付给国王16%的矿区使用费。4年后，英国人找到了达西，说服他将手里的授权转让给英波（盎格鲁—波斯）石油公司。英国获得了它的第一个石油资源。

10年后，英国人在中东获得了更大的石油机会。1914年3月19日，根据《外交部协定》，英波公司在重组的土耳其石油公司中掌握50%的股份，德意志银行和壳牌石油公司各持股25%。

因为苏伊士运河的开通，中东成为联结东西方最便捷的通道后，石油开始成为这一地区最有战略价值的资源，它深刻地影响了这一地区的形成与发展。正如美国前国务卿基辛格所说："如果你控制了石油，你就控制了所有国家。"

1911—1920年，美国机动车从180万辆增至近千万辆，石油供应能力成为美国人普遍的担心。两届美国政府——威尔逊政府与哈定政府，都坚定地支持美国石油公司的海外扩张；而且针对英国的粗暴拒绝，美国威胁说，新泽西石油公司将切断对英国的石油供应。美国公司终于挤进中东。1933年，加州标准石油公司与沙特签订租让权协议；后来证明此举足够英明，沙特拥有世界上最大的石油储量。而美国公司在沙特取得了近113.92万平方英里的租借地，相当于美国国土面积的1/6，占沙特国土的70%。之后，更多美国的独立石油公司以各种方式进入中东。

第二次世界大战结束前的1944年，美国控制了中东已探明的石油蕴藏量的42%。之后，除在巴林、沙特与科威特的份额外，美国新增的石油版图包括伊朗的40%，伊拉克的25%。

以1973年1—6月统计，欧洲对阿拉伯石油的依赖为：意大利79%，法国77%，联邦德国74%，西班牙69%，英国63%，日本76%。在一场真正的战争里，石油作为武器，高度依赖中东石油进口的国家，将无比脆弱；石油禁运、提价，全球性经济震荡无可避免。

1973年10月6日，第四次中东战争爆发，阿拉伯产油国实施了减产和石油禁运。5个月的石油禁运，使美国经济失去5万个工作岗位，GDP损失100亿—200亿美元。在第四次中东战争中，阿拉伯产油国以石油为武器震撼了世界。

1990年爆发的海湾战争更是一场石油战争。不管是伊拉克吞并科威特，还是美对伊动武，都与石油利益紧密相关。

海湾战争期间伊拉克、科威特石油业遭到严重破坏，科威特7 000座油井被点燃，导致油价一路飞涨。1990年7月一桶只有14美元，到10月则突破了40美元，布伦特油价一度达42.10美元一桶。不过，这次高油价持续的时间并不长，与前两次危机相比，对世界经济的影响要小得多。

冷战结束后，美国凭借其唯一超级大国的地位，更是加快了介入中东事务的步伐。美国在中东及中东周边发动的阿富汗战争、伊拉克战争和利比亚战争都带有浓厚的石油战争色彩。美国前总统尼克松对美国发动海湾战争的战略企图就曾直言不讳地指出：这既不是为了民主，也不是为了自由，而是为了石油。美国军政界要人帕特里德·施罗德在海湾危机爆发后不久接受美国《纽约时报》记者采访时的回答更是直截了当："我们在沙特阿拉伯和科威特的主要利益基本上可以归纳为两个字：石油。"的确，正像基辛格所说，"海湾关系到美国的切身利益，首先是保卫石油"。

因此，对一心想独霸世界的美国来说，只有控制了中东石油，才能从经济实力上根本确保冷战后美国的世界独霸地位；只有控制了中东石油，才能控制西欧、日本和中国的经济，使它们继续依附于美国。

《石油战争》作者威廉·恩道尔认为：美国的"大中东计划"会导致第三次世界大战爆发，因为美国现在的基础并不牢靠，在国内外都面临一些经济和社会问题。这是华盛顿为重新取得霸权而迈出的绝望一步。所有的阿拉伯国家都在谨慎缓慢地远离华盛顿，转向德国、意大利、法国、中国、俄罗斯，等等。从地缘政治来说，中东在转向欧亚大陆。例如，中国与沙特阿拉伯、利比亚、伊朗的投资协议，对华盛顿就是警铃，它们认为在失去对世界的控制。美国希望将中国的石油资源直接控制在手中，这样当未来某一天中国立场强硬地维护本国经济利益时，美国可以这样敲诈：如果不按照我们的要求做，就没有更多的石油。

近10年是中国经济快速增长最快的10年，也是中国石油进口对中东的依赖增幅最高的10年。以中国对沙特的石油依赖度为例：2000年，中国从沙特进口石油只有573万吨，占中国进口总量的8.2%；到了2009年，中国从沙特进口石油高达4 195万吨，占中国进口总量的比例高达20.6%。通过上述数字，我们就不难得出一个结论：中东和北非不再是美国的主要油库，而是成了亚洲和中国的主要油库；这些区域的混乱不再是对美国构成能源安全威胁，而是对中国构成能源安全威胁。中国现在已经成为世界第二经济大国，在国际社会上被视为挑战美国地位的竞争对手，美国试图制约中国的崛起也是不争的事实，制约的手段之一就是放任甚至推动中东和北非地区的动乱，使得石油的生产受到冲击，由此导致油价飙升，然后通过战争推翻其政权，建立一个符合美国意愿的新政府，控制了其政权，就控制了能源，这样一来就可以对中国这样一个能源依赖进口的大国造成沉重压力，制约中国的发展。

总之，中东变局再次告诫我们，石油是一种极具政治性的产品。中东是全球原油蕴藏量最大的地区，大体上占35%。中东局势牵动全球政治、经济走向，历史上三次油价大涨均与中东政局相关。哪个国家对石油，特别是对中东地区石油进口的依赖过重，哪个国家发展的风险就越大。从石油政治来看，一个大国，受能源进口制约越少，手里才会有更多用来平衡的"牌"，而受制于进口能源越多，战略就会越被动。从石油经济来看，决定21世纪哪个国家能走在前面的关键，在于其能否建立一个具有不依赖或少依赖不可再生能源的经济结构。

第四章 中国能源现状

中国是世界上第二大能源生产国和第二大能源消费国。经过几十年的努力,已经形成了以煤炭、电力、石油、天然气为主,以可再生能源为辅的多元化能源生产供应体系。但是目前,中国的能源消费进入快速增长时期,以石油、天然气为代表的清洁能源供需矛盾日益突出,进口量越来越大,能源已经成为制约中国经济发展的瓶颈。因此,调整能源消费结构,提高能源利用效率,减少碳排放,确保能源安全刻不容缓。

中国能源构成与分布

能源是人类社会赖以生存和发展的重要物质基础，是维系国家安全的重要战略资源。经过几十年的努力，中国已经初步形成了煤炭、电力、石油、天然气和可再生能源全面发展的能源生产供应格局，基本建立了较为完善的能源供应体系，但长期以来存在能源结构不合理、新型能源比重低、环境污染严重等突出问题。

煤炭资源

中国煤炭资源丰富，煤炭产量和消费量居世界第一位，煤炭出口量居世界第二位。我国煤炭分布遍布全国，煤炭主要集中在内蒙古、山西、陕西、宁夏、甘肃、河南6省区。

据国土资源部统计，2010年全国新增煤炭储量430.6亿吨。内蒙古是中国煤炭储量第一大省和煤炭开采第一大省。

在漫长的地质演变过程中，煤田受到多种地质因素的作用。由于成煤年代、成煤原始物质、还原程度及成因类型上的差异，再加上各种变质作用并存，导致中国煤炭品种多样化，从低变质程度的褐煤到高变质程度的无烟煤都有储存。

按中国的煤种分类，炼焦煤类占27.65%，非炼焦煤类占72.35%。

中国煤炭灰分普遍较高，秦岭以北地区，晋北、陕北、宁夏、两淮、东北等地区，侏罗纪煤田为陆相沉积，煤的灰分一般为 10%—20%，有的在10%以下，硫分一般小于1%，东北地区硫分普遍小于0.5%。中国北方普遍分布的石灰纪、秦岭以南地区、湖南的黔阳煤系、湖北的梁山煤系等属海陆交替沉积的煤，灰分一般达15%—25%，硫分一般高达2%—5%。

广西合山、四川上寺等地的晚二叠纪煤层属浅海相沉积煤，硫分可高达6%—10%以上。据国土资源部统计，中国灰分小于10%的特低灰煤仅占探明储量的17%左右。大部分煤炭的灰分为10%—30%。硫分小于1%的特低硫煤占探明储量的43.5%以上，大于4%的高硫煤仅为2.28%。中国的炼焦用煤一般为中灰、中硫煤，低灰和低硫煤很少。

炼焦用煤的灰分一般都在20%以上，硫分含量大于2%的炼焦用煤占20%以上。中国炼焦用煤的另一大特点是：硫分越高，煤的动结性往往越强，其可选性一般较差。2010年全国焦炭产量为3.87亿吨，其中出口焦炭334.57万吨，进口焦炭10.95万吨。据国土资源部发布的《全国矿产资源规划（2008—2015年）》，预计到2020年，中国将消耗煤炭35亿吨。

石油资源

中国的石油资源集中分布在渤海湾、松辽、塔里木、鄂尔多斯、准噶尔、珠江口、柴达木和东海大陆架等八大盆地，可开采资源储量17.2亿吨，占全国的81.13%。

自20世纪50年代初期以来，中国先后在82个主要的大中型沉积盆地开展了油气勘探，发现油田500多个。截至2010年，中国石油累计探明地质储量为312.8亿吨，剩余技术可采储量为31.4亿吨，原油地质储量只够用25年。

1968年，联合国能源署发布的一份调查报告称，中国东海被誉为"第二个波斯湾"，拥有大量的石油和天然气资源。还有资料显示，中国南海的油气资源量超过300亿吨，被誉为"第二个中东"。

中国自1993年开始已成为石油净进口国。目前，中国石油进口量每年递增1 000万吨以上，而且这个数据还在增加。仅2010年，中国进口原油就达2.39亿吨，比上年增长17.4%，再次刷新了历史纪录。进口原油占国内原油消费总量的一半以上，原油对外依存度达到53.8%。预计到2015年，中国原油对外依存度将超过65%。

天然气资源

中国是世界上最早发现和使用天然气的国家之一，目前，天然气储量居世界第11位。从1998年开始我国天然气产量快速增长，市场供需矛盾日益突出，预计到2020年天然气对外依存度将达到50%左右，这是一个危险的信号，让人不得不产生中国天然气消费可能会陷入"石油魔咒"的担忧。

天然气是存在于地下岩石储集层中以烃为主体的混合气体的统称，包括油田气、气田气、煤层气、泥火山气和生物生成气等。主要成分为甲烷，通常占85%—95%；其次为乙烷、丙烷、丁烷等。它是优质燃料和化工原料。

关于天然气的故事，可以追溯到3 000多年前。那时天然气被称为"长明火"。《易经》中"上火下泽"、"泽中有火"等记载，就是天然气在地表湖沼上逸出气苗燃烧的现象。15世纪以前，四川盆地普遍发现天然气，当地百姓也懂得利用天然气烧饭、煮盐。而在国外，直到16世纪与17世纪之交，天然气这一名词才被荷兰物理学家凡·格利蒙特首次使用。但在天然气工业应用上，西方人还是抢了先。

新中国成立之前，我国天然气开发是空白，尽管当时我国大陆已在四川发现了自流井、石油沟和圣灯山气田；在我国台湾发现了锦水、竹东、牛山和六重溪气田，但都是小气田，产量几乎可以忽略不计。直到新中国成立后，我国才开始真正意义上的天然气勘探开发。

中国天然气资源集中分布在塔里木、四川、鄂尔多斯、东海陆架、柴达木、松辽、莺歌海、琼东南、东海和渤海湾九大盆地。据国土资源部统计，目前，这九个盆地的远景资源量达46万亿立方米，占全国资源总量的82%；已探明天然气地质储量6.21万亿立方米，占全国已探明天然气地质储量的93%；剩余资源量40万亿立方米，占全国剩余资源量的81%。我国气田以中小型为主，大多数气田的地质构造比较复杂，勘探开发难度大。

此外，华北地区还富有非常规的煤层气远景资源。十几年的艰苦勘探表明，在中国960万平方公里的土地和300多万平方公里的管辖海域下，蕴藏着十分丰富的天然气资源。

据国土资源部统计，截至2008年年底，我国已探明天然气地质储量63.36亿立方米，可开采储量为38.69亿立方米，分布相对集中，勘探潜力巨大。

到2009年年底，我国共发现气田231个，其中大气田44个，仅占气田总数的19%，其储量却占总储量的80%以上；44个大气田中有38个投入开发，天然气产量为564亿立方米，占全国天然气总产量的66%以上。2007—2009年，我国储量丰度最高的大气田，年产量占全国天然气总产量的13%—16%；苏里格大气田、榆林大气田和靖边大气田，年产量分别占全国总产量的5%、7%、9%。

进入21世纪，中国的天然气产量和储量增长迅速。预计到2020年，中国天然气年产量将达到2 500亿立方米，天然气进口量将达到1 100亿立方米，届时中国的天然气年消费量将达到3 600亿立方米，约占能源消费结构的10%，将有效改善中国的能源消费结构。

水电资源

水电是清洁能源，可再生、无污染、运行费用低，便于进行电力调峰，有利于提高资源利用率和经济社会的综合效益。

截至2010年年底，中国水电装机容量突破2亿千瓦，占发电装机总容量的23%。其中大中型常规水电1.2亿千瓦，小水电5 000万千瓦，抽水蓄能电站2 000万千瓦，已建常规水电装机容量占全国水电技术可开发装机容量的91%。

在水电的具体规划布局上，到2010年，西部地区常规水电装机规模达到9 500万千瓦，占全国的55%，开发程度为21.5%，其中水能资源最丰富的四川、云南水电装机容量分别达到2 700万千瓦和1 700万千瓦，开发程度分别为22.5%和17%；中部地区常规水电装机规模达到5 000万千瓦，占全国的30%，开发程度达到68%；东部地区装机规模达到2 500万千瓦，占全国的15%。

国家能源局预计，到2020年全国发电装机容量可能达到9.5亿千瓦左右，其中水电2.46亿千瓦（含抽水蓄能2 600万千瓦），煤电5.62亿千瓦，核电4 000万千瓦，气电6 000万千瓦，新能源发电4 100万千瓦。技术进步和产业升级步伐将会加快。

在"十二五"期间，中国每年水电新开工规模将为2 000万千瓦，5年达1亿千瓦，2020年全国水电将实现3.5亿千瓦的装机，能源供应结构将得到相当程度的改善。水电能源开发利用率从改革开放前的不足10%提高到25%。水电事业的快速发展为国民经济和社会发展作出了重要的贡献，同时还带动了中国电力装备制造业的繁荣。三峡机组全部国产化，迈出了自主研发和创新的可喜一步。小水电设计、施工、设备制造也已经达到国际领先水平，使中国成为小水电行业技术输出国之一。

太阳能资源

中国蕴藏着丰富的太阳能资源，太阳能利用前景广阔。目前，中国太阳能产业规模已位居世界第一，是全球太阳能热水器生产量和使用量最大的国家和重要的太阳能光伏电池生产国。中国拥有的比较成熟的太阳能产品有两项：太阳能光伏发电系统和太阳能热水系统。

《可再生能源法》的颁布和实施，为我国太阳能利用产业的发展提供了政策保障；《京都议定书》的签订，环保政策的出台和对国际的承诺，给太阳能利用产业带来机遇；西部大开发，为太阳能利用产业提供了巨大的国内市场；原油价格的上涨、中国能源战略的调整，使得政府加大了对可再生能源发展的支持力度，所有这些都为中国太阳能利用产业的发展带来极大的机会。

到2010年年底，全国太阳能发电总装机达到60万千瓦，比上年增长1倍。太阳能热水器总面积1.8亿平方米，增长24%。根据国家"十二五"发展规划，中国将以发展绿色能源为重点，且中国希望为太阳能企业提供更稳定的市场环境。预计到2015年全国光伏装机目标可望达到1 000万千瓦，2020年可望达5 000万千瓦，如果此项计划变为现实，中国太阳能电池板产业前景将一片光明。

核能资源

中国内地的核电起步较晚，20世纪80年代才动工兴建核电站。秦山核电站是中国自行设计建造的第一座30万千瓦压水堆核电站。秦山核电站工程建设自1985年3月20日开工，1991年12月15日并网发电，结束了中国大陆无核电的历史，实现了零的突破。使中国成为继美国、英国、法国、前苏联、加拿大、瑞典之后世界上第七个能够自行设计、建造核电站的国家。

根据世界核能协会（WNA）的统计，截至2010年年底，中国在建和规划中的核电机组多达77台。此外，各地有意向建设的核电机组更达到140台左右。两者累计，已接近全球正在运行核电机组的半数。

截至2010年，中国正在运行的核反应堆有13座，装机总容量为1 080万千瓦，只占全国电力总量的2%，这个比例在所有拥有核电国家中是最低的。

据国家发展和改革委员会2007年10月通过的《核电中长期发展规划（2005—2020年）》，到2020年，中国核电运行装机容量争取达到4 000万千瓦；仅仅3年之后的今天，这一目标已经不能满足社会经济发展的需要，据专家预计，到2020年，中国核电装机容量将达7 000万—8 000万千瓦，到2030年，核电装机将提高到2亿千瓦，2050年则将提高到4亿千瓦，占总装机的比例将达5%，以扩大清洁能源供应并减少煤炭依赖。

海洋资源

中国海洋能源开发已有40多年的历史，解放初期就兴建了8座潮汐电站。20世纪80年代开始加快潮能开发利用步伐，在沿海各地区陆续兴建了一批中小型潮汐电站，其中最大的潮汐电站是1980年5月建成的浙江省温岭市江厦潮汐试验电站，它也是世界上已建成的较大的双向潮汐电站之一，总容量达到3 000千瓦。据了解，江厦电站每昼夜可发电14—15小时，比单向潮汐电站增加发电量30%—40%。江厦电站每年可为温岭、黄岩电力网提供100亿瓦/小时的电能。

经过多年的探索，中国的海潮发电技术已有较好的基础和丰富的经验，小型潮汐发电技术基本成熟，已具备开发中型潮汐电站的技术条件。但是现有潮汐电站的整体规模和单位容量还很小，单位千瓦造价高于常规水电站，水工建筑物的施工还比较落后，水轮发电机组尚未定型标准化。这些均是中国潮汐能开发现存的问题。其中关键问题是中型潮汐电站水轮发电机组技术问题没有完全解决，电站造价亟待降低。

据估算，中国仅长江口北支就能建80万千瓦的潮汐电站，年发电量为23亿千瓦时，接近新安江和富春江水电站的发电总量；钱塘江口可建500万千瓦的潮汐电站，年发电量约180多亿千瓦时，约相当于10个新安江水电站的发电能力，海潮资源丰富，开发利用的前景十分广阔。

风能资源

中国风能资源起步较早，在20世纪50年代末是各种木结构的布篷式风车，1959年仅江苏省就有木风车20多万台。到60年代中期主要是发展风力提水机。70年代中期以后风能开发利用列入"六五"国家重点项目，得到迅速发展。进入80年代中期以后，中国先后从丹麦、比利时、瑞典、美国、德国引进一批大中型风力发电机组。在新疆、内蒙古的风口及山东、浙江、福建、广东的岛屿建立了8座示范性风力发电场。1992年装机容量已达8兆瓦。新疆达坂城的风力发电场装机容量已达3 300千瓦，是全国目前最大的风力发电场。至1990年年底全国风力提水的灌溉面积已达2.58万亩。1997年新增风力发电10万千瓦。目前中国已研制出100多种不同形式、不同容量的风力发电机组，并初步形成了风力机产业。尽管如此，与发达国家相比，中国风能的开发利用还相当落后，不但发展速度缓慢而且技术落后，远没有形成规模。

进入21世纪后，中国在风能的开发利用上加大投入力度，使高效清洁的风能在中国能源的格局中占据应有的地位。

国际环保组织绿色和平和中国资源综合利用协会可再生能源专业委员会于2011年6月16日共同发布的《风光无限——中国风电发展报告2011》显示，中国风电经济性提升，产业进一步成熟。随着风电设备单位投资水平的下降、风场选址水平的提高以及风电机组效率的提高，风电成本将进一步降低。我国已经颁布的风电区域上网电价为0.51—0.61元／千瓦时，比常规电力价格高出30%左右。风电装备制造在成本和质量上的竞争日益激烈，风电装备价从2010年年初的4 000元／千瓦下降到年底的3 500元／千瓦左右，降幅高达12.5%。这一局面将进一步提升开发商的积极性，大力推动风电的发展。

从风电开发商市场份额来看，2010年中国国电集团新增风电装机3 490.45兆瓦，累计装机8 941.09兆瓦，继续保持风电场装机容量第一的位置。华能集团则以新增装机3 171.15兆瓦，累计装机6 330.98兆瓦的业绩，超过大唐排在第二位，大唐退居第三位，但与排名第四位的企业相比仍保持较大领先优势。除五大发电集团及国华、中广核以外，华润电力、新天绿色能源、天润、三峡集团、中国风电、中海油、中水顾问、中水建等都有不俗表现。但从市场份额来看，五大发电集团仍然占据56%的比例，比2009年的55%略有上升。

2010年中国风电累计装机容量达到44.73吉瓦，牢牢地占据了世界第一的位置。到2015年年末，中国风电累计装机容量会达到100—150吉瓦。全国风电企业或资产普遍盈利，其中盈利水平大体上为每千瓦时0.05—0.15元。

氢能

氢能被视为21世纪最具发展潜力的清洁能源，人类对氢能的应用自200年前就产生了兴趣，20世纪70年代以来，世界上许多国家和地区广泛开展了氢能研究。

中国对氢能的研究与发展可以追溯到20世纪60年代初，中国科学家为发展本国的航天事业，对作为火箭燃料的液氢的生产、H_2/O_2燃料电池的研制与开发进行了大量有效的工作。将氢作为能源载体和新的能源系统进行开发，则是从20世纪70年代开始的。进入21世纪以来，为进一步开发氢能，推动氢能利用的发展，氢能技术已被列入《科技发展"十五"计划和2015年远景规划（能源领域）》。

氢燃料电池技术，一直被认为是利用氢能解决未来人类能源危机的终极方案。随着中国经济的快速发展，汽车工业已经成为中国的支柱产业之一。在能源供应日益紧张的今天，发展新能源汽车已迫在眉睫，用氢能作为汽车的燃料无疑是最佳选择。

生物质能源

生物质能源是指通过光合作用而形成的各种有机体，包括所有的动植物和微生物。而所谓生物质能源，就是太阳能以化学能形式储存在生物质中的能量形式，即以生物质为载体的能量。它直接或间接地来源于绿色植物的光合作用，可转化为常规的固态、液态和气态燃料，取之不尽、用之不竭，是一种可再生能源，同时也是唯一一种可再生的碳源。

生物质能源的原始能量来源于太阳，所以从广义上讲，生物质能源是太阳能的一种表现形式。目前，很多国家都在积极研究和开发利用生物质能源。

中国人口众多，资源相对不足，能源供应不能充分满足国民经济发展的需要；随着经济的进步发展和全面小康建设的推进，对能源供应必将提出新的要求。从我国未来生物质能源的需求来看，城镇交通运输和农村生活用能将为现代生物质能源提供巨大的潜在市场。

截至2008年年底，全国农村户用沼气池达到3 049万户，全国农村户用沼气池的使用率高达90%以上，受到了各地农户的欢迎。我国农村户用沼气池的建设规模和使用量居全球之首，成为我国利用技术最成熟、推广规模最大、效益最突出的可再生能源开发领域。

我国发展林业生物质能源有着巨大的资源优势和发展潜力。目前，我国陆地林木生物质资源总量在180亿吨以上，可用于生产生物质能源的主要是薪炭林、林业"三剩物"、平茬灌木等。

国家林业局组织有关单位对我国林业生物质能源资源总量、开发利用和发展潜力等情况进行了调研，初步查明我国油料植物有151科697属1 554种，其中种子含油量在40%以上的植物有154种，可用来建立规模化生物质燃料油原料基地的树种有30多种，如黄连木、文冠果、麻风树、光皮树等。

另外，我国现有300多万公顷薪炭林，每年约可获得0.8亿—1亿吨高燃烧值（生物量）。在我国北方地区，有大面积的灌木林亟待利用，估计每年可采集木质燃料资源1亿吨左右；全国用材林已形成大约5 700多万公顷的中幼龄林，如正常抚育间伐，可提供1亿多吨的生物质能源原料；同时，林区木材采伐加工剩余物、城市街道绿化修枝也能提供可观的生物质能源原料。

我国现有不适宜农耕的宜林荒山荒地5 400多万公顷，如果利用其中20%的土地来种植能源植物，每年产生的生物质能源可达2亿吨，相当于1亿多吨标准煤。我国还有近1亿公顷的盐碱地、沙地、矿山、油田复垦地等不适宜发展农业的边际性土地，这些都可以成为发展林业生物质能源的基地。

目前，我国已经掌握了成熟的生物质能源开发技术，我国利用现有黄连木种子生产生物柴油10万吨。在"十二五"期间将重点发展生物材料和生物质能源技术的开发，通过这样的技术开发，2015年我国部分生物质能利用技术将能够达到工业化示范水平，使我国未来能够把生物质能产业化，真正能够实现工业性规模的生产。

脆弱的天然气

天然气是公认的高效、清洁、方便的能源，燃烧充分，污染极小，在现阶段，中国天然气是相对低廉的化石能源产品，因而需求势头十分强劲。从生活到生产领域，形形色色的天然气燃具被广泛开发应用，不少地方也采取多种政策措施，大力鼓励使用天然气，以求得良好的空气环境质量。在一些地方环保部门人士的眼里，似乎只有大力推广使用这种清洁能源，才能确保我们的能源安全和环境质量的改善。其实这是一种不谙中国能源实情的天真想法，因为中国的天然气和石油一样，有着大致相同的"病相"：

据美国能源情报署（EIA）统计，截至2009年1月，印度尼西亚以拥有约

106万亿立方英尺的探明天然气储量成为亚太地区最大的探明天然气储量国；紧随其后的是马来西亚，拥有探明天然气储量约85万亿立方英尺；中国以拥有探明天然气储量8.1万亿立方英尺位居亚太地区第三；排名第四的是印度，拥有探明天然气储量约40万亿立方英尺；排名第五的是巴基斯坦，拥有探明天然气储量32万亿立方英尺；排名第六的是澳大利亚，拥有探明天然气储量30万亿立方英尺。

根据国土资源部发布的统计数据，到2010年中国新增天然气探明地质储量5 945.5亿立方米，新增探明技术可采储量2 875亿立方米。天然气累计探明地质储量9.3万亿立方米，剩余技术可采储量3.9万亿立方米，同比增长3.7%，探明剩余可采储量可开采37年。

按照国际通用标准，中国天然气规模普遍偏小，气源不够丰富。从气源勘探开发到配套输送设施形成规模，整个过程建设周期长、投资大。截至目前全国只建成3座液化天然气（LNG）工厂，输送管网也偏少。随着需求的猛增，中国目前已成为天然气净进口国，主要依靠俄罗斯、中亚等周边国家管道输气，以及从澳大利亚、非洲等地船运液化天然气，运程远，风险大，气源份额受制于人，且价格高低不稳，同时也增大了国内天然气随之涨价的预期压力。

中石油副总裁李华林说，目前中国天然气的需求量约为1 000亿立方米，其中约75%由中石油提供，但天然气仅占中国一次性能源消耗比重的3.8%，而在日、韩和欧美等发达国家，这一比例约达到24%。尽管中石油在中亚和俄罗斯等地积极地寻找天然气源，并在2010年完成LNG项目整合，致力于提供更高效的油气，但目前的天然气价格机制让中石油的盈利并不容易。

目前，中国的天然气井口价格为0.8元／立方米，中亚输油管道的天然气进入中国的成本已达1.29元／立方米，而在上海等距离井口较远的城市，其销售价格仅为2元多，还不够管道和运输成本，这就使企业要承受一定亏损。李华林表示："中石油不会因为短期的亏损而影响到天然气的供应，但希望通过价格机制改革保证上游企业的利润，从而保证生产企业的积极性。"

为了缓解国内天然气供应不足，我国LNG进口量正在不断快速增加。随着中亚天然气正式进入国内市场及部分LNG项目设施竣工投产,天然气进口大幅增加。全年累计进口约合167亿立方米,同比增长1.3倍。进口资源占消费总量的比重达到15.6%,比2009年增加7.3个百分点。全国天然气消费量快速增加,全年表观消费量1 073亿立方米,同比增长20.9%。

为了弥补天然气供应不足,我国的天然气进口量正在不断增加。2009年我国进口了约350万吨液化天然气,相当于2009年全国天然气总消费量的近6%。随着中亚天然气管道、西气东输二线西段的投产运营以及我国液化天然气项目的加速发展,预计未来我国天然气进口量将有较大幅度的增长。

国家发展和改革委员会能源经济和发展战略研究中心副主任刘小丽表示,中国正在形成由国产天然气、进口液化天然气、进口中亚天然气、进口俄罗斯天然气、进口缅甸天然气五大来源组成的多元化天然气供应格局,这将使得单一气源所引起的安全问题大大缓解。

素有"天然气之父"之称的中国科学院院士、著名石油天然气地质学家戴金星在接受记者采访时表示:"在未来10年,预计我国天然气产量可以翻一番;至少在未来20年,我国还可以发现一些大型气田,天然气勘探开发前景可观。从美国、俄罗斯等天然气大国开发的历史经验看,我国天然气开发已步入黄金通道,至少还有20年的高速发展期。"

随着居民生活水平的提高以及对清洁能源需求的增加,中国天然气需求将继续旺盛。未来中国将形成国产气为主、进口气为辅的多气源资源保障体系。到2020年,我国天然气市场需求有望达到2 000亿—2 400亿立方米,占整个能源构成的10%,天然气工业发展前景广阔。

能源专家预计,到2015年,中国天然气进口将达到950亿立方米,很可能成为世界第四大天然气净进口国。

"十二五"期间,我国将形成"西气东输、北气南下、海气登陆、就近外供"的供应格局。预计"十二五"及"十三五"期间我国将形成全国一张网,天然气管道将覆盖全国31个省份,95%以上的地级市均能通上天然气。

随着气化率的提高,天然气消费结构将进一步优化,工业燃料和城市燃气的优势将逐渐明显，成为用气的主要领域，约占需求总量的2/3，发电和化工气量将有所增加，但是所占比例下降。随着低碳经济的发展，对天然气的需求将不断增长，我国天然气供应紧张的状况将长期存在。

能源供需矛盾突出

长期以来，中国能源主要以煤炭为主，煤炭占到能源消费的70%左右。煤炭的碳排放非常大，所以怎样改善能源结构，减少碳排放，对于我们来说已刻不容缓。

据国土资源部矿产资源储量司统计，截至2010年年底，全国石油累计探明地质储量为312.8亿吨，剩余技术可采储量31.4亿吨，同比增长6.5%；天然气累计探明地质储量9.3万亿立方米，剩余技术可采储量3.9万亿立方米，同比增长3.7%。2010年全国石油产量2.01亿吨，同比增长6.9%。天然气产量947.3亿立方米，同比增长12.2%。

从主要盆地油气探明分布来看，石油新增探明地质储量主要位于鄂尔多斯、渤海湾、塔里木、松辽和准噶尔等5个盆地，占全国总量的92.8%。天然气新增探明地质储量主要位于鄂尔多斯、四川、塔里木和准噶尔等4个盆地，占全国总量的94.7%。

近几年来，随着能源消费的剧增，对外依存度不断攀升，能源进口的比重越来越大，确保中国能源安全的任务也越来越重，能源安全外部形势堪忧。

中国石油和化学工业联合会发布的数据显示，2010年中国进口原油达2.39亿吨，同比增长17.4%，再次刷新了历史纪录。统计数据显示，为了进口原油，2010年中国相关进口金额达到了1 349.36亿美元，占到了石油和化工行业进口总额的一半，原油对外依存度攀升到53.8%，到2011年原油对外依存度达到55%，而且，中国在国际石油定价中的话语权还很弱，一般只能被动接受国际油价。从战略上看,中国的能源受国际影响越来越大,必须引起重视。

近几年来,全国各地都普遍经历过"煤荒"、"油荒"、"电荒"和"气荒"。2009年,中国还组织动员了一次史无前例的"北煤南运"、"西煤东运"工作,其影响之大、范围之广,触目惊心。于是,经济发展受到打击,人民生活受到影响,物价上涨,社会矛盾也变得尖锐起来,这一切都暴露出中国能源问题的严峻形势。

在现代化进程中,中国发展了许多以石化为能源的工业企业,对石油的依赖度越来越高。早在20世纪90年代初,中国就已经知道,石油大概能用50年,煤炭大概能用一百多年。虽然许多地方不断发现新油田、气田、煤田,但新增的耗用量远远大于开采和消耗的能源。随着可开采性的降低,石油、煤炭枯竭的这一天离我们越来越近。比起西方发达国家,中国的人均消耗能源量还很少,随着经济的发展,如果达到中等发达国家水平,中国的人均消耗量将增长数十倍以上。

中国的传统工业发展模式是高污染、高消耗、粗放式,这使得能源利用不懂节约、不计成本,利用效率低,使得前景堪忧。因此应加快科技节能的进程,其中提高能源利用的效率是当务之急。

2011年3月12日,日本发生里氏9.0级大地震并引发大海啸,导致福岛核电站发生核泄露事件,核电的安全性又成为人们争论的话题。日本的核泄露事件虽然没有改变中国发展核电的决心,但中国发展核电仍面临着许多问题和挑战。目前,中国核电设施虽然名列世界首位,但核电仅占电能比重的2%,核电在短期内无法改变中国能源的结构。

而太阳能、风能数量很少,开发成本过高,能源密集度低且供应不稳定,远水解不了近渴,而且中国总体的能源消耗远大于可开采的量。对于生物能源,中国可利用率也远低于实际需要,科技水平还需要更大的发展。

2011年3月,温家宝总理在第十一届全国人大四次会议上所作的《政府工作报告》中明确了新的目标,计划在"十二五"期间将非石化燃料的使用率由目前的8%提升至11.4%。北京方面还计划在未来五年内将单位国内生产总值

（GDP）消耗的能源削减16%。

我们必须清醒地看到中国目前面临的能源威胁是：煤炭——中国最具经济可行性的国内能源来源，已经使环境状况糟糕到开始成为社会不安源头的地步。煤炭对环境的主要影响包括空气污染和水供应恶化。另外，煤矿开采条件简陋，矿难频发，引发了一系列社会问题。

中国的天然气需求大幅增长，推动了相关供应项目的建设，然而中国从使用煤炭和石油转向天然气的改变速度，也让市场感到惊讶。从工厂到家庭，天然气正逐步取代其他高污染能源，成为烹调、取暖和交通的能源来源。在短短十年间，中国天然气消费增长两倍多，未来十年仍将保持高速增长，届时天然气在中国能源构成中的比重将由现在的4%提高至10%。

面对日益增长的市场需求，中石油于2010年年初大幅上调对中国2020年天然气需求的预期，调幅高达50%，需求增至3 000亿立方米，相当于中国目前石油消费量的3/4。中石油的研究人员指出，大幅上调预估的原因是中国的城市化和工业化进程，以及国家政策要努力实现可持续增长。因此，综合天然气需求预测与供给预测的结果可知，未来中国天然气供需缺口将逐渐扩大，有1/3的需求量无法满足。

国家能源局预计，"十二五"期间全国火电装机容量将达到8.8亿—9.2亿千瓦，火电发电量将达到4.4万亿—4.6万亿千瓦时。以2015年全国发电煤耗降到300克标煤/千瓦时预测，电力行业煤炭需求量2015年将达20.6亿—23亿吨。全国煤炭总需求量将达到38亿吨左右，煤炭占一次性能源消费总量将下降到65%，比2010年下降5个百分点。

专家指出，随着煤炭价格上涨和运输困难，2011—2015年，全国电煤供应紧张局面将进一步加剧，电煤供应短缺会导致部分地区电力供应缺口继续扩大。根据国家电网预测，未来几年内，华中和沿海地区电力紧张局面越来越严重。

中国是世界最大的石油净进口国之一，其经济极易受到主要石油生产国政治动荡的影响。2011年3月，国家能源局原局长张国宝在接受新华社采访时，表达了对保护中国石油供应的担忧。他说:"能源安全最重要的是石油安全。这一问题并非中国独有。由于进口石油,世界主要经济体都面临着国家安全风险。中东和北非最近的动乱仅仅是能源供应受到外部威胁的一个例子而已。"

煤在中国能源消耗总量中占70%,比世界平均水平高出30%。因此,虽然政府称中国对进口石油的依赖是对国家安全的威胁,但其实煤本身也是有其风险的。

与世界其他国家相比,中国煤炭资源地质开采条件较差,大部分储量需要井工开采,极少量可供露天开采。石油天然气资源地质条件复杂,埋藏深,勘探开发技术要求较高。未开发的水力资源多集中在西南部的高山深谷,远离负荷中心,开发难度和成本较大。非常规能源资源勘探程度低,经济性较差,缺乏竞争力。

中国的能源资源状况以及煤炭、石油、天然气等能源领域的综合生产能力,难以支持国民经济战略目标的顺利实现。未来一段较长时期内,依靠技术进步,增加能源工业基本建设投入,通过建设大型煤炭生产基地、大型水电开发基地和积极参与国际能源资源的开发等途径,进一步提升常规能源的供应能力,同时重视核能、新能源和可再生能源的开发利用,是中国能源工业发展的重中之重。同时,要加快以航空运输、铁路运输、公路运输、水陆运输和管道运输为主要内容的现代运输体系的配套建设步伐,确保能源产出总量、运输能力基本满足国民经济发展和社会进步对能源的需求。

2010年12月26日,中国工程院的大型研究项目——"中国可再生能源发展战略研究"的结题成果正式出版发行。这项研究成果显示,到2050年,中国的能源需求将达到50亿吨标准煤,可再生能源将承担起补充能源供应缺口的重任。

中国能源发展的路径

自新中国成立以来，中国的能源安全观经历了一个演变过程：从最初的"自给自足"安全观到"供应"安全观，再到目前的"开源节流"安全观。具体而言，它可以分为三个阶段。

第一阶段："自给自足"的安全观阶段（1949—1992年）。虽然中国于1939年就在甘肃玉门建立了第一个石油工业基地，但是直至1949年新中国成立时，中国原油年产量只有12万吨。在20世纪50年代，中国主要油品的自给率仅为40%，50%左右的石油依赖从苏联进口。中苏关系破裂后，中国采取了自力更生的方针，逐步实施了"自给自足"的能源安全战略。在1959—1962年间，随着大庆油田和胜利油田的发现，中国石油工业的发展历史揭开了新的一页。随后，大港、江汉、辽河、长庆、河南、华北、中原等一大批油田也相继被发现并投入开发，中国石油产量迅速攀升。1963年，中国实现了石油产品基本自给。

武汉大学国际法教授杨泽伟认为，从1973年开始，中国逐步向日本、菲律宾、泰国、罗马尼亚等国家和中国香港地区出口原油。到1985年，中国原油出口量达到历史最高水平，外贸统计的出口量为3 003万吨，实际出口量为3 115万吨。此后，由于国内经济发展对石油需求的增加、石油产量的增速趋缓，中国原油出口也开始下降。到1993年，中国从石油净出口国变成了石油净进口国。

第二阶段："供应"安全观阶段（1993—2002年）。1993年，中国政府提出能源安全政策的目标是"保障长期、稳定的石油供应"。这一阶段中国的能源政策都是围绕这一目标来制定的。为此，中国能源企业实施了"走出去"战略。1993年3月，中石油在泰国邦亚区块获得石油开发作业权。这不仅是中国石油公司首次在海外获得油田开采权益，而且也拉开了中国石油公司进军海外市场、实施"走出去"战略的帷幕。1993年7月，中石油获得加拿大阿尔伯达省北湍宁油田的部分股权，并生产出中国历史上第一桶海外原油。不过，从1993年到1996年，中国能源公司在国外投资的仅是一些小项目，如油田的勘探、提高老油田的复产率、产品分成、服务等石油合作项目。通过这些活动，中国能源企业逐步熟悉了国际投资环境，掌握了海外能源项目竞标的技巧，积累了宝贵的经验。

从1997年开始，中国能源企业在海外的业务进入了稳步发展阶段，相继同苏丹、哈萨克斯坦和委内瑞拉等国签订了油气开发协议，并与加拿大、泰国、缅甸、土库曼斯坦、阿塞拜疆、阿曼、伊拉克等国签署了关于产品分成、合资、租让等方面的协议，内容涉及油气勘探开发、地面建设、长输管道、石油炼制、石油化工和油品销售等领域。其中，中石油在苏丹的石油开采项目和其在哈萨克斯坦的石油管道运输项目都是比较成功的例子。

第三阶段："开源节流"安全观阶段（2003年至今）。"9·11"事件后，鉴于中国能源安全形势的变化以及俄罗斯在"安大线"问题上摇摆不定等因素，从2003年开始，中国政府调整"走出去"的能源安全战略，并逐步形成新的能源安全观——"开源节流"安全观。武汉大学杨泽伟教授认为，这主要表现在以下两个方面：

其一，在党的有关会议上逐步明确了"开源节流"的能源安全观。例如，2003年10月，中国共产党第十六届中央委员会第三次全体会议明确提出了"坚持以人为本，树立全面、协调、可持续的发展观，促进经济社会和人的全面发展"，强调"统筹人与自然和谐发展"。这样就完整地提出了科学发展观。科学发展观是立足社会主义初级阶段的基本国情，总结中国发展实践，借鉴国外发展经验，适应新的发展要求提出来的。科学发展观的第一要义是发展，核心是以人为本，基本要求是全面协调可持续，根本方法是统筹兼顾。因此，中国能源安全发展战略的制定及其实施，必须以科学发展观为指导。

2005年10月，中国共产党第十六届中央委员会第五次全体会议审议通过了《中共中央关于制定国民经济和社会发展第十一个五年规划的建议》。会议提出了"十一五"时期经济社会发展的主要目标："资源利用效率显著提高，单位国内生产总值能源消耗比'十五'期末降低20%左右；要加快建设资源节约型、环境友好型社会，大力发展循环经济，加大环境保护力度，切实保护好自然生态，认真解决影响经济社会发展特别是严重危害人民健康的突出的环境问题，在全社会形成资源节约的增长方式和健康文明的消费模式。"

2007年10月，中国共产党第十七次全国代表大会提出："深入贯彻落实科学发展观"；"必须坚持全面协调可持续发展……建设资源节约型、环境友好型社会"；"建设生态文明，基本形成节约能源资源和保护生态环境的产业结构、增长方式、消费模式"；"加强能源资源节约和生态环境保护，增强可持续发展能力。"

其二，在中国政府制定的有关发展规划中也体现了"开源节流"的能源安全观。例如，2004年6月，国务院常务会议讨论并原则通过的《中国能源中长期发展规划纲要（2004—2020）》确立了中国的能源发展战略和政策目标，提出了以"节能优先、效率为本；煤为基础、多元发展；立足国内、开拓海外；统筹城乡、合理布局；依靠科技、创新体制；保护环境、保障安全"的方针。

2006年3月，第十届全国人民代表大会第四次会议通过的《中华人民共和国国民经济和社会发展第十一个五年规划纲要》设立了"优化发展能源"的专章，明确了"坚持节约优先、立足国内、煤为基础、多元发展，优化生产和消费结构，构筑稳定、经济、清洁、安全的能源供应体系"的目标。此外，该纲要的第六篇以"建设资源节约型、环境友好型社会"为题，进一步强调了"落实节约资源和保护环境基本国策，建设低投入、高产出，低消耗、少排放，能循环、可持续的国民经济体系和资源节约型、环境友好型社会"。

2007年4月，国家发展和改革委员会制定的《能源发展"十一五"规划》确立了"用科学发展观和构建社会主义和谐社会两大战略思想统领能源工作，贯彻落实节约优先、立足国内、多元发展、保护环境，加强国际互利合作的能源战略，努力构筑稳定、经济、清洁的能源体系，以能源的可持续发展支持中国经济社会可持续发展"的指导方针。

2008年，中国经济在连续多年的两位数增长后，出现了引人注目的调整和变化。与此同时，中国的能源形势也集中呈现出前所未有的跌宕起伏态势。从国际油价大幅震荡输入的巨大压力，到煤炭市场的急剧变动，再到"电荒"与"过剩"突然双双现身。自2008年开始中国能源局势的剧烈波动，不仅强烈牵动着国民经济和百姓生活的神经，更促使人们对当前的能源格局与战略进行重新审视。

2009年，金融危机对中国能源行业带来了严峻挑战，也提供了难得的调整机遇。中国利用国际市场原油价格大幅回落的时机，增加油气的进口，加强石油、天然铀等战略物资储备。目前，总储量达1.02亿桶的四个储备库已经完成注油。

从2009年开始，中国全面实施"走出去"战略，扩大海外油气资源合作开发，鼓励和支持企业利用自身优势，加大同有关国家的能源资源合作力度，扩大油气领域投资规模。

国家石油储备基地一期已"基本建成"，要积极推进石油储备二期基地建设，库容将达到2 680万立方米（合1.7亿桶）。中国也将推进商业石油储备，鼓励企业利用闲置的商业库容，增加石油储备，还要建立其他战略能源物资的政府储备和企业储备。

2011年3月，国家出台《"十二五"规划纲要》，规划纲要中把新能源列为七大战略性新兴产业之一，总体战略性新兴产业将占国内生产总值的8%之多，新能源产业中亦特别指出其中一项需要重点发展的便是风电技术及装备。此外，"十二五"期间，非石化能源占一次性消费能源的比重将由2010年的8.3%，提高至2015年的11.4%，以至下一个5年2020年的15%，足见中央的重视。其中，风电发电量的占比可望随同整体非石化能源的增长而提高，世纪证券估计，其占比将由2010年的1.18%，增加至2020年的3%—5%左右。

此外，纲要中亦提及要建设200个"绿色能源县"，推动环保能源发展，同时亦要加强并网配套建设，以有效发展风电，总计新建风电装机达7 000万千瓦以上，并且会新建6个陆上、2个沿海及海上大型风电基地。

能源安全面临的挑战

改革开放三十多年来，中国经济实现了快速发展，对能源的需求也同步快速增长。尽管中国人均GDP世界排位还很靠后，但经济总量已超过日本，成为仅次于美国的世界第二大经济体。中国计划在"十二五"期间把发展速度调整到8%左右，能源增长率控制在4%左右。但是，中国在实现工业化、现代化的过程中，在一个比较长的时期内，仍然将依靠高碳能源作为驱动力。既要保持如此巨大的能源需求，又要适应低碳经济时代对节能减排提出的新要求，对中国来说是个严峻挑战。目前，中国在能源安全方面面临以下几个方面的挑战：

一、资源贫乏，能源供应前景不容乐观

作为一个幅员辽阔的大国，中国能源资源蕴藏总量较为丰富。按目前的估计，中国有世界第一位的水能资源蕴藏量，第三位的煤炭探明储量，第十一位的石油探明储量和第十八位的天然气探明储量。除了当前大规模开发利用的常规能源外，太阳能、风能、地热能、生物质能等新能源和可再生能源蕴藏量也较为丰富。

尽管从总量来看中国是一个能源大国，但从人均拥有量来看，中国实际上是一个资源贫乏的国家。人均能源可采储量不及世界平均水平的一半，其中煤炭的人均可采储量为89吨，石油为2.48吨，天然气为1 408立方米，分别仅相当于世界平均水平的57%、10%和5%，与美国、欧盟和经济合作与发展组织的成员国相比，差距较大。

从中国化石能源储采比来看，能源供应前景不容乐观，除煤炭资源尚能满足经济发展的需要外，石油、天然气则后继乏力。从能源储藏结构来看，中国是个"富煤缺油少气"的国家，与世界的能源全局状况正好相反。

二、能源技术落后，利用效率低

无论从单位GDP能耗，还是从能源系统效率或单位产品能耗水平来看，中国的能源效率都属于世界上最低的一类。在《2006年中国可持续发展战略报告》对世界59个主要国家的资源绩效水平的调查排序中，中国资源绩效居世界倒数第六位。由于长期粗放型的经济增长方式，中国的能源效率为33.4%，比世界先进水平低10个百分点，而能源系统总效率则更低，仅为11.2%。电力、钢铁、有色金属、石化、建材、化工、轻工、纺织8个行业，主要产品单位能耗平均比国际先进水平高40%。钢、水泥、纸（包括纸板）的单位产品综合能耗比国际先进水平分别高21%、45%、120%。机动车油耗水平比欧洲高25%，比日本高20%。中国单位建筑面积采暖能耗相当于气候条件相近发达国家的2—3倍。能耗高是由设备陈旧、技术落后、管理不力等多方面原因造成的。

三、石油来源地较为集中，运输路线单一

国际石油出口地区主要是中东，石油运输从中东到中国必须通过马六甲海峡，鉴于中国对世界能源丰富地区的外交实际影响力及海上能源运输线路的军事自卫能力非常有限，依靠国际石油资源满足国内基本需求，将使中国处于石油不安全状态。因此，在维护产油地区稳定、确保国际能源通道安全方面，中国与相关国家一样，面临着很大压力。中国石油进口来源地主要为中东地区，然而中东历来是国际政治热点地区，容易出现动荡。此外，中国的石油运输大部分经过"印度洋→马六甲海峡→南中国海"一线海运，而这条石油运输路线有可能被相关势力封锁，使中国石油海上运输中断。

同时，中国石油运输安全主要面临两方面的挑战：一是运输线路安全，二是运输能力安全。前者决定中国是否能够确保运输通道的安全，后者决定中国是否有足够的能力把所需石油从海外运回国内。因此，从运输能力来看，中国石油运输安全同样令人担忧。

发展中国的石油运输能力，既需要壮大中国的海军力量，又需要整合中国

的油轮事业。这种发展无疑受地缘政治的影响，而发展本身又会在某种程度上反作用于地缘政治。因此，中国在考虑自身能源运输安全时，必须从整个国家的发展战略和安全战略大局出发，注意从地缘政治的角度兼顾二者的协调发展。如何才能做到既壮大自身的护航和航运能力，又在地缘政治上避免引起不必要的安全困境，将是中国考虑能源安全战略时面临的重要挑战之一。

四、石油战略储备不足，"走出去"战略受阻

中国的石油战略储备从2006年开始建立，目前石油储备量仅仅达到30天进口量的标准，离国际能源机构成员通用的90天的要求还有较大的距离。石油战略储备数量的不足，大大削弱了中国在遇到突发事件时的应对能力。

石油领域的海外合作，主要是与一些拥有石油资源的国家建立友好关系，在石油开采、石油提炼和石油贸易等方面开展战略合作。然而，一些与中国在石油合作上关系比较密切的国家，是与美国在政治上敌对或者有距离的国家。美国也不愿意看到中国在石油安全问题上拥有更大的空间，借助于"中国威胁论"，对中国的石油海外合作进行刻意阻挠，石油企业"走出去"的战略面临挤压。利用大型国有企业在海外展开并购，是扩张海外油气资源的一种十分有效的方式。一方面可以避免比较敏感的国家间合作的政治问题；另一方面又可借助中国充裕的外汇储备，发挥中国综合国力的竞争优势。然而，由于一些政治性的因素，中国石油企业的海外收购也频频遭遇阻碍，有些并购功亏一篑。

同时，中国周边地区的不少领土和主权争端，都与石油资源有关，直接影响中国未来的能源安全。中国的石油外交经常采取的是"单打独斗"方式，缺乏与有关国家及国际组织的有效协调和合作。这不仅使中国在与产油国打交道时容易处于被动地位，且使得中国不能分享主要国际石油组织的石油信息与成果，更重要的是，使中国在国际能源问题上的话语权不能得到提高。

五、消费结构不合理，环境污染严重

煤炭在能源消费结构中一直占有很大的比例，这是造成中国环境形势十分严峻的重要原因。尽管今后中国将逐渐提高新能源和可再生能源的比例，但不

会改变以煤炭为主的消费结构。据估计,到2020年,中国能源消费结构中煤炭仍将占55%至56%。纵观世界能源结构变迁,每一次都不是由于前一种能源资源的枯竭,而是由于优质能源的经济效益和社会效益更大。可以设想,即使未来世界油气资源枯竭,也不可能再回到煤炭时代。历史证明,能源结构的改变是经济发展的加速器。从能源消费结构优化进程来看,发达国家早在20世纪60年代就基本完成了以煤炭为主向以油气为主的能源消费结构的转变。所以,中国应奋起直追。

中国是世界上少数几个污染物排放量大的国家之一。根据历年的资料估算,燃烧过程产生的大气污染物约占大气污染物总量的70%,其中燃煤排放量占整个燃烧排放量的96%。目前,中国已成为世界上二氧化硫排放第一大国、二氧化碳排放第二大国(仅次于美国),40%的地区降酸雨,70%的水体遭污染。2005年监测的319个城市中,仍有近45%的城市大气环境质量达不到二级标准,暴露于未达标空气中的城市人口超过统计城市人口的60%。全国527个市(县)中,出现酸雨的城市有298个,占统计城市的56.5%,有些地区的酸雨频率达100%。空气污染对居民的生产、生活和身体健康都带来了不利影响。据专家分析,因空气污染,国民经济损失2至3个百分点。照此发展,到2020年,中国将为此付出3 900亿美元的代价,约占国内生产总值的13%。

六、对外依存度不断增加,石油供应受制于人

石油是世界各国的战略性资源。从某种意义上说,能源问题也就是石油问题,能源安全实质上就是石油安全。中国主要油田或增加产量难度大,或开发成本较高,因此不得不依赖于大规模的石油进口,石油对外依存度不断增加已经成为制约经济发展的一个重大隐患。

石油供应安全与石油进口依赖程度是一种正相关关系,依赖程度越大,供应安全的风险就越大。2011年中国原油对外依存度达55.2%,已超过美国(53.5%),到2020年中国对外石油依存度将突破70%。对于中国来说,潜在的石油供应来源主要是中东、北非、俄罗斯和南美,其中,由于中国与南美一

直缺乏紧密的政治关系和经贸外来，因此，中东、北非和俄罗斯便成为中国最现实的主要石油供应地。幸运的是，中国与这三个地区的政治关系一直比较良好，尤其是中东、北非地区，大部分产油国都与中国同属于发展中国家，能源合作潜力很大。但不幸的是，这些地区都是动荡不安、战乱频仍的地区。中东和北非地区的产油国不是经历着严重的地区和国内冲突，就是面临着严重的经济问题。尽管这些地区的产油国依赖石油出口为其提供必要的财政支持，但不断的战乱使能源出口大受打击。美国对部分产油国，如伊朗、伊拉克、利比亚、苏丹的经济制裁也在一定程度上影响了这些国家的石油生产和出口。现在，石油主要生产国面临的另外一个难题是如何为能源发展寻找必要的资金投入。因此，尽管中东和北非地区是中国石油进口的主要来源，但它们却不是一个稳定的来源。中国石油供应安全不仅取决于中国同这些地区的政治、经济关系，而且更取决于这些地区本身的稳定和安全。

七、国际原油市场长期供应堪忧

国际能源经济学家、美国彼得森国际经济研究所研究员特雷弗·豪瑟认为，中国近期由于短期政治因素而做出的决定，不太可能改变其长期能源发展道路。但是，中国对于石油的依赖，则是一项长远而紧迫的任务。中国经济对石油的需求超过了美国或欧洲，半数的石油进口来自于中东和北非地区——美国的这一比例仅为1/4。如果原油价格维持在当前水平，那么2011年中国在原油上的支出，将超过向美国出口货物的收入。

长期而言，中国的最佳选择是减少经济增长对石油的需求。近几年来，中国政府鼓励三大国有石油公司参股国际石油项目。这种被称为"股本石油"的政策，旨在防范油价波动和供应中断。

但是，中国在世界各地进行大规模的能源投资，给中国政府造成了外交政策上的难题。利比亚的动荡就是一个明显的例子：2011年2月，在一些石油工人遇袭后，3万多中国公民不得不撤离该国。现在利比亚新政府已经成立，但是中国企业在利比亚的投资项目能否收到成效，还是一个未知数。

从国际市场原油定价权争夺上看，从本质上来说，让油价回归到供求基本面，符合大多数原油生产国和消费国的利益。国际原油市场金融化只是满足了一小部分投机者的利益，油价疯涨猛跌，对原油生产国和消费国均不利。

特雷弗·豪瑟认为，对于中国而言，从短期来看，可以通过与合作伙伴签署为期十几年甚至几十年的供应合同，锁定价格和供应，确保双方利益。但从长期看，推动建立一个受到更加严格的监管、少受投机资金操控的国际原油市场，才是正道。

此外，当前国际市场原油交易以美元定价，美元的涨跌对油价的影响巨大。要确保油价的稳定，还应推动以比美元币值更稳定的货币充当原油交易的计价货币，这就涉及建立新的国际货币体系的问题。要实现这些长期的目标，中国必须与合作伙伴共同努力，其工作无疑任重而道远。

能源安全的应对策略

能源是一个国家经济的血脉，能源安全事关中国的政治安全和国际地位。能源对于今日中国之意义，从来也没有如此重要过。能源安全已经成为中国发展的"阿喀琉斯之踵"。作为一个成长中的发展中大国，中国既需要保证以合理的价格维持稳定的能源供应来支撑经济的快速发展，又需要在经济发展的同时降低能耗，降低碳排放速度，提高清洁能源使用比重，应对气候变化。因此，中国必须从战略高度考量，采取一系列综合性措施予以应对。

专家认为中国能源安全的应对策略应从以下三个方面入手：

第一，要积极推进能源结构的战略性调整，将能源优质化作为中国能源发展战略的主攻方向。能源结构调整是中国能源发展面临的重要任务之一，也是保证中国能源安全的重要组成部分。著名能源专家、中国能源经济研究院战略研究中心主任陈柳钦认为应主要抓好以下四个方面的工作：

（1）有序高效地发展煤炭，推进煤炭工业发展方式的转变，促进煤炭清洁高效开发利用。煤炭是中国最重要、储量最多的常规能源，未来的能源发展，必须坚持以煤为基础。但煤炭的开采和利用会破坏环境，增加运力，且安全问题突出。今后要加强对煤炭资源开发的统筹规划，合理有序地开发煤炭资源，推进煤炭发展方式的转变，依法关闭不具备安全生产条件、破坏资源和环境的煤矿，大力整顿煤炭秩序，鼓励兼并重组，形成若干大型煤炭生产集团，加大煤矿瓦斯治理和瓦斯使用的力度，推广高效洁净燃烧、烟气脱硫等技术，加快洁净煤技术的开发和利用，发展煤化工，提高煤炭回采率和附加价值，促进煤炭清洁生产和清洁循环利用，提高煤炭产业附加值和使用效率，有效保护生态环境。

（2）降低对石油进口的依赖，保证石油安全。煤炭仍是中国最重要的能源，但石油也已成为国家的生命线。中国石油安全问题的根源是国内日益尖锐的资源与需求之间的矛盾，同时也受到国际石油价格波动的冲击。此外，中国对外石油资源不断增长的需求还会对全球石油安全的地缘政治产生不可忽视的影响。如今，面对国际石油价格的飞涨，中国经济再不可能像以往那样"任凭风浪起，稳坐钓鱼船"了，而是随着石油价格的颠簸而剧烈地震动着。因此，中国应对石油安全挑战，提高石油安全程度，应该着眼全球，从战略的高度借鉴发达国家与发展中国家的经验，采取多种途径实施多元化的能源战略，突破单一的能源外交模式，降低石油进口依赖，积极参与国际石油市场竞争，加强国际石油领域合作，加快建立现代石油市场体系，建立完善的现代石油储备制度，合理化石油储备布局，丰富石油储备方式，降低石油储备成本，逐步形成符合中国国情的石油储备体系，确保国家石油安全。

（3）大力发展新能源和可再生能源，调整和优化能源的需求结构。在煤炭、石油、天然气供应日趋紧张的形势下，必须积极开发新能源和可再生能源。从世界能源发展趋势来看，各种新能源和可再生能源的开发利用引人注目。在各种新能源和可再生能源的开发利用中，以水电、核电、太阳能、风能、地热能、海洋能、生物质能等新能源和可再生能源的发展研究最为迅速。

新能源和可再生能源是人类社会未来能源的基石。中国要学习借鉴发达国家的技术和经验，大力推进水电、风能、太阳能、核能等多种发电形式，积极利用生物质能，并把其作为能源安全战略的重要组成部分，加快其发展，逐步降低对石化能源——石油、煤的过度依赖。可以预计，在未来二三十年内，新能源和可再生能源将成为中国发展最快的新型产业之一。新能源和可再生能源是中国重要的能源资源，在满足能源需求、改善能源结构、减少环境污染、促进经济发展等方面已发挥了重要作用。但新能源和可再生能源消费占中国能源消费总量的比重还很低，技术进步缓慢，产业基础薄弱，还不能适应可持续发展的需要。面对新能源和可再生能源的发展现状，中国政府当务之急就是要建立一套完整的新能源和可再生能源技术发展路线图，尽快整合现有产业资源，把现有资源、扶持政策体系及未来十多年的能源投资格局理顺，打造高效率的新能源和可再生能源发展的宽松环境，以能源的可持续发展和有效利用来支持中国经济社会的可持续发展。

（4）把水电开发放到重要地位。水电是一种经济、清洁的可再生能源。发展水电与燃烧矿物资源获得的电力能源相比较，无论在资源方面，还是在环境方面，都有利于可持续发展。因此，水电开发应该放在中国未来能源发展的优先地位。中国水电资源理论蕴藏量近7亿千瓦，占中国常规能源资源量的40%，是仅次于煤炭资源的第二大能源资源。中国也是世界上水能资源总量最多的国家。中国水电资源的技术可开发量约为5.4亿千瓦，经济可开发量约为4亿千瓦，发展潜力巨大。如果全国技术可开发储量中2.474万亿千瓦小时的水能全部利用，相当于每年可替代12.4亿吨原煤，或6.2亿吨原油。由此可见，开发水电可以有效改善中国能源结构，利用好丰富的水能资源是中国能源政策的必然选择。

第二，全面落实能源资源节约优先，加快转变经济发展方式。节约能源资源是一种经济增长方式，更是一种国家发展战略；是一种态度，更是一种文明。近年来，中国经济发展取得了举世瞩目的成就，但也付出了不小的能源资源和环境代价。经验证明，靠过度消耗资源和牺牲环境支撑的经济增长将难以为继，也不符合科学发展观的要求。中国能源资源总量虽然较多，但人均占有量少。

陈柳钦指出，近几年，随着经济的快速增长，中国对煤电油运和重要资源的需求量明显增加，一些重要能源对外依存度大幅度上升，重要能源资源短缺对中国经济发展的制约进一步加剧。统计数据显示，中国极为有限的能源并没有得到有效利用。目前，中国的单位产值能耗是发达国家的3—4倍，是世界平均水平的2倍多；主要产品单位能耗平均比国外先进水平高40%。这说明中国在技术水平、管理水平和经济结构方面还比较粗放，存在着巨大的节能潜力。因此，今后一段时间内，我们要着力做好以下几个方面的工作：一是要大力推进以节能降耗为主要目标的技术改造，积极开发资源节约技术，降低耗能行业的能源资源消耗水平。二是要积极推行清洁生产，加快发展循环经济，提高能源资源利用效率。三是要进一步健全法律法规，加强政策引导。四是要建立和完善能源资源节约激励机制。五是要倡导健康文明的低碳消费模式，形成节约能源资源、保护环境的良好社会风尚。当然，节约能源资源，是一项长期的战略任务，我们要锲而不舍，常抓不懈。

因此，今后中国政府一方面要在现已参加的多边能源合作机制中争取发挥更大的作用，另一方面还要想方设法加入国际能源机构。为了加入国际能源机构，中国政府一方面应尽快增加战略石油储备；另一方面可以与国际能源机构及其重要成员国协商，采取特别协定的方式，建立特定的"中国—国际能源机构合作协调机制"，并给予中国以特定待遇，如成为"联系国"、享受准成员国待遇等。这种做法与国际能源机构的一些成员国希望中国加入该机构的愿望是一致的。在寻求合理的、基本的能源安全保障的同时，中国充分注意到了国际社会的利益诉求，并努力使中国国家能源安全利益与国际社会的安全利益相协调。

武汉大学国际法研究所教授杨泽伟指出，21世纪将是东北亚区域经济迅速发展的重要时期，经济的迅猛发展使区域内的各国对能源的需求急剧增加。中、日、韩是该地区能源的主要消费国，其能源需求占东北亚能源需求总量的98%以上。该区域也具有较强的能源供给能力，但能源的相互依赖度却不足20%，这反映了东北亚区域能源合作机制没有很完善地建立起来，这将不利于东北亚各国经济的发展，建立东北亚能源合作机制是非常必要的。因此，中国要以区域合作为基础，借鉴欧盟能源法律政策的成功经验，积极推动建立"东北亚能源共同体"，从竞争走向合作，以合作代替竞争，共同维护能源安全。东北亚能源共同体合作的内容可以包括：区域石油储备和应急反应机制、石油期货、石油过境运输、共同研究制定税收以及节能和提高效率的措施、区域天然气贸易和发展液化天然气计划、合作开发利用可再生能源资源、保护国际海洋航线策略以及环境领域的合作、建立"东北亚能源合作论坛"和东北亚石油信息共享网络等。

目前，多头管理是我国能源管理体制的痼疾。国家能源局不管需求和节能，能源定价在发改委，环境监管在环保部，石油的进出口和市场管理归属商务部，能源资源矿权管理在国土资源部，核电的运行管理在核安全局，城市燃气在住建部。许多国有公司还兼有政府的管理职能。克服这一顽疾需要进一步改革国家能源局的管理职能，并建立相应的问责机制。

第五章

石油危机逼近中国

当今世界，能源已经成为政治和经济力量的通货，是一个国家稳定发展和物质进步的一个新的筹码。获得能源成为21世纪压倒一切的首要任务。能源对于今日中国之意义，从来也没有如此重要过。20世纪90年代以来，中国的能源需求急剧增长，国民财富大量溢出，对外依存度也越来越高。到2011年中国的石油对外依存度已突破55%，专家预测，到2020年，将达到75%，国内石油25年内将枯竭，石油危机逼近中国。

中国石油即将消耗殆尽

石油作为一种不可再生的能源，随着中国石油的储量越来越少、开采难度和成本越来越高，经济发展对原油的依赖性不断增强，石油开采量和需求量持续扩大，石油价格不断上升，而国内的原油产量面临东西不接、危中求生的困局。

曾经是"自力更生，艰苦奋斗"标杆的中国东部油田，历经50年大采后渐入衰竭；一度令人狂喜的西部油田、渤海湾油田，喜泪未干，便迅速露出被高估的事实。东部与西部资源战略接替所出现的意想不到的裂缝，使中国自身可供开采的石油储量增长乏力。而另一方面，国策对内需的力推，却让中国石油消费日新月异。供需双方差距的拉大，使得国内静态油储用尽年限被不断拉短，为了防止危机，中国2003年悄悄卷起"自力更生"的旗帜，开始进口石油，但7年后便滑入外部依存度过高的境地。

新疆能源在中国占有十分重要的战略地位，这不仅在于其自身的优势，也在于向来作为中国石油供给保障地的东部地区出现了宿命般的势微。

据《凤凰周刊》报道，从2003年起，创造了连续27年原油产量超过5 000万吨/年的纪录后，大庆油田终于有点精疲力竭，产出的水明显多于油，到2009年，大庆油田年原油产量4 000万吨，较峰值下滑20%以上。黑龙江省委常委、大庆市委书记盖如垠估计，到2020年，大庆原油年产量将下降到2 000万吨。而更令人不安的是，根据国土资源部2008年的统计，大庆油田的可采储量近6亿吨，而这点储量，十余年后将消耗殆尽。

胜利油田作为中国第二大油田，也遭遇了与大庆油田相同的命运。"原来3 300万吨的年产量，现在是2 000多万吨，也是减产了。"石油地质学家、中国科学院院士刘光鼎在接受记者采访时说。

位于辽河下游、渤海湾畔的辽河油田，是全国最大的稠油、超稠油生产基地，曾是中国第三大油田。开采了40多年的辽河油田近年来随着油田步入开发中后期，2009年，一共生产原油1 018.6万吨，同比下降9.3%。这是辽河油田自产量达到峰值后连续10余年的下降。"邻居"吉林油田年产量也快速下降，生产原油605万吨，同比下降7.6%。

这些位于渤海湾盆地和松辽盆地的主力油田，曾占据了中国60%的原油产量，如今似人过半百身体渐衰：综合含水率已超过85%，也就是100吨产品中，有15吨是油，85吨是水。另外，这些主力油田已探明储量中能抽出的石油，采出程度达到了75%以上。于是，大批从前依靠东部油田生活的钻井、测井等服务企业，不得不另寻出路。

能源专家指出，如果不加强勘探，并转变经济发展方式，到2020年，中国的石油对外依赖度将上升至75%。

"按照现在的消费速度来看石油，那是惊人的。从这个角度看消耗，我自己感觉到是谁也受不了。"让石油地质学家、中国工程院院士翟光明感到不安的是，"2050年之前中国的油气资源将枯竭"的观点开始在一些层面流传，"更有一些人在说，中国可探明的石油储量，大概剩10多年就采没了"。

众所周知，一个国家的石油安全性，取决于勘探和发现石油新储量的速度。20世纪80年代末，我国"稳定东部，发展西部"的油气资源战略开始实施。目前，中国年产量上千万吨的油田共有5个，依次是大庆、胜利、辽河、新疆、长庆。五大油田中，只有位于西部的新疆和长庆近几年来产量呈递增趋势。

中石油旗下的长庆油田2009年探明石油储量2.65亿吨，同年产量超过3 000万吨，超越了原来一直稳居第二位的中石化集团的胜利油田，成为国内产量增幅最大、发展速度最快、成长性最好的油气田。

2009年，新疆油田完成原油产量1 089万吨，实现了原油产量连续28年增长。目前，新疆油田所处的准噶尔盆地油气探明率仅为23%和4%，还处于青年阶段。

2009年，塔里木油田生产原油尽管只有554万吨，但被公认是几个大盆地中勘探程度最低的盆地，目前的石油探明程度仅10%，接近于少年。

塔里木石油大会战自1989年开始以来，经过20年勘探开发，目前塔里木油田已形成轮南、东河、塔中、哈得四个油田群，累计生产原油逾7 000万吨，成功实现了我国陆上石油工业"稳定东部，发展西部"的宏伟战略。位于塔里木盆地北缘的轮南二井具有"功勋井"之美誉，20年前它的发现，揭开了塔里木盆地大规模油气勘探开发的序幕，目前已累计产油35万吨。20年来，塔里木油田已累计在塔里木盆地探明石油地质储量6.2亿吨，累计生产原油7 270多万吨。原油年产量已由1989年的3.39万吨上升到2010年的654万吨。塔里木盆地是世界上油气勘探难度最大的地区之一。1989年4月，为贯彻党中央、国务院关于陆上石油工业"稳定东部，发展西部"的战略方针，中石油在新疆库尔勒市成立了塔里木石油勘探开发指挥部，开启了塔里木盆地大规模石油会战的序幕。

大庆油田和塔里木油田，同时被选为电影《铁人》的拍摄基地，成为战略接替枢纽。塔里木油田公司2009年就立下军令状：到2020年累计探明加控制油气地质储量50亿吨，石油、天然气产量达到5 000万吨，再造一个大庆油田。

塔里木盆地是我国最大的含油气盆地，总面积56万平方公里，盆地周边被天山、昆仑山和阿尔金山环绕，中部是号称"死亡之海"的塔克拉玛干沙漠，面积33.7万平方公里，是世界第二大流动性沙漠。据最新一轮的资源评价，塔里木盆地可探明油气资源总量为160亿吨，其中石油80亿吨、天然气10万亿立方米，是中国油气资源量大于150亿吨的四个盆地之一。

但是，随着勘探的推进，人们逐渐发现，塔里木是个"体弱多病的孩子"：与东部油田埋藏深度2 000米左右不同，塔里木盆地油藏普遍处于5 000—7 000米的地下，且地质结构十分复杂，整个油田的储采比始终处于较低水平，一些油井的自然递减率竟达25%左右，远高于全国10%左右的平均水平。这直接导致曾经是塔里木油田主力油区的"塔中4"等油田产量较开采初期出现了大幅下降。数据显示，塔里木油田2009年的原油生产同比下降14.1%。与塔里木油田类似，新疆油田2009年原油产量同比下降10.8%。塔里木盆地北部的塔河油田尽管2009年生产石油同比增长10%，达到660万吨，但目前其14个主力区块处于含水快速上升的中含水期，确保油田稳产十分困难。

鄂尔多斯是排在塔里木盆地之后的中国第二大油气盆地，国家给这个地区布置的任务曾是每年原油产量3 000万吨，但其却未能完成这个任务。鄂尔多斯曾经流传着这样一种说法："到处打井，井井有油，井井不流。"石油一般躲藏在如羊肉串般的溶洞中，打井稍有偏差便无功而返。

在中西部产量增长不及预期，接替难以迅速形成的情况下，东部油田只能加大周边勘探投入进行自救。大庆油田以每年增加180口钻井的速度找油，根据总部中石油的目标，未来10年中，大庆油田每年至少新增1亿吨石油探明储量。但这新增的1亿吨，按目前大庆百分之三四十的开采率，也只能是继续保持年产4 000万吨。

已经开发了45年的胜利油田，2009年新增探明储量为1.048亿吨，由于不到30%的采出率，只是连续13年保住了储采平衡。不过，中石化对其所属的最大油田设定的目标是"持续百年创新，建设百年胜利"。

为增加石油供应，近几年来，我国加大了大规模勘探钻井力度，据国土资源部油气资源战略研究中心副主任车长波透露，到2009年，中国石油储采比的数据是15.7，比2008年增加2.6%。储采比指石油年末总探明储量除以该年的产量，得出的数据就是在储量不新增情况下可开采的年限。中国这一比值仅及2004年世界石油平均储采比43的1/3。目前，中国石油剩余可采储量位列世界第13位，但年产量达到第5位。这显示中国的石油开采与耗竭速度高于国际水平。

2007年渤海湾冀东南堡发现10亿吨大油田，曾激起全国一阵兴奋，被认为为实现中西部石油勘探对东部的接替赢得了时间。

但2010年5月，中石油董事会不得不向投资者承认，冀东地区的情况比预想的要复杂，储量没有原先宣布的那么大。

全国工商联石油业商会副会长齐放觉得，即使是10亿吨石油储量，其实对于中国来说也是一个很小的数目。目前，国内国际石油开采收益率平均在30%左右，10亿吨油田开采出3亿吨至4亿吨已非常理想，但也仅够国内一年的消费量。

大港油田集团公司副总经济师刘明发称，一个新盆地的勘探开发大体要8到10年的时间。海里发现油气田，进行开采则要20年左右，其中建立平台就要10年。

中国石油险局及未来的危中求生，与中国地质构造息息相关。中国不仅历史古老得傲视全球，其脚下的地质也老得褶皱连连。

据石油地质专家介绍，中国大陆处于太平洋板块、印度板块和欧亚板块三大板块的中间，三大板块亿万年频繁往复挤压，断层多，这些使得油气在平面上和层系上分布相对不够集中。

中国960万平方公里陆地，在构造上是由59个小块拼接起来的。最大的一个块体是塔里木，56万平方公里，鄂尔多斯是32万平方公里，准噶尔是13万平方公里。也就是说，把地质的上面一层扒开后一看，下面是分割的。犬牙交错的地层，也把石油分割得七零八落。

中东油区虽然有十多个国家，但在地质构造单元上却是一个整块体，属于一个单元。这个单元的面积达750万平方公里。

石油大国俄罗斯也受益于大地的恩赐。国土面积将近中国的两倍，在地质构造上，却只由五块组成。第一产油区新西伯利亚有330万平方公里，第二油区巴库有将近400万平方公里，东西伯利亚有360万平方公里，如此大的构造单元，找起油来非常方便。

石油地质学家翟光明说："打个比方，中东、俄罗斯和北美等油气富国是'大盆里捞大鱼'，中国是在'小盆里捞小鱼'。"

历史上的三次全球石油危机

能源是人类生活中最重要的资源,能源问题一再牵动社会的神经,是关于我们现实和未来生存发展的最为基本,同时也是最为核心的动力问题,人类近代史上几次大的飞跃都得益于对能源的开发,而几次大的全球危机也都因能源危机而起。在经济全球化、世界政治格局多极化的今天,保障能源持续供应,建立能源安全供应体系已成为当今世界各国能源战略的出发点和核心内容。

从能源的供求分布来看,"不平衡"一词可点破其中的根本特征。也正是由于这种不平衡,才从根本上导致了国际上各种因资源问题而产生的纠纷甚至是战争。从近几十年来国际关系的现实可以看到,石油资源和水资源是国家间发生战争和冲突的主要因素,特别是谋求对石油资源的控制成为国际斗争的焦点之一。伊拉克入侵科威特、海湾战争、伊拉克战争、巴以冲突、非洲一些国家的内战、日本阻挠中俄"安大线"石油管道项目,以及涉及中国主权的南沙群岛问题等,其背后都存在着深刻的资源因素。过去半个世纪中,仅仅由石油引发的冲突就达到500多起,其中20余起演变为武装冲突。随着石油和水资源的日益紧缺,能源对经济发展的制约作用将更加突出,以各种形式出现的全球能源争夺战也将愈演愈烈。

从1950年至1991年,全球共发生过三次石油危机,每次石油危机都导致国际石油价格大涨:第一次发生在1974年,当时价格曾从1973年的每桶不到3美元涨到超过13美元;第二次发生在20世纪80年代初,石油价格从1979年的每桶15美元左右最高涨到1981年2月的39美元;第三次是1990年的海湾危机,石油价格增加了近一倍。这三次石油危机已经暗示我们石油资源将是未来各国争夺最为激烈的一个领域。

第一次石油危机（1950—1973年）

石油危机是指经济危机在世界石油领域的一种表现。所谓经济危机是指经济比例的严重失衡或产生剧烈震荡。

1950—1973年间，原油价格被七大公司人为地压得很低，平均每桶约1.80美元，仅为煤炭价格的一半左右。经过欧佩克的斗争，到1973年1月才上升到2.95美元一桶。产油国对资本主义旧的石油体系，特别是价格过低很不满。西方世界对石油的需求急剧增长，但是，西方石油公司却不肯对主要生产石油的发展中国家的提价要求做出让步，双方的矛盾日益尖锐，大有剑拔弩张之势。1973年10月，第四次中东战争爆发，阿拉伯国家纷纷要求支持以色列的西方国家改变对以色列的庇护态度，决定利用石油武器教训西方大国。10月16日，欧佩克决定提高石油价格，第二天，中东阿拉伯产油国决定减少石油生产，并对西方发达资本主义国家实行石油禁运。因为当时，主要资本主义国家特别是西欧和日本用的石油大部分来自中东，美国用的石油也有很大一部分来自中东。石油提价和禁运立即使西方国家经济出现一片混乱。提价以前，石油价格每桶只有3.01美元，两个月后，到1973年年底，石油价格达到每桶11.651美元，提价3—4倍。石油提价大大加大了西方大国国际收支赤字，最终引发了1973—1975年的战后资本主义世界最大的一次经济危机。

这次石油危机对美国等少数依靠廉价石油起家的国家产生极大的冲击，加深了世界经济危机。美国的工业生产下降了14%，日本的工业生产下降了20%以上，所有工业化国家的生产力增长都明显放慢。1974年的经济增长率，英国为−0.5%，美国为−1.75%，日本为−3.25%。但发动石油战争的阿拉伯国家却因此增强了经济实力，数百亿石油美元流向中东。据统计，仅提价一项，就使阿拉伯国家的石油收入由1973年的300亿美元猛增到1974年的1 100亿美元。

经过这次石油危机，西方各国普遍强烈感到了石油对各国经济政治和社会生活的重要性，同时也普遍感受到了过去那种把一国的石油生产、供应、提炼和销售等活动主要听凭少数一体化的大跨国石油公司主宰的做法已经不能再适应新的形势了。这些公司,即使是在本国注册甚至本国政府在其中拥有大量股份的公司,由于它们在世界各国有着错综复杂的多方面的利害关系,在关键时刻往往也并不是能为本国利益服务的。因此,西方各国普遍大幅度地修改了各自的石油政策,大大加强了对本国的石油资源、生产、供应、销售和市场的控制,加强了对外国石油公司的管理和限制。这期间,日本、韩国、加拿大、英国、丹麦、挪威、马来西亚、苏联等国纷纷成立了国家石油公司。到20世纪末先后诞生了100多个国家石油公司。

1973年第一次石油危机使西方经济遭受了沉重的打击,为了对付可能出现的新的石油危机,1974年2月11日,在美国倡议下,13个国家聚集于华盛顿,召开石油消费国会议,决定成立能源协调小组。后来又成立了国际能源机构,该机构的主要职能是促进其成员国建立应急石油储备或称战略石油储备;协调突发事件引起石油供应中断时成员国之间的石油调配问题。

自从发现石油以来,中东人的命运就开始改变了。特别是经过这次石油危机之后,巨额财富潮水般地涌入中东,仿佛一夜间,中东产油国就从赤贫过渡到了暴富。全球最大的产油国沙特阿拉伯的政府财政收入,1971年只有14亿美元,而石油危机爆发后已超过1 000亿美元。随着石油美元滚滚而来,中东产油国过去几十年间以大规模的资金投入和开发建设规模,开始了全方位的经济大开发,大幅增加国家福利待遇。如今,这一地区现代工业初具规模,沙漠农业搞得有声有色,现代化城市拔地而起,高等级公路四通八达。由于财政收入增加,中东产油国近年来纷纷把财政盈余用于偿还国内债务和建设基础设施。在沙特阿伯位和阿联酋等海湾国家,外国企业参加的基础设施建设项目相继开工,项目融资的资金需求十分庞大。在沙特阿拉伯,单是电力项目,今后十余年就需要1 000亿美元资金。富裕的海湾国家是其他阿拉伯国家出口商的最大市场,也是其他阿拉伯国家资本和投资的主要来源。

第二次石油危机(1979—1980年)

1978年伊朗发生推翻巴列维王朝的革命,社会和经济出现剧烈动荡。从1978年年底至1979年3月初,伊朗停止输出石油60天,使石油市场每天短缺石油500万桶,约占世界总消费量的1/10,致使油价动荡和供应紧张。世界石油市场原油供应的突然减少,引起了抢购原油的风潮,油价急剧上升。这一风潮刚要过去,1980年9月20日伊拉克空军轰炸伊朗,两伊战争爆发。两国石油生产完全停止,世界石油产量受到影响,产量剧减,全球市场上每天都有560万桶的缺口。平衡供应再度紧张,再度引起油价上扬。在此期间,欧佩克内部发生分裂。多数成员国主张随行就市,提高油价,沙特阿拉伯则主张冻结油价,甚至单独大幅度增加产量来压价。结果欧佩克失去市场调控能力。各主要出口国轮番提高官价,火上浇油。这一席卷资本主义世界的第二次石油危机,引发并加重了又一次世界性的经济危机。油价在1979年开始暴涨,从每桶13美元猛增至1980年年底的41美元。

通过第一、第二次石油危机,资本主义不公正的石油体系逐渐打破,欧佩克对世界石油市场的影响力达到巅峰。一方面,过高的油价引起了石油需求量的下降,价格的上涨,有助于促进能源节约和新能源的开发。人们普遍认识到发展新能源的作用,各个国家努力发展新技术开发新能源和开展节能措施,并开始逐步建立战略石油储备。另一方面,过高的油价促使非欧佩克产油国原油供应量的增加。20世纪70年代中后期起,各西方发达国家和石油公司大力开展了在非欧佩克地区的勘探和开采石油的活动。

1969年在北海发现了埃克菲斯克大油田,1970年发现了福帝斯特油田,到1980年1月,挪威和英国的北海油田储量已被分别确定为57.5亿桶和154亿桶,英国成为主要产油国之一。整个西欧的石油储量几乎与美国相等。北海的石油产量达到200万桶/天,英国和挪威成为重要的石油出口国。从1976年到1979年,墨西哥的探明石油储量增加了6倍,到1980年墨西哥的石油储量已达到300多亿桶,1979年墨西哥的平均日产水平已达150万桶。美国在阿拉斯加也发现了储量近100亿桶的大油田。从1979年到1985年间,非欧佩克产油国的产量逐渐超过了欧佩克。

19世纪70年代是苏联石油工业大发展的时期,由于西伯利亚一系列大型油田陆续投入开发,苏联石油产量节节上升。仅萨莫特洛尔一个油田,1976年就产油1.1亿吨，1980年达到1.52亿吨。苏联石油产量1975年达到4.96亿吨，超过美国成为世界第一大产油国。1976年突破5亿吨，1980年跃上6亿吨，1982年达到6.1亿吨，1985年回落到5.95亿吨，1987年攀上高峰6.24亿吨，1988年保持了这个水平，创造了全世界石油产量的最高国家纪录。1989年开始下降。1990年为5.9631亿吨。

进入20世纪70年代，世界石油需求持续增长，石油危机发生，环境保护要求日趋严格，越来越多的国家高度重视寻找石油的替代能源，促进了对天然气的勘探、开发和利用。五六十年代大气田的发现以及60年代天然气液化相关技术的形成和配套，大口径、高输量、长距离输气管线和海底输气管线的大规模建成，为这个时期天然气工业的持续增长创造了条件，因为天然气的产地很集中，不解决长距离运输问题，天然气的开采就没有价值。

70年代欧佩克国家废除石油租借地制度，实现石油工业国有化，使得那些大跨国石油公司失去了90%的上游资产，上下游严重失调，急于通过企业兼并，获得大量储量和产量。于是80年代前、中期出现以美国为主的石油公司兼并的高潮。仅从1979年年末到1984年上半年为止的4年半的时间内金额在35亿元以上的就有8起。

第三次石油危机（1990—1991年）

20世纪80年代以后，随着欧佩克国家团结力量的瓦解以及新兴产油国的出现，石油权力开始分散。石油价格持续下降，阿拉伯国家的政治势力逐渐衰退，权力再度回到美国、日本和欧洲手中。1986年，石油价格降到10美元／桶以下，使国际石油市场出现混乱，对世界经济和金融体系产生猛烈冲击，第三次石油危机爆发。中东阿拉伯国家的石油权力几乎完全丧失，西方国家在国际权力争夺战中重新获得主动权。

1990年爆发的海湾战争也被专家形容为一场石油战争。当时任美国总统的老布什表示，如果世界上最大石油储备的控制权落入萨达姆手中，那么美国人的就业机会、生活方式都将遭受灾难。对美国而言，海湾石油是其"国家利益"。1990年8月初伊拉克攻占科威特之后,遭受国际经济制裁,使得伊拉克的原油供应中断,国际油价因而急升至42美元／桶的高点。美国经济在1990年第三季度加速陷入衰退,拖累全球GDP增长率在1991年跌破2%。在这次石油危机中,仅三个月的时间,石油价格就从每桶14美元上涨到40美元。不过,由于国际能源机构启动了应急计划,每天将250万桶的储备原油投放市场,使原油价格在一天之内就暴跌十多美元。以沙特阿拉伯为首的国家也迅速增加产量,很快稳定了世界石油价格。这次高油价持续的时间不长,与前两次危机相比,对世界经济的影响要小得多。

虽然石油危机对石油生产有一定的影响。但从20世纪70年代石油产量继续上升,1979年第一次突破30亿吨,达到31.171亿吨。此后由于石油危机导致石油需求紧缩,1980年世界石油产量回落到30亿吨以下,1985年降到26.74亿吨,1990年重新超过30亿吨。

世界石油总剩余可采储量继续进一步增长。1980年增至877.88亿吨,1987年跃过1 000亿吨大关,达1 210.6亿吨,1997—1998年达到1 411.3亿吨的高峰。这就是说,世界石油工业可以生产更多的石油。

第四次石油危机一触即发

石油危机,无疑是一个震撼世界的命题。它让人想起了20世纪接连发生的三次全球石油危机,导致全球尤其是发达国家经济停滞、物价飞涨、股市下跌,让世界至今不堪回首。可不曾想,国际油价经过1986年至2003年间的稳定期后,近年又开始了高位冲击,2011年年初突破100美元一桶的新高后,更是一发不可收拾地向110、120、130甚至140美元的高价位攀升。在这样的背景下,国际能源组织发出全球将爆发石油危机的警告,世界焉能不为之感到格外惊悸!

尽管没有人真正喜欢危机，可震撼世界的危机，还是一个个不请自来：美国次贷危机、粮食危机、越南金融危机……国际能源组织执行理事田中伸男再次发出警告称：全球将爆发第四次石油危机。尽管石油危机会不会爆发，在当前还没有一个统一的认识，但石油危机已是每一个国家都需要正视的现实。

其一，油价从2003年的25美元／桶左右，飙升到2011年2月的103.45美元／桶，整整上涨了4倍多，这远远超过了前三次石油危机油价上涨的幅度；

其二，油价走高，持续时间已经7年，眼下还没有见顶，时间跨度超过了前三次石油危机；

其三，油价攀升的负面影响，不仅限于发达国家，也对发展中国家的经济、物价、股市造成严重的负面影响，影响面远远超过前三次石油危机。

只不过，这次石油危机有新的特点：一是油价攀升源于战争——由中东地区爆发的冲突引起的供应减少和中断所引起；二是源于复杂的国际经济、政治因素的共同作用；三是油价上涨不是突然爆发，而是循序渐进，逐步走高；四是与过去几次危机下石油输出国和消费国采取措施，使油价在较短时间内得到遏制不同，这次危机下石油生产国与石油消费国的举措都显得苍白无力，不但世界第一经济强国的美国束手无策，堪称当今世界新列强的七国集团一筹莫展，左右国际石油市场的欧佩克也无可奈何。也唯其如此，对于这次石油危机对全球经济的冲击，我们当有充分的估计。

无可置疑，石油危机对中国经济必然造成负面影响。首先就是国际石油价格持续飙升，必然增加宏观调控的难度，尤其是控制通胀的难度。其次是对中国一些依赖石油的行业（如交通、航空）造成损害，在替代能源开发和新产品推陈出新需要相当长时间的背景下，高油价对经济增长的阻滞是一个不容忽视的风险。

国际经济政治形势、市场供应结构、市场参与结构和销售结构的变化，都会直接导致国际石油市场形势的大变动。

虽然由于经济全球化的发展，石油市场的参与者和销售方式都达到了一定程度的平衡而导致以往的危机出现的可能性降低，但是不是就意味着石油危机就从此离我们而去了呢？笔者认为，答案是否定的。因为石油作为一种不可再生能源，只会越用越少；而石油作为一种商品，只要出现供给小于需求的情况，油价就会上涨。可以推断，如果出现供给小于需求，国际石油市场原有的平衡制约机制又同时被打破，新的石油危机就可能出现。而欧佩克已经不具备打破这种平衡的力量时，美国作为当今世界唯一的超级大国和最大的石油消费国，最有可能搅乱今后的国际石油市场。以推翻萨达姆为名义的伊拉克战争已经被学界称为"石油战争"，美国想靠长期控制某些石油输出国从而主动参与石油市场的用意也不言自明。因此，今后最有可能用石油威胁世界的魔鬼已经不在欧佩克内部，而是在欧佩克外部的美国。

但必须指出的是，世界经济发展对石油的依赖性是一切问题的根本。1973年和1979年国际关系的主题是对抗，而且当时国际石油市场三方面的结构都相对单一，系统性和制约性不够，导致石油输出国可以单方面采取减产、提价和禁运的方式使石油消费国蒙受了巨大损失。

2008年金融危机之后，全球经济经过两年多的恢复，正处于复苏的关键阶段。近期的日本大地震和利比亚战争以及欧债危机的爆发，使得全球经济复苏的步伐，更显艰难。

油价上涨给全球经济带来的最大威胁，就是通胀压力。国际能源署首席经济学家法提赫·比罗尔指出，从2003年到2008年中期，全球石油价格有了迅速的攀升，而这也成为金融和经济危机的诱因之一。鉴于此，当前迅速攀升的油价可能会威胁到全球经济的复苏。高昂的油价可能会打破贸易平衡，减少家庭和企业收入，增加通胀上升压力，最终抑制经济增长；美国经济学家鲁比尼博士也指出，如果油价突破130美元/桶，将引发全球经济的双底衰退；英国央行英格兰银行货币政策委员会2010年发布的会议纪要表明，石油价格的蹿升，正对通胀和经济增长都带来十分负面的影响。

一些能源专家认为，世界第四次石油危机将随时爆发。根据国际能源署的标准，全球石油供应缺口如果达到6%，而且短期内无力弥补，世界就陷入石油危机。油价会因为恐慌而暴涨，一些国家会因担心买不到油而大量囤积，造成全球石油供需体系的混乱，影响到农业生产和粮食安全，造成全球通胀。

就在2010年7月，国际能源署公布中国是全球第一大能源消费国的时候，国家能源局官员还出面澄清，称其计算方法有误，中国的能源消费总量仍排在美国之后。然而几个月之后，中国能源研究会便公布了2010年中国能源整体消费状况，报告显示，2010年我国一次性能源消费量为32.5亿吨标准煤，不仅超过了美国，排在世界第一位，而且单位能耗居高不下。专家预计，在中国当前的经济发展速度下，刚性需求不仅推动能源价格大幅上涨，而且未来中国能源供应瓶颈将难以避免。

世界范围内也是如此，2011年肇因于埃及的政局动荡在北非和中东国家形成了"骨牌效应"，特别是受非洲第一石油大国利比亚局势的影响，国际油价近日出现了直线式拉升，纽约市场4月一度冲破100美元/桶的关口，英国布伦特原油更是摸高至120美元/桶的高位。人们惊奇地发现，"第四次石油危机"已利剑在弦，一触即发。

石油作为一种特殊的产品，只要控制权集中在单一的国家或者集团，就有可能产生危机，而美国正在力图通过控制几个大的石油输出国的方式控制石油市场，一旦成功，新的石油危机很有可能发生。

中国陷入"石油魔咒"

全球的石油需求与日俱增，同时伴随着国际油价的持续上涨，全球各国对石油资源的争夺也日益激烈。中国经济正在高速发展，已经成为仅次于美国的世界第二大石油消费国和石油进口国，而且对能源的巨大消耗已使中国成为世界上最大的石油进口国之一，未来中国石油需求将保持强劲增长的态势。

目前，我国能源开发方面与西方发达国家相比还有很大差距。油气勘探是需要强大的经济支持的。打一口探井下去，在塔里木盆地一般需要5 000万元人民币，有的地方甚至要花掉1亿元人民币，这需要很大的勇气。一口井下去，1个亿就没了，石油没捞着怎么办？所以中国的石油公司在勘探方面小心翼翼，需要做大量的准备工作。

我国还有330万平方公里的海域，但是对这片海域的研究和开发还非常不够。960万平方公里的陆地面积，加上330万平方公里的海域，包括渤海湾盆地、东海盆地、珠江口盆地、莺歌海盆地、南沙群岛等这些靠近海湾的地方都是石油非常集中的地方。2010年，我国还在渤海湾打到两个大型的油气田，所以这些地方将是未来石油开采的一个重要方向。在成本技术限制下，拥有国内最大登记面积的中石油，每年国内的油气产量递增率也不过5%。

石油专家表示，2010年我国石油产量近2亿吨，这已经是峰值了。中国现在只能勉强保持全国石油年产量的稳定，而无能力做大的提升。所以现在中国不光要懂油气开采方面的知识，还要懂得国外法律，懂得培养能源谈判的专业人才。

1997年亚洲金融危机之后，国外各大石油公司的财富大幅缩水，可以利用的资金不多了，这个时候中石化、中石油和中海油三大石油公司开始了海外并购。2008年11月，中海油以25亿美元收购了挪威海上油田服务公司；12月，中石化以130亿元人民币收购了加拿大TAK公司；2009年6月，中石油以10.2亿美元收购了新加坡石油公司45.5%的股份；7月，中石油与英国石油公司合作，中标了伊拉克最大的油田——鲁迈拉油田；当月，中石油还注资1 100亿元人民币收购了日本的油气公司90%的股权；8月，中石化以72.4亿美元收购了加拿大Addax公司。最近这一年各大石油公司仍在不断加紧并购步伐。一位业内人士表示，现在中国没有其他办法，只有大胆地走出去。截至2010年，我国每年从海外拿回来的权益油可达数千万吨，是一个不小的补充。

中国自1993年开始已成为石油净进口国，到2010年我国石油对外依存度高达53.8%，石油进口量每年递增1 000万吨左右，而且这个数据还在增加，预计2015年中国原油对外依存度将超过65%，到2020年中国对外石油依存度将达到75%。

国家工业和信息化部披露数据显示，2011年上半年，我国原油对外依存度达55.2%，已超过美国（53.5%）。对进口原油的过度依赖，被业界称为"石油魔咒"。工信部的数据表明，在美国着力摆脱"石油魔咒"之际，中国却陷入"魔咒"之中。

"尽管目前美国仍然是世界最大的石油消费国和进口国，但其石油占能源消费的比重在下降，原油对外依存度也呈现逐年降低势头。"我国能源专家周大地称，2007年美国原油对外依存度为67%，2008年降为65.79%，2009年降至61.5%，2010年微升至62.7%，2011年前5个月又降至53.5%。美国总统奥巴马在华盛顿乔治敦大学演讲时甚至宣称，未来10年美国将把石油进口量再削减1/3。我国却与美国相反，近年来石油消费比例快速上升，对外依存度逐年扩大。我国石油对外依存度的增长，为一些别有用心的国际机构制造"中国能源威胁论"提供了口实。

国际能源署在2010年发布的一份报告中称："中国石油消费增长幅度令人震惊。"而英国石油公司发布的《世界能源统计年鉴》则称："2010年中国超过美国成为世界上最大的能源消费国。"

海关总署的统计显示，我国2010年全年累计进口原油2.39亿吨，比2009年增长17.5%，进口额达到1 351.51亿美元，同比增幅51.4%。持续大量的原油进口量，引发市场普遍猜测，政府正在增加战略石油的储备。

2011年3月，国家物资储备局局长王庆云在"两会"期间对媒体表示，目前我国石油战略储备量只能用1个月，建议国家继续稳步推进战略石油储备基地二期和三期工程的建设。

正如俗话所说："家中有粮，心里不慌。"按照国际惯例，石油的战略储备至少要能用2个月，只有这样才能赢得时间去跟人家谈判。能源储备体系的有效建立，是应对能源危机的重要对策之一。

中国于2001年正式启动国家战略储备建设。根据规划，中国将用15年时间，分三期完成石油储备基地的建设。

第一期工程由政府投资，原油储备能力为1 640万立方米，约合1.02亿桶，主要分布在镇海、舟山、黄岛和大连等四处沿海地区，具备对外进口吞吐运输优势。据专家分析，国家战略石油储备一期注油分两个时段完成，时间跨度分别为11个月和5个月。

第二期工程预计将在2012—2013年完成，届时国家战略储备总库容将比一期增加163%，至2.71亿桶，其中大多数工程将在未来两年上线。专家分析，至2012年原油商业库存将比2010年增加47%，至4.57亿桶。成品油商业库存至2010年年底达4.02亿桶，预计至2015年将达4.91亿桶。

由此推算，到2015年我国的石油需求量将达到5亿吨左右，到2020年左右需求可能会达到6亿吨。如果按照这样一个适当控制的情况来看，未来的5—10年整个石油需求量还将增长2亿吨。

从2005年开始，国家能源部门动员1 700多名科技工作者历时5年时间对分布在全国各地150多个盆地做的摸底显示：中国石油远景资源量1086亿吨，因技术和成本制约可开采资源为140亿吨至150亿吨。刨去新中国成立以来已开采的50亿吨，还可开采100亿吨。若按照2009年中国原油消费量3.8811亿吨计算，即使这100亿吨静态可开采油都能出来，中国的石油家底也只能够再用25年。这还只是静态计算的结果。随着中国经济的快速发展和消费水平的提高，石油消费量犹如登山，目前还只处在山脚的出发点。

石油地质勘探专家、中国工程院院士翟光明认为，目前我国油气产量增长速度还不到1%，国民经济却以8%左右的速度增长，到2020年，中国石油消费量至少比2000年翻一番，将达到4.5亿—6.1亿吨。面对巨大的需求缺口，中国只能依赖大量进口。预计到2020年，中国石油对外依存度将上升至65%。翟光明认为，到2050年之前中国的油气资源将枯竭。

中国必须正视石油危机

石油，作为工业的"血液"，悄无声息地流淌在国民经济的每一个细微毛孔中。多年来，中国这辆经济快车每每在加速前进时，以石油为主的能源制约和瓶颈就显露出来。

与美国、日本等发达国家相比，目前中国的石油储备仍然处于较低水平，只能满足1个月的时间，一旦石油供应中断，其后果不堪设想。从这个意义上说，中国发生石油危机的可能性已大大增加。甚至有专家说，石油危机正逼近中国。

国家工业和信息化部公布的数据显示，2011年以来，中国能源消费持续快速增长，对外依存度不断扩大。2011年上半年中国石油消费量环比上涨10.3个百分点，至1.98亿吨，在此期间，石油进口量上涨11.3个百分点，至1.07亿吨，上半年中国对进口石油的依赖度已达55.2%，已超越美国。

中国对进口石油的高度依赖严重威胁到中国的能源安全，中国政府应该加强能源管理，确保未来的供应。中国工程院院士、著名石油地质和勘探专家童晓光表示：中国政府应该为石油消费量设置上限，并采取措施把消费量控制在上限范围内。

一份中国工程院关于中国中长期能源发展战略的研究报告显示：预计到2030年，中国每年的石油需求量至少为6.44亿吨。

中国石油和化学工业学会表示：2011年到2015年期间，随着中国经济增长速度放缓及减少排放量的目标，中国表面石油消费量（相当于产量+净进口量）的增长速度预计下滑至5%，与2006—2010年间7.7%的年增长幅度形成明显对比。2011年中国石油需求量将环比上涨6个百分点。

中国石油大学的教授董秀成警告称，中国的石油消费量增长速度已经超出了整体的经济增长速度，这预示着中国经济的发展很大程度上依赖于高耗能工业。

业内人士对中国石油对外依存度达到55%以上并不感到意外，预计中国石油进口量将继续增长，其对外依存度还会上升。之前有国内专家预测2020年中国的石油对外依存度高达75%，现在看来，这个预测确实太保守了，国际预测的数字比中国更高。

中国工程院院士徐寿波曾表示：一个国家如果要保持石油供应安全，石油净进口率绝对不能超过50%，超过50%就属于石油供应不安全，理论上应该控制在30%以内。然而，按照中国进口石油的速度预测，到2011年中国石油对外依存度将达到55%，到2020年，中国石油外依存度将达到75%，能源危机可能随时爆发。

相比于美国来说，中国石油消费量还在不断增长，而美国的石油消费量基本上已经达到顶点，中国的消费量却还不知道顶峰在何处。在此背景下，中国石油对外依存度的不断攀升，自然不利于保障中国的能源安全。相当长一段时间以来，以及未来很长一段时间里，对于中国来说，发展都是硬道理。这样的背景，决定了能源消费（包括石油消费）的高消费特征。

有人会说，国内石油不够用，可以到国际市场采购。这个说法并没有错，况且，中国现在也是这样做的。1993年前，中国的石油需求基本上是自给自足，而从这之后，中国开始大量进口石油。2010年全国累计进口石油2.39亿吨，同比增长17.4%。石油对外依存度达到53.8%，较上年同期提高2.7个百分点。

人们记得，20世纪70年代爆发的全球性石油危机，导致美国大量汽车荒废在车库中，众多卡车司机失业，当时的中国由于处于经济发展初级阶段并受到政治封闭环境的庇护，对于那次石油危机体会得并不深刻。但时过境迁，今时已不同往日，中国如今已经成为全世界最大的能源消费国之一，近几年随着中国汽车工业和公众汽车消费的爆发式增长，对于"工业和经济的血液石油"的渴求已经到了望穿秋水的地步。

《凤凰周刊》杂志曾发表题为《中国石油险局：25年后石油家底枯竭》的文章，文章认为，美国是每两人拥有一辆车，假设中国达到每三人拥有一辆车，则全国会有4亿辆私人汽车，这样每年消耗的汽油将达到2亿吨，由于中国石油成品油率是63.7%，换算成石油是3.5亿吨。这相当于光汽车就会喝掉中国一年自产和进口的石油总量。

国际能源署预测显示，到2030年，世界能源需求在现有的基础上，仍将上升45%，相当于在现有世界能源消费水平上增加两个美国的消费量。

但依据目前化石能源的开采水平和新能源的发展速度，未来20年的能源消耗将不仅对环境造成巨大的破坏，而且能源供应能否具有可持续性、能源价格能否在人们的承受范围之内都存在着重大的不确定性。

从全球范围来看，目前化石能源仍在能源结构中占有绝对优势，如果未出现重大的能源创新，不改变现有的能源消费结构，那么未来几十年，无论是能源供应水平，还是碳排放压力，都可能超出人们的承受底线。

试想，如果未来一旦再次爆发石油危机，中国的汽车工业或汽车消费将会首当其冲，中国经济也将因为全国范围的油荒遭遇致命性的打击。世界石油出口能力的显著下降，必将导致中国可进口石油量难以满足国内所需。预计中国这一缺口将出现在2017年，2020年、2030年实际可供进口石油仅为2.93亿吨和2.65亿吨，与国内要求的石油进口相差分别为0.43亿吨和2.23亿吨。

环保专家警示说，石化能源消耗造成的全球气候变暖，将会使极地冰川大量融化，未来几十年内，人们站在北京的香山上看到大海并非耸人听闻，而纽约、上海等城市也可能将不复存在。

为了摆脱能源困局，国际社会做出了各种努力，但由于各国并没有在能源体制创新上有所突破，仅靠政策来推动风电和太阳能等新能源行业的发展，并不足以为未来经济增长提供足够的能源支撑。

经历过2003年"非典"的人对于那种恐慌应该还记忆犹新，谁是下一个被传染的人？传染还会延续多久？人们会病成什么样子？非典已经离我们远去，但北非、中东石油国家相继动荡仍使我们陷入类似的恐慌。尤其是继突尼斯、埃及发生动荡后，新的火药桶在利比亚引爆，直接导致国际油价突破100美元，其中北海布伦特的石油期货价格于2011年3月3日一度升至每桶114.78美元，前所未有地比近期纽约油价高出十几美元。

中国能源网首席信息官韩晓平认为，如果世界出现能源危机，中国将可能是受影响最剧烈的国家，我们必须有所警惕。前几次世界性能源危机时，中国还是一个石油自给自足的国家，没有受到影响，甚至因为石油价格上涨从出口中获益。但今天中国石油的对外依存度已经超过56%，中国每年从中东、北非进口的石油超过1.3亿吨，而美国从那里的进口只有8 000多万吨。作为一个后起的新兴经济体，中国的石油来源大多是一些政治上不稳定的地区，中国对这些地区缺乏控制能力。同时，美国、日本、欧洲都有超过120天的战略储备，而中国的储备杯水车薪。加之，中国的能源配置极其扭曲，长期坚持的以煤为主的能源结构造成我们使用大量的柴油来运输煤炭，一旦石油供应出现问题，没有油怎么运煤？没有煤又怎么发电？可以说，如果石油供应出现中断，中国经济运行将会受到严重影响。

实际上，美国对中东石油的需求目前只占其石油总需求的10%左右，而2010年利比亚每日原油产量160万桶，其中有150万桶出口欧洲。因此，美国似乎在这场危机中显现出某种淡定，神经也不像欧洲那样紧张，纽约油价大大低于英国北海油价。

在当今的国际舞台上，石油领域的竞争超出了纯商业的范围，已成为大国之间经济、军事、政治斗争的武器。当一国石油进口依存度超过50%时，石油供应的不安全性加大。为此，一些国家在第二次石油危机后，在为着手建立各自的石油储备体系而努力。与美国、日本等发达国家相比，目前中国的石油储备仍然处于较低水平，只能满足约1个月的时间，一旦石油供应中断，其后果不堪设想。

从这个意义上说，中国发生石油危机的可能性已大大增加。中国石油供应紧张甚至出现石油危机的概率曾经被认为是不可思议的，但今天石油危机已经成为公众谈论的话题，老百姓已经尝到石油价格上涨和油荒带来的苦果。作为一个后起的新兴经济体，中国的石油大多来源于一些政治上不稳定的地区，中国对这些地区缺乏控制能力。中东、北非产油区发生的动荡，已对中国产生了一定的影响。如果这些地区的石油供需基础遭到破坏，一旦发生石油供应渠道受阻，中国的石油危机就会发生，所以，中国必须正视石油危机。

高油价时代考验中国

国际油价继2008年首次冲上三位数大关之后，由于中东、北非地区局势动荡持续蔓延升级，市场恐慌情绪加剧。2011年2月23日，纽约油价盘中再破100美元／桶，一度上冲至103.45美元／桶，伦敦油价上冲至119.79美元／桶。比较普遍的观点是，未来油价还有进一步上涨的空间。

国际油价的飙升带来了对世界经济增长的担忧，在持续的低通胀高增长之后，基础原材料价格的超常规飙升带来了经济运行的压力。目前的高油价已经在灼伤世界经济，其作用机理将通过成本上升抑制需求的方式释放，给全球的经济运行蒙上阴影，考验正处在高通胀之中的中国。

近十几年来，随着工业化和城镇化的快速发展，我国经济逐步进入了新一轮的增长周期的上升期，但是，长期以来我国粗放型经济增长方式尚未得到实质性转变，高耗能产业比重过高，单位能耗的GDP产值过低，因而资源浪费大、环境破坏严重等问题日益凸显。

尽管目前已经逐渐转向经济结构调整和产业升级的转型时期，但是我国尚未建立起比较完善的石油市场体系，定价机制仍显僵硬，市场反应有所滞后。因此，高油价给我国经济运行带来了较大冲击。

与此同时，通胀压力居高不下的背景下，如果国际油价持续上涨，将进一步抬升国内能源价格，并使以石油为能源或原材料的相关行业的价格上扬，形成新的涨价因素。

此外，美、日、欧等主要经济体经济已经出现了减速的迹象，这将会在一定程度上减少我国的外部需求，影响我国的外贸出口。

国际油价大幅飙升对我国经济的负面影响是显而易见的。以2008年为例，国际油价从"高烧"到骤冷对相关行业上市公司的冲击较为明显。据统计，沪、深两市1 556家上市公司2008年共实现营业总收入11.12万亿元，同比增长16.83%，实现净利润8 185.97亿元，同比下降16.51%。

值得注意的是，从利润增速看，排名前五位的行业分别是通信、煤炭、银行、航运业和信托；业绩下降幅度较大的行业有民航业、化纤、电力、有色金属、保险、证券、石化等。高油价的灼伤力可见一斑。

目前，中国的原油一半以上需要进口，输入型的通胀压力非常大，国内的炼油企业承担了巨大的政策性亏损。为了保障企业持续经营和国内油品供应，国家给予炼油企业大额的补贴，但治标不治本。虽然压制通胀不调价有其短期宏观调控的合理性，但长期看政府的财政补贴压力逐步加大，价格最终还是会调整。

中国自身的资源禀赋和经济增长方式决定了我们的能源结构必须多元化，倡导节能成为一个长效的机制。目前国内僵化的机制和旺盛的需求带来的矛盾愈发突出，要素价格扭曲已经在影响经济的平稳运行，市场化的定价改革是一个必然趋势。市场化的定价将有效地抑制需求，有利于发挥资源配置的功效。长期来看，市场化的定价也有利于抑制国内物价的上涨，控制通胀。

新华社资深记者刘洪认为："油价高企对中国经济乃至整个社会的负面影响是显而易见的。中国目前石油对外依存度已超过50%，油价上涨势必使企业成本攀升，重创中国企业的国际竞争力；同时，油价还会向化肥等农资产品传导，导致农产品价格上涨。"

未来十年既是中国的"战略机遇期"，也是充满挑战的"百元油价时代"。石油安全问题由此变得至关重要，而中国的主要对策，不外乎三个方面：开源、节流、战略储备。

对于中国政府来说，油价与国际接轨不仅仅是"价格浮动"，而是要从国计民生的战略高度去考虑并做出明智的决策。因此，在高油价的时代，"择机"能力非常关键。最好的情况，就是如果油价出现回调，则通过"低吸"加快战略石油的储备；如果油价走高，则通过储备原油进行适当调节。至于火候如何拿捏，就看决策者的判断如何了。

第六章

"走出去"破解能源困局

在过去的十几年间,"走出去"战略一度让中国企业扮演了国际市场最为凶悍的投资主体的角色,而中石油、中石化、中海油作为央企阵营中确保国家能源安全的要害部门,其海外投资热潮更是一浪高过一浪,在这场能源争夺战中喜忧参半。未来的海外找油之路依然充满艰辛与风险,面对异常残酷的竞争,中国石油企业"走出去"能否破解能源困局?

"走出去"广辟油源

尽管中国已超越伊朗成为全球第四大原油生产国，但中国同时也是世界第二大原油需求国，国内产量仍严重不足。目前，中国消耗的原油中有55%的份额需要从国外进口。据商务部预测，到2015年我国原油对外依赖度将达到65%。

国土资源部官方网站于2010年2月8日引述了一组相关数据：2009年中国仅排在俄罗斯、沙特阿拉伯、美国之后，成为全球第四大原油生产国，占世界原油总产量的5.4%。

2009年，世界主要国家石油产量排名为：俄罗斯以4.96亿吨位居第一，随后为沙特阿拉伯和美国。俄罗斯石油产量霸主地位在十年内将很难改变，因为它基数太大，但今后俄罗斯石油产量增幅会很小，因为俄罗斯与中国一样，不少油田已老化。随着中国石油对外依存度的加大，石油战略安全问题，已经十分严峻地摆在我们面前。由此可见，中国的石油企业"走出去"广辟油源，成为化解我国能源困局的必经之路。

但我们必须指出的是，随着中国经济的快速发展，目前在能源方面正面临着两个难以避免的问题：一是石油消费量不断大幅增加；二是经济受石油资源约束度增大，石油对外依赖度提高。要确保石油安全，除了建立石油战略储备之外，还要坚定地走石油资源地多元化的道路，想方设法广辟油源，以避免资源地单一可能带来的风险。

长期关注国际能源问题的新华社高级编辑杨元华称，目前，由于我国缺乏必要的石油战略储备能力，对石油突发性供应中断和油价大幅度波动的应变能力较差。未来随着进口石油数量的增加和国际市场油价的波动，进口石油资源的安全性亟待解决。与石油的高价位相比，国际局势紧张，尤其是战争时的石油供应保障是一个更加紧迫的问题。

"一个国家的能源安全战略，如果不站在全球的视角去考虑，就不是一种切实可行的方案。因为现在所有国家都是整个全球能源市场的组成部分。"中国石油和化学工业协会的一位能源专家说，化解我国石油危机的重要策略一是要大力开发利用可再生能源，二是要让我国的石油企业"走出去"，以市场化手段积极架构国际化经营战略。

据了解，目前，中国在海外石油资源的开发利用上，除了由政府指定的企业在国际市场上进行期货及现货贸易外，也包括在勘探、开采等领域与外方进行合作。很多合作项目都采取"份额油"的方式，即中国在当地的石油建设项目中参股或投资，每年从该项目的石油产量中分取一定的份额。这样做可以保证拿到手的是实物。充足的海外石油产量，可以在很大程度上抵消石油高价位对经济的冲击，稳定国内石化工业的发展。

原国务院发展研究中心研究员陈淮认为，"走出去"买油不如"走出去"采油。在我国新的石油战略中，重点应当放在如何全方位参与国际市场竞争上，在竞争中化解市场的风险。他说，中国不能总是"走出去"买油，关键是要利用现有技术和资金到国外开采石油，充分利用国外的资源，实现石油供应的多元化，规避当前石油集中带来的风险，避免价格波动带来的影响。

1993年，从中石油中标第一个海外石油合作项目——秘鲁项目开始，中国石油企业进军海外的大幕正式拉开。

18年来，中国的三大石油企业频频进行跨国合作和国外并购，在与非洲、中东进行油气合作的同时，还不断并购发达国家的中小型技术含量高的企业，与美国、英国等著名石油企业联合开发，与俄罗斯、中亚、缅甸等建立密切合作关系，取得了一些战果。

2009年，中缅原油管道项目开工，标志着我国的东北、西北、西南陆上和海上四大油气进口通道将一一打通。

2009年12月23日，伊拉克石油部与中石油、法国道达尔以及马来西亚国家石油公司的代表，在巴格达签署了开发哈勒法耶油田的初步协议。批准三家公司联合开发伊拉克南部哈勒法耶油田。

在东北部，中俄原油管道穿越中国边境，途经黑龙江省和内蒙古自治区的13个县（市、区），管道全长1 030公里，设计年输油量1 500万吨。

在西北部，中亚天然气管道西起土库曼斯坦和乌兹别克斯坦边境，穿越乌兹别克斯坦中部和哈萨克斯坦南部地区，在新疆霍尔果斯入境，与西气东输二线相连，设计年输气能力为300亿立方米。单线2009年年底建成投产，双线2011年年底建成投产。

在西南陆上，按照规划，中缅油气管道的起点在缅甸西海岸皎漂市，从云南瑞丽进入我国，原油管道设计能力为2 200万吨／年。

同时，我国海上油气资源开发也提上重要日程，将开发东海和南海海洋油气资源。

中国石油企业"走出去"的海外扩张战略的实施，让人们越来越清醒地意识到，只有掌握油源，才能从根本上改变国际石油市场一打喷嚏国内油市就感冒的现状。

来自中国石油化工协会的一份资料显示，自2008年以来，中国石油企业海外扩张的步伐明显加快。三大石油巨头积极参与国外油气资源的勘探开发，寻求各种形式的合作。目前我国石油企业同海外油源国的合作范围已扩展到中亚的俄罗斯、阿塞拜疆、哈萨克斯坦，东南亚的印尼、缅甸，中东的利比亚、伊朗、阿曼和中南美洲的委内瑞拉，非洲的苏丹等50多个国家和地区。仅2010年前10个月，中国石油企业海外收购油气资源高达246亿美元，比两年前增加近5倍。

然而，据有关专家分析，随着国际石油市场风云变幻，世界各国特别是发达国家对石油资源的竞争将更趋激烈，中国石油企业海外展业的道路将异常艰辛。

首先，国际能源行业竞争异常残酷。全球的石油巨头纷纷在圈地，差不多所有有油气资源的国家，早已有美国及欧洲的石油巨头的势力介入，要加入这类俱乐部并不是一件容易的事情。因为国际石油巨头为了保护自己的利益，必然采取排挤措施。中海油及中石化收购哈萨克里海油气资产失败便是一例。

其次，国际地缘政治压力巨大。伊拉克战争和利比亚战争的结束，意味着世界能源地缘政治格局和世界石油市场格局正在发生重大变化，世界石油业开始步入一个微妙的势力重划阶段。可以看到，随着中国国内石油供应进一步吃紧，我国将会在未来几年加大从海外进口石油的力度。在石油供应渠道上应多样化，避免更多地依赖于中东地区。

因此，可以预言，中国石油企业的海外扩张道路不可能一帆风顺。三大石油巨头必须全面掌握并精妙运用国际市场的游戏规则，同时仔细研究并充分利用微妙的国际关系，寻求企业生存和发展的空间，不断拓展能源版图，破解能源困局，确保我国能源战略安全。

四面出击

中石油是中国海外扩张的先行的主力军，仅2009年，中石油共完成9个海外投资项目，其中4个项目的原油年生产能力超过1 000万吨。目前，中石油在全球29个国家经营着81个油气开发项目，海外办事机构多达595个。

2010年年初，中石油董事长蒋洁敏在接受媒体采访时说，中石油海外扩张的整体目标是，在未来10年内，计划投资600亿美元，将海外石油和天然气年产量提高至2亿吨。

以中石油1993年中标泰国邦亚区块为标志，中国石油企业海外掘金已有18年，而在这18年的海外扩张路线图中，中国三大石油公司的海外找油轨迹也从最初的逐步推进一举跨入"大跃进"时代。

"从国内政策以及国际投资环境来看，中国石油企业'走出去'海外掘油从宏观上可以划分为两个阶段，2005年可作为海外扩张分水岭，前一阶段我们实现了很多收益明显的项目，后一阶段包括对综合风险评估不足等问题开始逐步暴露。"中石化国际石油勘探开发有限公司原总经理、总地质师曾兴权接受记者采访时表示。

1995年9月，中石油首次中标苏丹穆格德盆地油田6号区块开发项目，两年后，又获得穆格莱德盆地1号、2号、4号区块的石油开发权，以及3号区块和7号区块油田的部分股权。

2004年3月，中石油与苏丹合作建设的富拉油田原油外输管道正式投产，进一步降低了石油外运成本。这条长达1 506公里的管道直接通到红海，那里停靠着大型的油轮，等待着将这些石油运往中国。同时为了大型设备的运输方便，中石油还在苏丹修建了大量的公路等基础设施。目前，苏丹已成为中国海外石油开发的重要基地，中苏原油外输管道已成为我国海外石油投资最大的合作项目之一。

几乎在同一时间，中石油的触角也伸向了拉美地区，1993年，中石油获得秘鲁得拉拉油田7号区块的开采权，此后又获得该油田6号区块的开采权，并于1997年成功获得委内瑞拉及厄瓜多尔等国家的油田开采权。

2008年8月，中石油设立南美公司，负责全权管理拉美地区33个国家的油气投资和服务等业务。

据中石油南美公司总经理吴东山介绍，目前中石油在委内瑞拉、秘鲁、厄瓜多尔和哥斯达黎加等国均有能源合作项目。在拉美项目中规模最大、前景最好的是委内瑞拉项目。委内瑞拉是南美油气资源最丰富的国家，其常规石油可采储量105亿吨，重油可采储量426亿吨，天然气探明储量4.32万亿立方米。

中石油南美公司同委内瑞拉方面签署了一个上下游一体化协议，计划将年产能提升到4 000万至5 000万吨。所谓"上下游一体化"，即在上游原产地合作开采，中游设立船运公司负责能源产品运输，下游在中国合资建厂炼油。这样一种创新的合作模式令双方成为利益共同体，"你中有我，我中有你"，既保证了双方互利共赢，又能在相对复杂动荡的政治社会环境中确保企业的稳定发展。

通过不断创新合作模式，促进共同发展，2008年中石油南美公司原油产量达到1 056万吨，比2007年增长206万吨，成为集团增长最快的海外公司。其中，委内瑞拉项目原油产量达到500万吨，占到中石油南美公司总产量的"半壁江山"。

2009年7月，中石油花费百亿美元成功拿下伊拉克鲁迈拉油田开发项目，仅一个月后，又以33亿美元全额收购了哈萨克斯坦的一家油气公司，几乎在同一时间段，中石油在北非又有意以50亿美元买下壳牌石油公司在尼日利亚的油田。

2009年，中石油海外原油作业产量高达6 962万吨，相当于从海外搬回国内前两大油田的总产量。

据《21世纪经济报道》报道，在中石油相继探路北非、拉美及中亚后，另外两大石油公司中海油、中石化也随即加入了海外扩张的行列。

2002年，中海油投资12亿美元收购了澳大利亚和印度尼西亚的三块油气田，同一年内，中石化也与德国普鲁士格公司签订了也门S2区块勘探开发权益的转让协议，至此，中国三大国有石油公司相继走上了海外寻油之旅。

2009年6月25日，中石化72亿美元收购瑞士阿达克斯石油公司。《华尔街日报》称，该交易是中石化的一个重要战略举措，中国的石油公司不仅可以借此控制在伊拉克TaqTaq大型油田的业务，还可以涉足勘探前景较好的尼日利亚和加蓬海上油田。

2009年11月6日，中海油从挪威国家石油公司购入其所持的美国墨西哥湾四个勘探区块的权益，美国媒体称，这是中国石油企业首次踏入美国后院。

中海油发言人肖宗伟接受记者采访时表示，中海油将出资承担挪威国家石油公司在墨西哥湾油气资产开发的部分费用，作为回报中海油将享有挪威国家石油公司在墨西哥湾拥有的四处油气资产10%—20%的权益。中海油获得的油气资产包括：Tucker区块20%的股份，Logan区块、Cobra区块和Krakatoa区块

10%的股份。

"这几年间中国石油公司在其他国家的投资可圈可点,尤其是中海油,直到2007年其上市后所进行的所有项目无一亏损,在这个时间段内,中海油是三大公司中海外投资最成功的。"中国石油和化学工业联合会一名专家表示。

中海油在马六甲油田的投资,仅用3年时间就实现了资金回笼,除此以外的几个项目所取得的原油权益也十分可观。

"中海油此前在国际市场的并购案例与其自身特点密不可分,相比中石油、中石化,中海油在现金流及整体规模上存在一定的差距,因此在选择项目时多以参股或联合竞购等方式为主,这在很大程度上降低了投资风险。"中海油集团的一名中层负责人接受记者采访时指出。

然而好景不长,三大石油公司在国际石油市场小荷露尖时,国内石油供需矛盾在"能源安全"观点的推波助澜下上升到新的高度,此后的数年内,中国石油公司开始在国际石油舞台上上演井喷式的"大跃进",其中,2005年中海油豪掷185亿美元竞购美国第九大石油公司优尼科更是让其一战成名,即便最终竞购失败,中海油也一度成为美国人心目中实力超群的中国企业。

"2008年全球金融危机爆发后,资源石油国的收入开始下跌,资金压力加大,这在客观上为中国石油公司扩展上游资源提供了条件,但投资风险也大。"中国石油和化学工业联合会会长李勇武分析说。

2010年,中石油提出了海外业务的发展思路,即按照"突出中亚、做大中东、加强非洲、拓展美洲、推进亚太"的思路,继续做大做强各海外油气合作区;加快四大油气战略通道建设,提升国家能源安全保障能力。

紧接着,中石油向海外"服务竞标"和"资源收购"两个市场发起了疯狂进攻,接连得手。仅6个月的时间,中石油已经在海外扩张方面上演了"帽子戏法"。

2010年1月18日,中石油中标伊拉克哈法亚油田生产开采服务合同。当时,中石油的一位高层对记者表示,"进入伊石油市场是最重要的,不但可以提高公司的储采比,还能带来大量劳务输出合同,这正是我们的优势"。

2010年3月22日，中石油又联合壳牌，出资32亿美元收购澳大利亚最大的煤层气公司Arrow。4月30日，这一交易已获澳大利亚外国投资审查委员会批准。

2010年5月19日，中石油再次宣布收购壳牌叙利亚公司35%的股份。此前，中石油已持股喜马拉雅叙利亚公司50%的股份。

中石油董事长蒋洁敏表示，虽然中石油此前已经成为幼发拉底石油公司的小股东，但没有管理权，此次与壳牌进行股权合作，中石油将获得管理岗位，参与这个公司的管理。在其看来，这将更有利于中石油的国际化运营，有助于中石油海外业务的拓展。与此同时，中石油还将与壳牌考虑在叙利亚建立500万吨的炼油厂。

2010年5月20日，中石油在获得壳牌叙利亚油气开发公司35%的权益后，也将获得管理岗位席位，并考虑2010年在叙利亚建成年加工能力500万吨的炼油厂。同时，中石油在伊朗的开发也已开始，2011年可能开建一个年产100万吨的小项目。

在2010年5月20日召开的中石油股东大会上，蒋洁敏还透露了中石油在加拿大和伊朗的最新进展。

2009年8月，中石油宣布以19亿加元（约合118亿元人民币）收购加拿大阿萨巴斯卡油砂公司60%的开采权益。

蒋洁敏称，目前加拿大油砂项目已经完成交割，资源量非常丰富，他表示在此基础上，中石油将会在加拿大建设一个年产2000万吨的重油产能基地，这一工作目前正逐步展开。而在伊朗，中石油2010年年内可能建成一个小型项目。

蒋洁敏介绍，这是一个有107年采油历史的老油田，原本已经基本废弃，中石油计划将其建设成年产量100万吨的项目。目前，中石油在伊朗的业务主要由集团承担，上市公司没有参与。

2011年8月4日，国内三大石油巨头多个海外项目又通过国家发展和改革委员会的核准。

中石化集团公司下属的中石化国际石油勘探开发有限公司共有三个项目获批。分别是：收购雪佛龙公司在印度尼西亚马卡萨、阮帕克和甘纳三个区块18%权益项目，收购马拉松石油公司所持安哥拉32区块10%的权益项目，收购道达尔所持安哥拉31区块5%的权益项目。

中石油集团公司投资哈萨克斯坦阿克纠宾州滨里海盆地东缘中区块风险勘探及试采项目获批。此外，中石油集团所报《中国石油南疆天然气利民规划》也获得国家发展和改革委员会的批复。

中国海洋石油总公司所属中海石油气电集团有限责任公司获准参与澳大利亚柯蒂斯液化天然气开发建设项目。该项目将对上游煤层气资源进行开发，所产煤层气经处理后通过管线输送至液化厂。液化厂一期将建设两条设计年产能为423万吨液化天然气的生产线及配套设施。

据国际能源署发布的公告显示，2009年，中国三大石油公司海外并购占据了全球并购买卖的13%；据中国石油与化学工业联合会披露，2010年，三大公司大规模的并购行动金额超过300亿美元，约合近2 000亿元人民币，创历史新高，占同期全球上游并购的20%。

海外投资频频失手

在过去的18年间，"走出去"海外扩张战略一度让中国企业扮演了国际市场最为凶悍的投资主体的角色，而作为央企阵营中确保国家能源安全的要害部门，中石油、中石化、中海油三大国有石油公司的海外投资热潮更是一浪高过一浪，但效果不尽如人意，亏多赚少。

以保障国家石油安全之名"走出去"的中石油、中石油、中海油三大石油公司，发现受运输成本、市场环境、国际法律等多重制约，把所有海外取得的份额油全部运回国内并不现实，有时也不经济。也就是说，海外投资冲动及目的正在发生变化，政治动因逐步被获取经济利益替代，国家行为也变为风险自当的企业行为。

那么，审视中国石油企业海外投资收益也就显得十分重要，特别在央企海外投资巨亏案例陆续浮出水面的今天，占据海外投资重要部分的石油和天然气行业更需细算账。

1993年，中石油成功中标泰国邦亚区块项目，首次获得海外油田开采权益，中国石油公司进军海外市场的大幕也随之开启。在此后的18年内，三大石油公司开始频繁出现在国际石油市场并购项目的大名单中，参与并购的资金数量也逐年放大。

据中国石油和化学工业联合会的最新统计，2010年，三大石油公司投资海外的油田及工程项目总计144个，投资金额累计更是高达近700亿美元，约合4 000多亿元人民币，创历史新高，占同期全球上游并购的20%。

尽管近几年中国的三大石油公司海外投资扩张行动都颇为频繁，但每年从海外项目中获得的原油权益产量却难以与投资成本画上等号，盈利情况不容乐观。

《21世纪经济报道》2011年7月19日刊登了一篇题为《石油三巨头海外投资超4 000亿 三分之二项目亏损》的消息，消息披露：

有关数据显示，2010年三大石油公司海外权益原油近7 000万吨，虽然较2005年翻了一番，但相比2010年中国约4.2亿吨的石油总消耗量，三大石油公司从海外运回国内的原油却微不足道。

一名不愿透露姓名的国有石油公司高管向记者坦承，2010年中国石油公司运回国内的原油仅为500万吨左右，仅占海外权益原油的1/12。

另一位多次参与海外油气田谈判的企业高管表示，实际上中国三大石油公司在海外50多个国家和地区的原油收益远远超出了运回国内的数量，而在出自中国海外资产的石油中，更多以现货价销售到了国际市场，并非运往中国。

不仅如此，国有石油公司大手笔投资海外项目中的亏损情况也广受诟病，接受采访的业内人士表示，在三大国有石油公司的很多海外投资行为中，对企业自身利润的考量远高于对国家石油安全的考虑。同时，中国石油大学2010年的一份报告显示：受管理制度及国际投资环境等因素的影响，三大石油公司在海外的亏损项目更是达到三分之二。

因2010年年底以来持续的中东和北非政治动荡一直没有平息，直接导致中石油旗下长城钻探工程公司在利比亚、加拿大、尼日尔等国的6个较大的海外项目合同中止。据统计，中石油这6个终止的项目损失达12亿元。

与此同时，作为国内除三大石油巨头外的另一大主要石油企业，中化集团也同样难逃亏损境地，记者了解到，2009年，中化集团在海外投资的3个油气田项目，累计亏损1 526.62万美元。

"不仅仅是三大石油公司，很多央企的海外亏损账目也是非常触目惊心的，其中因决策错误和投资导致的亏损占多数，进军海外市场过程中盲目自大的现象也大有所在。"国务院发展研究中心一名官员接受记者采访时说。

据了解，2011年5月，中海油遭到印度尼西亚国家石油公司的无端挤压并最终决定撤销参与安哥拉项目的竞购；中石油也因受到合作方的强势限制而于6月放弃了与加拿大能源公司合资在加拿大西部峻岭油区开发页岩气的计划。

中投顾问能源行业研究员周修杰告诉记者，海外投资经验不足、决策失误导致三大石油公司在海外投资项目上频频失手，亏损严重。加上三大石油公司的海外投资项目缺乏相关的法律和法规约束、权责不分等乱象，进一步加剧了海外投资的低效率。

"中石油在海外项目巨额亏损的情况下依然积极开拓海外项目，既有其内部体制的问题，也有外部环境的因素。对于中石油来说，如何提高其风险评估能力和经营管理能力，加大对海外项目的风险评估力度，避免海外项目的巨额亏损是当务之急。"中投顾问能源行业研究员任浩宁在接受记者采访时表示，"此外，海外投资要多点布局，通过实行多元化投资分散风险。提高海外项目管理人员的经营管理水平，并积极完善海外石油投资管理体制"。

对于中石油不惧亏损，继续开拓海外业务，任浩宁表示，"走出去"是中石油的既定战略，在某种程度上来说它反映的也是国家意志。为了确保国内能源安全，国家对中石油的海外并购持肯定态度，这也是三大石油公司不惧亏损，积极开拓海外项目的主因。

客观上来说，目前国际上质量较高、风险较小的油田项目已经基本上被西方石油巨头瓜分殆尽，中石油在走出去的过程中不得不将目光转向中东、非洲等风险因素较高的地区。此外，中石油海外投资的综合风险评估能力以及跨国管理能力落后于其实际扩张能力，造成企业对风险评估不足。

周修杰也认为，在缺乏法律约束、缺少投资经验、投资责任模糊的情况下，不断加速的海外投资导致的只能是不断增加的亏损额。

由于石油有着特殊的战略属性，在风云变幻的国际石油市场，中国的石油公司也因各种因素导致项目变动，甚至流产的现象也时有发生。

截至目前，中国的石油公司已经基本形成了中东、北非、中亚—俄罗斯，以及南美、亚太等五大规模不等的油气合作区。其中，在北非主要以苏丹为中心，逐步向阿尔及利亚、尼日利亚等周边国家辐射，中东则以伊朗、也门为基地向卡塔尔、科威特、沙特阿拉伯等国扩张，在中亚以哈萨克斯坦、俄罗斯为基点，包括乌兹别克斯坦、吉尔吉斯斯坦、阿塞拜疆等国家也都在中国石油公司角逐的范围之内，而在南美洲，三大石油公司也纷纷通过能源换贷款协议与秘鲁、委内瑞拉、厄瓜多尔、哥伦比亚等国家签订了合作协议。

"纵观中国石油公司涉足的油气区块，大部分都属于政局动荡，或基础设施欠发达的国家和地区，而对于像加拿大、欧洲等石油资源富集区，中国石油公司就很难挤进去，并不是我们没有这种意愿，而是因为在试图介入这些地区的时候会遭到国际能源巨头的层层阻挠。"一位石油公司高管说。

国资委公布的2010年度中央企业运行情况显示，2010年中石油、中石化、中海油3家中央企业共实现营业总收入40 446.9亿元，比上年增长43.4%；实现净利润2 705.4亿元，比上年增长47%。这3家企业的净利润占到全部中央企业利润的三成以上。

一位石油企业高管告诉记者，增加油气产量、扩张地盘、增加效益，一直是各石油巨头的重要目标，相比于此，石油安全和环保投入确实较为薄弱，而且管理相对混乱。尤其是海洋石油开采的平台建设近年来存在盲目扩建的问题，各海域的平台间管线并不安全，随着石油企业的不断增产，施工作业的日益频繁也在不断地暴露出平台建设的薄弱，从而导致事故频发。

2011年6月4日，中海油和康菲石油合作开发、康菲石油负责作业的渤海蓬莱19-3油田发生溢油事故，所造成的污染面积从840平方公里扩大到5 500平方公里。9月5日，蓬莱19-3油田全面停产后，中海油每天损失的原油达6.2万桶，相当于每天损失4 400万元。

2011年10月14日，中海油总公司董事长王宜林在集团公司生产经营形势分析会上强调，当前和近期突出的工作重点，是千方百计地增加油气产量。

中海油内部人士告诉记者，漏油事故以及安全检查，可能会影响到中海油顺利完成全年的生产经营任务。

厦门大学中国能源经济研究中心林伯强认为，中海油接二连三地发生管道溢油这类海洋油气开采的严重安全事故，充分暴露了中海油在内部管理上出了严重问题。

事实上，类似的漏油污染事件之前也屡次发生，直至目前才引发各方广泛关注。数据显示，"十一五"期间，全国海洋石油勘探开发溢油污染事故共41起，其中渤海19起，南海22起。除了漏油之外，中海油子公司惠州石化在大亚湾石化区的40万吨／年煅后焦工程因二氧化硫排放量严重超标、噪音略有超标，也引起了当地居民的强烈不满。

"不仅是中海油，中石油和中石化也存在类似问题，多年的资源垄断使得三大石油巨头坐享暴利，已经丧失了加强企业建设和管理的动力。"一位能源专家认为，垄断导致企业丧失竞争力，是石油巨头不断暴露出低级管理错误的根源。

随着各大中央企业海外项目亏损账目和存在的安全问题被媒体曝光，曾一度鼓励其"走出去"的国资委开始着手制定相关条例，以进一步加强对境外国有资产的监管力度。

2011年6月27日，国资委正式对外公布了《中央企业境外国有资产监督管理暂行办法》和《中央企业境外国有产权管理暂行办法》。这两份文件已经国资委第102次主任办公会议审议通过，自2011年7月1日起施行。文件明确指出：中央企业是其境外国有资产管理的责任主体，对造成国有资产损失的情况，国资委将按照法律、行政法规以及国有资产监督管理的有关规定，追究相关责任人的责任。

现阶段，商务部已请有关专家做了对外投资法律法规体系的课题研究，国务院发展研究中心企业研究所主持了该课题，其研究成果将成为两部委《海外投资条例》草案讨论的重要参照。

而此前，对于境外国有资产的管理，相关部门主要依据的是1999年颁布的《境外国有资产管理暂行办法》、1996年颁布的《境外国有资产产权登记管理暂行办法实施细则》。面对十余年来中央企业全球大举扩张之势，这两部条例准则已不能行之有效地监控其境外投资风险。

破解"马六甲困局"

中缅油气管道全面开工建设，是中、印、韩、缅四国协同合作的结果。在中石油运作的四大油气通道中，中亚天然气管道和中哈原油管道所承担的运输任务最为艰巨，但相比中哈原油管道，中缅管道的意义主要体现在运输路线上。

中缅油气管道将是继海上进口、中哈石油管道与中亚天然气管道、中俄原油管道后，中国第四大能源进口管道。这条输油管道意味着中国能源多元化的成果，也有助于破解所谓的"马六甲困局"。

对中国来说，中缅石油合作的意义不仅在于提供了另一个稳定的能源供给源，更在于有助于破解一直困扰中国的"马六甲困局"。马六甲海峡是一条连接印度洋和太平洋的狭窄海上通道，由沿岸国家马来西亚、印度尼西亚和新加坡共管。

中国能源交通线大都通过扼太平洋和印度洋的黄金水道——马六甲海峡。据统计，每年经过马六甲海峡的有5万艘船只，运载着占世界运油量一半的原油及占世界贸易量三成的商品。在每天通过马六甲海峡的近140艘船只中，近60%是中国的船只，而且大部分是油轮。中国所需80%左右的中东石油靠这条航道运输。一旦某个敌对国家控制了这条水道，中国就会被卡住永续发展的咽喉，这就是困扰中国的"马六甲困局"。

这个困局的核心是能源问题，又牵涉到地缘政治的复杂因素。2004年以来，中国逐渐成为能源消费大国，占全球石油消费的份额也从31%急升到全球半壁江山的程度。目前，中国原油对外依存度在2008年已接近50%，进口原油1.79亿吨。破解这一困局，必须通过多元化的能源战略来实现。

一是建立中国的石油储备，二是通过在泰国开凿克拉地峡绕开马六甲海峡。但这些措施都有很多弊端，如都面临着资金花费巨大的问题，最少的输油管道也要耗费10亿美元左右。还面临着美国因素的影响，即使能够开凿克拉地峡，因为美国和泰国是盟友也面临着潜在威胁。如果中马石油管道要通过第三国印度，中印之间又存在着结构性竞争的矛盾，也不现实。此外，上述应对之策还有气候恶劣、地理环境复杂的难题，中国花费的成本和时间很难符合预期目标。

为避免过分依赖这条运输线，防止中国石油进口通路权重过多集中于马六甲海峡，中国政府也一直希望另辟蹊径，打通大西南通道，使之成为连接中国与世界产油国之间的桥梁——途经印度洋，由缅甸直通中国云南。

中缅管道的建设，势必会大大降低中国原油进口过度依赖马六甲海峡的风险。同时，随着中缅关系的逐步深入，加之运输管道的建设，中石油在缅甸的投资也会随之增加。

公开资料显示，缅甸作为东南亚内陆地区面积最大的国家，其天然气储量非常丰富，目前已探明的储量为25 400亿立方米，居世界第十位。在我国的能源战略中，缅甸是我们亚太油气合作区的重要对象。

除了中石油，我国另外两大油气企业中石化、中海油在缅甸的投资也已相继铺开。中石化于2011年1月在缅甸中部发现油气田，预计储量约257.4亿立方米以及716万桶原油。这也是中石化在缅甸首次发现油气田。截至目前，中国也是在缅甸参与油气开采投资规模最大的国家。

客观地说，中国国际能源合作格局的形成是有特殊的历史和现实原因的。由于世界上富含石油资源的地区，早在上世纪就被西方发达国家石油公司瓜分完，现在剩下的石油储量丰富的地区，都是西方石油公司因为政治原因不便或无法涉足的地区，如伊朗、苏丹、委内瑞拉、缅甸等，而这些国家的政府普遍被美国视为异端或对手。结果，中国石油企业国际化历程中面临的问题是，一方面，留给中国企业发展的空间已经非常狭窄，没有多少选择余地；另一方面，中国与这些国家的能源合作又常遭到美国等国的嫉恨，批评中国为石油利益而与独裁国家做交易。

中缅油气管道工程是一个多赢的战略决策。这种多赢局面具有多维的可行性：首先，中、印、韩三国都是能源消耗大国，都有强烈的能源诉求，三方合作共建能源通道符合多方利益。其次，中缅关系良好，印度、韩国和缅甸也没有历史恩怨和现实矛盾。因此，四国合作在缅甸国境内建输气管道，形成韩、中、缅、印到印度洋的直通管道，既有助于中、印、韩三个经济大国对缅甸的经济支援，又能促使封闭落后的缅甸融入区域经济发展的大局。最后，此番中缅天然气项目实施之后，运送原油的中缅石油管道将更加受到瞩目。

从地图上可以看出，一旦这条通过缅甸的跨境输气管道顺利开通，对能源苛求强烈的东北亚国家而言，要比通过马六甲海峡节省大量的交通运输成本，从而缓解东北亚国家的能源危机。而在最近几年，东北亚的中、日、韩三国在能源竞争中已经呈现出多败俱伤的格局，除了让俄罗斯待价而沽外，也引发了东海区域的领土争端。2004年6月，虽然在中国的牵头下中、日、韩和东盟十国发表了亚洲能源合作的框架文件《青岛倡议》，但由于三国过于倚重马六甲海峡，因此能源合作的进展不大。中、印、韩、缅共建跨境输气管道的共识，也有助于吸引日本的介入，使亚洲重要的经济体形成能源合作的共同体，有力地纾缓了亚洲国家争夺能源而产生的矛盾。

由此可见，中缅跨境输气管道是一条促进亚洲主要经济体繁荣的生命线，是一条和平管线，也使大国争夺的马六甲海峡降低了擦枪走火的风险。

打通国际油气通道

面对中国石油安全危局，中石油、中石化、中海油三大石油企业正在加速扩展与俄罗斯、中亚的合作。

"以中国国内的油气储备而言，国内油气供应光靠自己不行，中国石油企业'走出去'参与跨国能源合作，这一能源策略只能更坚定。"中国石油大学工商管理学院教授刘毅军说，中国跨国能源合作起步晚，技术力量相对西方发达石油企业而言更薄弱，往往在一些发达国家退出后我们才进入，风险相对更大。利比亚动荡提醒中国企业，在投资海外市场时应当尽量分散，不要将投资过于集中在同一个地区。

据中国石油大学的专家预测，到2020年中国对外石油依存度将达到76%。油气供需巨大的缺口问题成为对未来世界油气平衡具有重要影响的一部分，中国已经不可避免地参与到国际能源竞合体系之中。

面对利比亚和中东其他地区的动荡局势，中石油负责人表示，中石油应对危机的策略是，在国内加强勘探，同时加强新的渠道合作谈判，比如与俄罗斯等新兴产油国的谈判。

事实上，近几年来中石油、中石化、中海油三大石油企业频频进行跨国合作和国外并购，在与非洲、中东进行油气合作的同时，还不断并购发达国家的中小型技术含量高的企业，与美国、英国等著名石油企业联合开发，与俄罗斯、中亚、缅甸等建立密切合作关系。2010年前10个月，中国石油企业海外收购油气资源高达246亿美元，比两年前增加了近5倍。

2010年中缅原油管道项目的开工，标志着我国的东北、西北、西南陆上和海上三条油气进口通道将一一打通。

在东北部：年输油量1 500万吨的中俄原油管道已于2009年正式开工建设，已于2011年1月建成投产。

在西北部：在中哈原油管道和中哈天然气管道的基础上，中亚天然气管道单线已于2009年建成通气，双线预计将于2011年年底建成投产。

在西南陆上：中缅油气管道建设计划早在2004年就已提出，两条管道均从缅甸皎漂市进入中国云南瑞丽。每年向中国输送2 200万吨原油、120亿立方米天然气，预计2013年可正式向中国输送石油。

同时，中国海上油气资源开发也要提上重要日程，原油战略储备体系建设也在增强，我国目前原油储备能力已达35天。但是，中国目前的原油储备能力与西方国家相比存在很大距离，石油危机正在向我们一步步逼近。

2011年3月29日，中海油与图洛石油公司签署销售和购买协议，以收购该公司在乌干达1、2和3A勘探区各1／3的权益。此次交易总对价约为现金14.67亿美元（约合人民币96.2亿元）。这是继尼日利亚之后，中海油在非洲进入的第二个重要油气据点。

据介绍，1、2和3A勘探区位于乌干达的阿尔伯特湖盆地，该盆地是非洲陆上油气资源前景最佳的盆地之一。根据图洛石油公司估计，自2006年以来，该盆地所发现的P-50可采资源量超过10亿桶。

中海油总经理傅成玉表示，中海油与图洛和道达尔将致力于阿尔伯特湖盆地三个勘探区的协同作业和整体开发计划，全盆地的石油产量预计最终将超过20万桶一天。阿尔伯特湖盆地是东非主要的待开发盆地之一。这次交易使中海油能够成功进入这一区域，标志着其在海外业务发展方面的又一个里程碑。

傅成玉说："作为道达尔项目的作业者之一，中海油将充分发挥其作业专长，与伙伴密切合作，以加快全盆地的开发进程。该项目有望成为近年来非洲陆上最大的油气开发项目之一。此交易将有助于我们在非洲建成继尼日利亚之后的第二个主要生产区，借助于未来3至5年间与合作伙伴密集的勘探和开发活动，它将为公司的长期增长作出贡献。"

2006年1月，中海油与尼日利亚南大西洋石油有限公司签署最终协议，以22.68亿美元现金收购尼日利亚海上石油开采许可证所持有的45%的工作权益，由此成功进入世界上油气资源储量最丰富的盆地之一——尼日尔三角洲。

第七章

煤炭大国之忧

煤炭是中国的主要能源，产量居世界第一位，煤炭在中国一次性能源生产和消费结构中占到70％以上。按目前的开采水平，世界煤炭剩余储量可供开采192年，而中国仅可供开采110年。长期以来，我国的煤炭资源没有得到合理的开发利用，资源浪费和环境污染十分严重。加强对煤矿安全的监管，降低煤炭作为终端能源使用的比例，推动煤炭资源的清洁化利用，减少对生态环境的污染，实现经济、社会可持续发展已成为中国的当务之急。

中国煤炭资源概况

中国自然资源的基本特点是富煤、贫油、少气,这就决定了煤炭在一次性能源结构中的重要地位。与石油和天然气相比,煤炭的储量较为丰富,居世界首位。中国煤炭资源总量为5.6万亿吨,其中已探明储量为1万多亿吨,占世界总储量的11.6%,可开采量居世界第二位,产量位居世界第一位,出口量仅次于澳大利亚而居于第二位。

煤炭在中国一次性能源结构中处于绝对主要位置,20世纪50年代曾高达90%。随着大庆油田、渤海油田的发现和开采,一次性能源结构才有了一定程度的改变。据中国工程院编辑出版的《中国可持续能源发展战略研究报告》介绍,2010年我国煤炭在一次性能源生产和消费中占60%左右,到2050年煤炭所占比重不会低于50%。由此可见,煤炭工业在国经济中的基础地位,将是长期和稳固的,具有不可替代性。

尽管中国煤炭产量位居世界首位,但人均常规能源可采储量远低于世界平均水平。目前,中国人均剩余可采煤炭储量仅为134吨,煤炭资源人均可采储量仅为世界平均水平的一半。已发现的煤炭资源勘探程度较低,精查储量少,用于规模建设的资源供给能力和生产矿井后备资源不足。按目前的开采水平,世界煤炭剩余储量可供开采192年,而中国仅可供开采110年。

中国褐煤多属老年褐煤,褐煤灰分一般为20%—30%。东北地区褐煤硫分多在1%以下,广东、广西、云南褐煤硫分相对较高,有的甚至高达8%以上。褐煤全水分一般可达20%—50%,分析基水分为10%—20%,低位发热量一般只有11.71—16.73兆焦/千克。

中国烟煤的最大特点是低灰、低硫；原煤灰分大都低于15%，硫分小于1%。部分煤田，如神府、东胜煤田，原煤灰分仅为3%—5%，被誉为天然精煤。烟煤的第二个特点是煤岩组分中丝质组含量高，一般在40%以上，因此中国烟煤大多为优质动力煤。中国贫煤的灰分和硫分都较高，其灰分大多为15%—30%，硫分在1.5%—5%之间。贫煤经洗选后，可作为很好的动力煤和气化用煤。

中国的无烟煤较少，大多为3号无烟煤，其主要特点是，灰分和硫分均较高，大多为中灰、中硫、中等发热量、高灰熔点，主要用做动力用煤，部分可做气化原料煤。

中国在地质历史上的成煤期共有14个，其中有4个最主要的成煤期，即广泛分布在华北一带的晚炭纪—早二叠纪，分布在南方各省的晚二叠纪，分布在华北北部、东北南部和西北地区的早中侏罗纪，以及分布在东北地区、内蒙古东部的晚侏罗纪—早白垩纪等四个时期。它们所赋存的煤炭资源量分别占中国煤炭资源总量的26%、5%、60%和7%，合计占总资源量的98%。上述四个最主要的成煤期中，晚二叠纪主要在中国南方形成了有工业价值的煤炭资源，其他三个成煤期分别在中国华北、西北和东北地区形成了极为丰富的煤炭资源。

中国煤炭资源分布广泛但不均匀。全国除上海外，其他省（市、自治区）均有探明储量。在全国2 100多个县中，1 200多个有预测储量，已有煤矿进行开采的县就有1 100多个，占60%左右。从煤炭资源的分布区域看，华北地区最多，占全国保有储量的49.25%，其次为西北地区，占全国的30.39%，其余依次为西南地区，占8.64%，华东地区，占5.7%，中南地区，占3.06%，东北地区，占2.97%。按省（市、自治区）计算，山西、内蒙古、陕西、新疆、贵州和宁夏6省区最多，其保有储量约占全国的81.6%。分布呈现出"北多南少，西多东少"的特点。

我国煤炭资源在储量、勘探程度、地理分布、煤种及煤质等方面有以下特点：

第一，煤炭资源丰富，但人均占有量低，可采储量较少。所谓经济开采储量是指经过勘探可供建井，并且扣除了回采损失及经济上无利和难以开采出来的储量后，实际上能开采并加以利用的储量。在目前经勘探证实的储量中，精查储量仅占30%，而且大部分已经开发利用，煤炭后备储量相当紧张。中国人口众多，煤炭资源的人均占有量约为234.4吨，而世界人均的煤炭资源占有量为312.7吨，美国人均占有量更高达1 045吨，远高于中国的人均水平。

第二，煤炭资源的地理分布极不平衡。我国煤炭资源北多南少，西多东少，煤炭资源的分布与消费区分布极不协调。从各大行政区内部看，煤炭资源分布也不平衡，如华东地区的煤炭资源储量的87%集中在安徽、山东，而工业主要在以上海为中心的长江三角洲地区；中南地区煤炭资源的72%集中在河南，而工业主要在武汉和珠江三角洲地区；西南煤炭资源的67%集中在贵州，而工业主要在四川；东北地区相对好一些，但也有52%的煤炭资源集中在北部黑龙江，而工业集中在辽宁。

第三，各地区煤炭品种和质量变化较大，分布不理想。中国炼焦煤在地区上的分布不平衡，四种主要炼焦煤种中，瘦煤、焦煤、肥煤有一半左右集中在山西，而拥有大型钢铁企业的华东、中南、东北地区，炼焦煤很少。在东北地区，钢铁工业在辽宁，炼焦煤大多在黑龙江；在西南地区，钢铁工业在四川，而炼焦煤主要集中在贵州。

第四，适于露天开采的储量少。露天开采效率高，投资省，建设周期短，但中国适于露天开采的煤炭储量少，仅占总储量的7%左右，其中70%是褐煤，主要分布在内蒙古、新疆和云南。

煤炭生产存在的问题及对策

改革开放三十多年来，中国煤炭工业发展取得很大成绩，但也有一些深层次的矛盾尚未解决，煤炭工业的发展主要存在以下几个方面的问题：

一是资源配置不合理,资源破坏、浪费严重。中国煤矿企业资质管理制度尚不完善,在资源价格走向市场的过程中,一些不具备办矿条件的企业和个人利用其经济实力上的优势参与矿业权竞争,通过炒卖资源牟利,对行业的持续发展造成了不利影响。

在一些富煤区的大矿井田范围内,小矿越界开采,破坏和浪费资源的情况屡禁不止,抢夺资源的现象时有发生。一些极厚煤层地区,企业为了提高产量,以浪费资源为代价,换取暂时的经济效益。一些企业采用一次采全高的方法,只采中间一层,顶底煤被废弃,采一丢四;另外一些小型煤炭企业采煤方法落后,对煤炭的回采率有的不到30%。一些矿区的违规建筑物存在大量压煤现象,建筑物压煤程度有的达到了矿区剩余可采储量的80%。

二是煤炭资源综合利用率低。目前,中国煤炭资源综合利用率相对较低,尤其对煤炭共伴生矿产资源的综合勘探、开发和利用水平低下,缺乏有效的监管机制和先进的技术支持。共伴生矿物利用率现状无从考证,综合利用技术尚未完全过关,在现有技术条件下,一些共伴生矿物还无法进行大规模具有经济效益的开发利用,综合利用产品的科技含量与附加值较低。

三是煤炭行业产业布局不合理。我国目前仍然以原煤消费为主,产品附加值低,造成大量长距离的无效运输,煤炭企业自身产业升级水平低下,而以煤炭为原料的工业企业大多距煤矿较远,因此原煤需要进行大量长距离的运输才能被加工成高附加值的下游产品。

四是开采方法落后,生产技术水平低。中国煤炭的开采方法,特别是壁式采煤法的应用与发展以及高产高效综采放顶煤技术,具有世界领先水平。但从总体上看还是相对落后,特别是小型煤矿,大部分采用巷道式、房柱式等落后的采煤法。

据国家能源局的统计数据,中国煤炭行业科技贡献率仅为24.2%,不但低于全国29.5%的平均水平,更低于美国、英国、日本平均60%以上的水平,煤炭行业整体生产技术水平相对落后。除部分国有大矿之外,大多数煤矿生产技术水平低、装备差、效率低。

五是原煤入洗比重相对较低。由于中国一直都是以销售原煤为主,这种传统的消费习惯使得中国原煤入洗比重相对较低。目前,中国原煤入洗率在24%以下,在世界主要产煤国家中是最低的。据调查,美国的原煤入洗率为55%、德国为95%、澳大利亚为75%、波兰为50%、俄罗斯为60%、英国为75%、日本为100%。

六是煤炭开发所带来的生态环境问题依然严峻。在煤炭开发利用中,由于不合理的开采,忽视环境保护、生态恢复和污染治理,矿区开采往往造成大面积的地表破坏、水土流失、土地沙化,大量堆积的矸石山、煤炭自燃以及废污水的排放等正在严重破坏着矿区的生态环境。

七是煤矿事故频发。中国许多国有重点煤矿相继进入了衰老报废高峰期,抵御事故灾害的能力不足。此外,数量众多的乡镇小煤矿为了追求高额利润,安全方面投入少,煤矿事故时有发生,这严重影响了煤炭工业的健康发展和社会稳定。

据国家安监总局统计,仅2010年全国共发生煤矿事故1 403起,死亡人数达2 433人,比2009年减少213起,死亡人数减少198人,分别下降了13.2%和7.5%。

由此可见,中国煤矿所面临的重大灾害事故是相当严峻的,造成的损失是极其惨重的。煤矿事故多,死亡人数多,造成了中国煤矿的百万吨死亡率一直居高不下。特别是煤矿重大及特大瓦斯(煤尘)灾害事故的频发,不但造成国家财产和公民生命的巨大损失,而且严重影响了中国的国际声誉。

实际上,这些瓦斯事故的发生不是偶然的,它是以往煤矿生产过程中存在问题的集中暴露,涉及许多方面。既有自然因素、科技投入和研究的不足,也有人为因素以及国家的体制、管理、经济政策,社会的传统观念,煤矿企业的文化素质等方面的原因。

八是资源综合利用程度不够,矿区生态环境破坏严重。1998年以来,全国煤炭产量大幅增长，高强度的资源开发加剧了矿区生态环境的恶化，而治理力度却落后于开采强度，加重了环境破坏程度。此外，煤炭生产和加工过程中产生的煤泥、劣质煤、与煤伴生矿物以及矿井水等资源尚未得到有效利用，煤炭生产过程中资源的综合利用潜力巨大。

中国既有具有世界先进生产水平的神华集团，也有在高瓦斯和瓦斯突出的危险条件下多年来实现安全生产的淮南和平顶山煤业集团公司等。这些企业的技术及管理经验，对我们搞好煤矿安全生产是十分可贵的。为了扭转当前煤矿安全生产的状况，建议主要采取如下对策和措施：

第一，加强职工的培训工作，提高从业人员的素质，减少人的不安全行为。应当加大力度，宣讲近年来的灾害事故的实例、经验和教训，以提高一线领导人员的素质和水平，提高他们对灾害事故的预见性和发生事故时的应对处理能力。对地矿学科的艰苦专业，国家应给予奖学金，并和学生签订毕业后在煤矿企业工作年限的协议。同时，提高在煤矿工作的技术人员的待遇，建立煤矿行业从业人员最低工资制度，改善其工作环境，以保证煤矿后继有人。

第二，加强科研工作力度，提高安全生产水平，建立本质安全化的生产体系。进一步加强科研工作力度，特别是应当针对当前的开采条件进行研究，以便为建立本质安全化的生产系统奠定基础。

第三，对高瓦斯和瓦斯突出矿井应当制定特殊政策，采取特殊措施，以利于健康发展。高瓦斯和瓦斯突出矿井既有资源赋存条件差和容易诱发事故的一面，同时，又拥有相对丰富的瓦斯资源。国家应当对其制定特殊的政策，既可以减少对高瓦斯矿特别是瓦斯突出矿井的税收额度，将少收的税款补助矿井对安全的投入，以改善矿井的安全条件，又可以鼓励其进行瓦斯抽放和开发利用瓦斯，并且在开发利用瓦斯的过程中减免税收，鼓励瓦斯发电，其所发的电可并网运行，不得限制和歧视。

煤矿行业整合风暴

2010年10月21日，国务院办公厅发布了《关于加快推进煤矿企业兼并重组的若干意见》（以下简称《意见》），并要求各省（市、自治区）政府认真贯彻执行。这也标志着中国煤炭行业将掀起一轮新的改革风暴。

山西是中国重要的煤炭基地，新中国成立60年来，累计生产煤炭110亿吨，占全国总量的1/4，为国家经济建设提供了强有力的能源支撑。但由于历史原因，长期以来山西煤炭行业形成了"多、小、散、乱"的格局，导致了资源浪费、环境恶化、矿难频发、腐败滋生等一系列问题。为从根本上解决这些问题，山西省委省政府做出了"转型发展、安全发展、和谐发展"的战略决策。

2008年，山西这个以煤炭经济为支柱的资源大省在党中央、国务院的领导下，逆市而为，开展了煤炭企业兼并重组，为困境中的山西应变谋得先机。一年多时间过去了，山西省煤炭产业已经破蛹成蝶，率先在全国煤炭产业科学发展中铿锵前行。

太原东山煤矿有限责任公司总工程师马积福称，煤炭资源整合后，该集团的压力陡增，对矿区地质灾害治理的认识更加深刻，为保证矿区的干部职工安全无事故，必须引进更科学的管理体系，才能在煤炭产业发展中做大做强。

东山煤矿有限责任公司在2009年的整合中对太原市小店区、杏花岭区、万柏林区6座地方煤矿进行了整合。整合后，东山煤矿新增井田面积14.4769平方公里，新增煤炭储量10 847.1万吨，产能由整合前的105万吨/年增加到整合后的285万吨/年，公司的总产能达615万吨/年。2011年8月上旬，该公司聘请北京方圆认证标志集团完成了ISO9000质量管理体系、ISO14000环境管理体系的认证。

减少一切事故、增加竞争能力，不仅仅是东山煤矿，也是山西煤炭企业兼并重组后的主旋律。经过一年多的努力，山西煤炭资源整合取得了阶段性成效，整合的效果在逐步显现，煤矿产能明显提升。

山煤国际能源集团大同有限公司煤炭年生产能力由整合前的429万吨提高到600万吨。

晋城市重组整合保留矿井129座，数量压减比例为50.8%，产能规模居全省各市之首，达到11 230万吨／年。

朔州市135座地方煤矿重组整合为67座，矿井数量减少了一半，平均单井生产规模由原来的45万吨／年提高到131万吨／年，增加了两倍，地方煤矿产能由原来的6 156万吨／年提高到8 780万吨／年，增长了43%。

运城市同煤集团轩煤公司力争将重组整合后的煤矿建成一流的矿井，用两年到三年时间，使矿井达到年产60万吨的能力。

临汾市整合后保留煤矿井129座，规划总产能10 746万吨／年，单井平均产能由整合前的22.9万吨／年提高到83.3万吨／年，提高了3.64倍。

2010年上半年，山西省在煤炭产量大幅增加的同时，实现了煤矿事故发生起数和死亡人数的双下降。

来自山西省煤炭工业厅的数据显示，2010年1月至7月，全省原煤产量累计完成39 719.51万吨，同比增加7 649.05万吨，增幅达到23.85%。而与此同时，1月至7月，全省煤矿累计发生事故34起，死亡102人，同比分别下降8.11%和25.55%。

目前山西省煤矿企业兼并重组工作健康推进，取得了重大阶段性成果。重组的一系列举措带来了煤炭产业集中度的进一步提高，为山西的可持续发展和自主创新增加了活力和动力。

截至2010年年底，山西省整合煤矿正式协议签订率达到98%，兼并重组主体到位率达到94%，特别是具有决定性意义的采矿许可证办理已超过80%，还有十多个许可证也将在2011年春节前完成变更，1 400多个小煤矿已基本关闭。煤炭企业的主体由2 200家减少至130家，形成了4个年生产能力亿吨级的特大型煤炭集团、3个年生产能力5 000万吨级的大型煤炭集团；形成了以股份制为主体，国有、民营并存的办矿格局，国有企业办矿占20%，民营企业办矿占30%，股份制企业办矿占50%。

矿井数由2 600座压减到1 053座，70%的矿井规模达到90万吨／年以上，30万吨／年以下的小煤矿全部淘汰，平均单井规模由30万吨／年提高到100万吨／年以上，保留矿井将全部实现机械化开采，安全保障能力明显加强。

2010年1月5日，山西省政府在北京举行了煤矿企业兼并重组新闻发布会，国家发展和改革委员会、国家能源局的领导充分肯定了煤炭大省山西的煤炭企业兼并重组工作取得的成果。

国家能源局副局长吴吟在会上指出，山西煤矿兼并重组符合煤炭工业的发展方向，同时也是提高煤炭产业集中度的重大举措，不但要在山西推广，更要在全国范围内推进。煤炭的根本问题是结构问题，与澳大利亚等国的煤炭产业集中度水平相比较，中国远远没有达到一个较合适的水平。因此，提高产业集中度调整产业组织结构至关重要。同时，产业集中度越高，安全指标和技术指标也会相应提高，产能将增加20%左右。

据了解，山西煤矿企业重组整合的总体规划为，重组整合后全省保留1 000座矿井，70%的矿井规模达到90万吨／年以上，保留矿井全部实现机械化开采的目标。2010年总量7亿吨，比2009年增加10%以上。

声势浩大的山西煤炭企业重组或波及其他产煤省份。从2009年11月开始，河南、内蒙古、山东等地已开始仿效"山西模式"进行矿产资源整合，新疆、甘肃、云南等地，也将参照"山西模式"进行整合。

继山西煤改谢幕之后，河南煤改于2010年正式上路，并将于2011年完成对646座小煤矿的兼并重组，由五大集团担纲。

作为河南煤炭整合纲领性文件的《河南省人民政府关于加强煤矿安全生产工作的特别规定》（讨论稿）已于2011年2月1日获得河南省委常委会讨论通过。

河南省政府将坚持政府引导和市场运作相结合，推动年生产规模15万—30万吨煤矿实施兼并重组、托管，兼并重组主体将为年产100万吨以上的骨干煤炭企业，并同时要求兼并重组主体企业所占股权比例不得低于51%，由此形成以骨干煤炭企业为主的办矿体制。河南省政府还明确河南煤改的具体工作主要由河南省工信厅负责。

河南是中国第四大产煤大省,2009年该省出产原煤2.35亿吨,仅次于内蒙古(6.37亿吨)、山西(6.15亿吨)和陕西(2.83亿吨)。事实上,河南煤改要早于山西,其起点可以追溯到1997年,从2004年开始,河南省就率先对煤炭等重要矿产资源进行整合,本轮煤改是前述几轮的承续。

统计数据显示,在1997年之前,河南省共有各类煤矿6 000多个,其中小煤矿5 800多个。经过多轮重组兼并之后,2004年河南的小煤矿数量降至1 569个;随后再经过多次整合,小煤矿降至如今的646座,每个煤炭企业的生产能力提高到15万吨/年以上,并使得河南省煤炭骨干企业占有及控制的资源达到全省的90%以上,产量占全省的80%以上。

业内人士分析认为,随着我国煤炭行业集中度的提高,对价格的话语权也会提高。对于产业来说,煤炭兼并重组以后,也将有利于调节供求关系,不会导致严重的供不应求或供过于求的现象发生。

煤炭运输面临的"瓶颈"

铁路交通运力紧张,导致了我国煤炭产品物流成本高、交易费用大、国际竞争力弱。据有关部门统计,随着国家对进口煤炭实行零关税政策,目前在华南地区,进口煤炭价格的竞争力已超过国内煤炭。除了质量好之外,进口煤炭的到岸价格已经从两年前的与国内煤炭旗鼓相当,转变为目前的比国内北方煤炭低廉的局面。

2010年4月,国家统计局的统计数据显示,2010年第一季度全国煤炭产量达到7.5亿吨,同比增长了28.1%。中国煤炭工业协会分析认为,第一季度全国煤炭产销量大幅上涨,说明近年来大规模的煤炭固定资产投资和产能建设快速增长,已经形成了巨大的煤炭产能。同时,山西、河南、内蒙古等主要产煤省份经过多年的资源整合和企业兼并重组，形成了一大批大中型煤矿，新建的一大批大型现代化煤矿也陆续投产，煤炭稳定供应能力也大幅提高。运输方面，第一季度全国铁路煤炭运输量完成4.95亿吨，同比增加8 733万吨，增长21.4%；主要港口完成煤炭运输量1.27亿吨，同比增加1 969万吨，增长18.4%。

从第一季度铁路运输的增长量来看，煤炭运输的压力仍然较大。全国原煤产量从2005年的12亿吨到2009年的29亿多吨只用了4年时间。目前全国在建矿井还有7 000多个，产能达到30多亿吨。交通建设与快速增长的原煤产量和运输需求相比，总像是"道高一尺，魔高一丈"。然而，从多方面分析，煤炭运输紧张并非仅是交通建设滞后那么简单。

近几年来，煤炭大省山西境内的不少电厂本该拥有运输优势，但"守着煤矿没煤吃"，煤电关系异常紧张。山西省电力行业协会的一位专家说，当时电力体制改革厂网分离时，山西电厂执行的是"低煤价低电价"政策，上网电价要比外省电厂低得多，近几年电煤价格涨了几倍，虽然电价也调了几次，但每次电价调整后，煤炭价格也"水涨船高"，高涨的用煤成本还是不能消化。山西一些煤矿宁愿长途跋涉通过铁路把电煤供应到省外上网电价较高的电厂，也不愿意把煤炭卖给本省境内的电厂。山西省境内的不少电厂反而要通过公路到陕西、内蒙古买煤。"坑口电厂外出买煤、省内煤炭外供电厂"的怪现象也造成了公路运输的紧张。

煤电布局不合理也是造成运力紧张的一个原因，许多非产煤地区建设了大量火电厂，造成的后果是拥挤的铁路、公路运输，尤其是公路运输，消耗了高价的优质能源石油，拉运的却是低质能源煤炭，公路严重超载大大缩短了公路的寿命，也造成了公路长期不定期的拥堵。山西省电力行业协会副理事长李建伟认为，要改变这个局面，还要从理顺煤电产业关系、控制盲目发展电厂、加快电力体制改革入手，从而真正发挥"坑口电厂"的作用，推进变输煤为输电战略的实施。

不合理的产能扩张和煤炭需求也增加了煤炭运力紧张的"人祸"因素。曾几何时，由于焦炭价格的上扬，前几年山西各地大大小小的焦炭项目纷纷"先上车、后买票"，导致产能过剩、恶性竞争、环境污染等问题，也造成了焦煤资源的浪费，而这些焦炭项目都需要大量焦煤资源做原料，也造成运力的紧张。山西省焦化行业协会的一位专家认为，目前，山西已经开始严格控制焦炭产能，但仍有一些省份却开始上马焦炭项目。这样，不仅达不到全国宏观调控焦炭产能的目的，反而因为山西是重要的焦煤产地，这些项目会加大焦煤的需求量，从而加大运输压力。

山西部分煤炭专家认为，贯穿山西、河南、山东的山西中南部出海煤炭铁路通道路经山西中南部地区等重要焦煤资源产地，也要防止沿途各地投资焦炭项目的盲目冲动，避免形成新一轮焦炭产能过剩。研究煤炭几十年的山西省政府参事薄生荣认为，现在能源需求存在的一个问题是，国家经济命脉企业需要煤，国家要满足供应，然而一些不符合产业政策的粗放式企业需要煤，国家也要满足供应。对此，必须要改变"有求必应"的能源利用模式，按照资源、环境容量上马工业项目，传统的工业发展模式必须做出重大改善，从制度上核算企业的资源、人力和环境成本，不能靠大量消耗能源来发展经济，否则永远走不出运力紧张和大量浪费的圈子。

2006年9月，财政部、国家发展和改革委员会、商务部、海关总署、国家税务总局联合下发了《关于调整部分商品出口退税率和增补加工贸易禁止类商品目录的通知》，取消了为鼓励外贸煤炭出口创汇而执行了近十年的煤炭出口退税政策。10月27日，国务院关税税则委员会又在下发的《关于调整部分商品进出口暂定税率的通知》中，以暂定税率形式对煤炭、焦炭加征5%的出口关税，与此同时，各类煤炭进口税率则由3%—6%降低到1%左右。这些税收优惠使进口煤炭有了价格吸引力。据中国物流信息中心的最新统计，进口煤炭的企业主要集中在广东、福建等南方沿海地区，其中大多是拥有自备码头的电力、化工等企业，进口煤炭分别来自向印度尼西亚、越南、澳大利亚等国。

为什么我国进口企业都集中在南方沿海城市？据专家分析，除了进口零关税因素之外，南方沿海地区进口煤炭，由于可直接利用海运而且是大吨位船舶，因此在运输上具有成本低廉的优势；而从国内北方购买煤炭，由于运费高以及流通环节多等因素，尽管距离很近，但最终价格反倒高出进口。在进口煤炭中，来自澳大利亚的煤炭，其海运距离超过了3 500海里；而国内煤炭运距最远的秦皇岛，海运距离也只有1 000海里。

专家指出，煤炭经济说到底是运输经济。中国煤炭生产地集中在中西部，煤炭主消费地又在东部沿海地区。铁路交通运力紧张局面短期内无法解决，煤炭运输已成为制约中国煤炭工业可持续发展的关键问题，也是造成中国煤炭产品物流成本高、交易费用大、国际竞争力弱的重要原因。

煤炭资源未来需求趋势

近10年来，中国煤炭产销量持续增加，市场供需总体平衡，煤炭企业固定资产投资稳步增长，企业经济效益显著提高，经济运行质量稳步提升。

据国家能源局统计，2010年我国煤炭产量32亿吨，煤炭需求旺盛，每年可增长2亿吨，按2010年产量计算，到"十二五"末期需求量将达到40亿吨以上。

国家能源局专家指出，政府扩内需、保增长措施对煤炭行业的影响是积极的。从宏观经济角度看，4万亿元的政府投资以及带动的全社会12万亿元的总投资，大大减缓了宏观经济下行的趋势。从产业链角度来看，大规模的基础设施建设、启动内需的措施，及时扭转了电力、钢铁、建材和化工行业增速快速下滑的趋势，使煤炭产业链下游行业保持平稳的增长，促进了煤炭行业的平稳增长，从而维持了较高的景气度。

在国家鼓励煤电联营和行业重组的大环境下，煤炭企业将逐渐形成较为集中的市场态势，煤炭市场竞争格局也将得到根本改变。

动力煤是指用于直接燃烧产生动力和热能的燃料煤，包括电厂锅炉、工业锅炉等所用的煤炭。褐煤、长焰煤、不粘煤、弱粘煤、贫煤以及黏结性较差的气煤等都属于动力煤的范畴。优质动力煤一般指灰分低（<15%）、硫分低（<1.5%）、发热量高的动力用煤。

从地区分布上看，我国动力煤资源主要集中在华北和西北地区；从各省、市、自治区动力煤资源分布来看，内蒙古自治区储量最多，占全国动力煤储量的32.52%，其次是陕西、新疆、山西、贵州，分别占18.42%、17.23%、12.61%和5.23%。

随着国内经济的快速发展，中国动力煤产量呈稳步上升态势。2005年到2009年，中国动力煤产量复合年均增长率达到8%，2009年中国动力煤产量达到24.3亿吨。

中国动力煤的消费领域主要有电力、建材、冶金、化工、出口以及其他行业。近年来，电力行业用煤是动力煤消费中最主要的部分，冶金行业用煤量逐年上升，化工和建材行业动力煤需求量保持平稳态势。

据《中国动力煤市场调研报告2011》分析，2011年中国动力煤市场面临的各种环境，预计有利于国内煤炭市场的因素将可能继续占上风，动力煤供求关系有望在更长的时间内保持偏紧格局，动力煤市场价格有望保持高位运行。长期来看，动力煤由于工业经济快速发展、用电量增长等因素，价格坚挺，未来发展前景不容乐观。

目前，中国经济保持高速增长，对能源的需求不断增加。在这种形势下，中国的煤炭工业必须立足当前，着眼长远，认真做好以下几项工作：

第一，研究制定适合中国国情的煤炭资源发展战略。按照市场经济规律，实施中国煤炭资源可持续发展战略，是煤炭可持续供给的根本出路。因此要制定国家煤炭可持续供给的中长期发展战略，确立煤炭供需关系，建立宏观调控体系和落实必要的政策保障。

第二，提高矿井生产能力。一是对现有生产矿井着力于提高资源回收率、合理开采强度。延长矿井服务年限，对资源枯竭的大中型矿井，加强地质勘探，寻找新的资源量。对资源丰富、产品有市场的乡镇矿井，进行联合，提高生产能力。二是根据供给能力变化，落实新矿井开工规模。在矿井建设中要优化设计、深化改革，缩短建井周期。三是加快地质勘探改革步伐。组建精干高效，具有高技术、先进设备的现代化专业队伍，承担基础性、公益性的地质工作，推进商业化勘探工作，逐步完善风险勘探机制。

第三，煤炭资源发展前景看好。首先，由于冬季取暖燃油需求巨大且库存紧缺，国际市场原油价格继续上涨，油价持续攀升使不少西方国家不得不考虑扩大利用煤炭这一廉价燃料。据报道，美国为解决电力短缺问题已经决定建造100多座使用洁净煤的火力发电站。所以煤炭发电的专家认为，煤炭的储量非常丰富，应多建以廉价煤炭为燃料的火力发电站。目前全球已查明的煤炭储量可开采250年，比天然气和石油可开采的年限多185年和205年。其次，煤炭矿藏在全球的分布比较均匀且避开了国际政治热点地区，可保证供应上的安全。此外，煤炭的利用也相对简单和安全，这一点在火力发电方面要胜过天然气，使煤炭资源的发展前景一度被看好。

因此，坚决推进煤炭的综合利用是治理煤炭市场秩序，有效缓解安全事故频发现状，实现产业升级的一条重要的市场手段。一是通过煤炭的高效综合利用，提高能源效率，降低原料需求，从而缓解大规模、超能力无序开采；二是通过综合利用，减少无效运输，从而直接缓解煤电油运的紧张局面。三是推进煤炭综合利用，以保护资源和环境。四是通过综合利用，为研发提供资金保障，有利于大幅度促进煤炭行业的科技进步，缩短高科技产业转化周期，促进安全生产和产业升级。

第四，抓好煤矿企业兼并重组，加快调整煤炭产业结构。我国应继续大力整顿关闭布局不合理、不符合安全标准、浪费资源和不符合环保要求的小型煤矿，早日形成以大型煤矿企业为主体的煤炭供应体系，进一步提升煤炭行业整体的抗风险能力和竞争实力。

煤炭是我国的主要能源和重要工业原料，煤炭工业的健康发展关系到国家的能源安全和经济安全。近年来国家先后出台了一系列促进煤炭工业健康发展的政策措施，煤矿企业改革发展成效显著，煤炭资源开发利用水平有了较大提高。但是，煤炭工业长期粗放发展积累的矛盾仍很突出，全国各类煤矿企业多达1.12万个，企业年均产能不足30万吨，产业集中度低、技术落后，煤炭资源回采率低，资源浪费和环境污染严重，一些地区煤炭勘查开发秩序混乱，生产安全事故多发，不能适应经济和社会发展的需要。

2009年4月山西省启动了我国规模最大的煤炭企业重组行动，涉及国有、民营、私人煤炭企业，率先终结小煤矿，挺进"大矿时代"。重组后，山西煤炭企业数量从2 200个整合到130个。从整合过程看，很多经验得到了其他省区的借鉴。

2010年10月16日，国务院下发了《关于加快推进煤矿企业兼并重组的若干意见》，要求推进煤矿企业兼并重组，建立一批特大型企业。

通过兼并重组，全国煤矿企业数量特别是小煤矿数量明显减少，形成了一批年产5 000万吨以上的特大型煤矿企业集团，煤矿企业年均产能提高到80万吨以上，特大型煤矿企业集团煤炭产量占全国总产量的比重达到50%以上。煤矿技术装备水平明显提升，安全生产条件明显改善，煤炭资源回采率明显提高，环境保护与治理得到加强，煤炭开发秩序进一步规范，形成以股份制为主要形式、多种所有制并存的办矿格局。

同时，还要做好煤炭资源综合利用以及煤炭加工转化项目管理，提高节能减排水平。要不断加大煤制油、煤气化等项目的研发力度，尽量降低煤炭作为终端能源使用的比例，推动煤炭资源清洁化利用，减少对生态环境的污染，实现经济、社会可持续发展。

中国煤炭能源的出路

煤炭仍是中国的主体能源，分别占一次性能源生产和消费总量的70%以上。原油对外依存度高达55%，中国以煤为主的能源结构在相当长的时间内不会有根本性的改变，这种能源结构对中国节能减排和应对气候变化都提出了严峻挑战。

一方面，从资源禀赋角度讲，煤炭满足了中国70%以上的能源资源消费需求；另一方面，因为技术等原因，煤炭又是80%以上的环境生态的主要污染源，煤炭的弃用对于中国而言是一个棘手的两难选择。因此，需要重新审视煤炭领域的发展模式，改变行业高耗能、高污染、高温室气体排放的发展现状，使煤炭行业真正走上低碳化道路。发展煤炭的清洁、合理、高效利用是唯一出路。加强煤炭的清洁高效综合利用技术开发，推进传统能源的清洁高效利用是国家未来能源战略的重中之重。在低碳发展、绿色经济的大背景下，煤炭的清洁利用对我国加快转变经济发展方式具有重要意义，将成为清洁能源领域备受关注的重点之一。

中国政府已向全世界庄严承诺：到2020年，单位国内生产总值（GDP）二氧化碳排放比2005年降低40%—45%，非化石能源占能源消费比重达到15%。作为负责任的发展中大国，中国提出这个明确的碳减排目标，任务艰巨、压力巨大。对于中国来说，除煤等化石能源以外的各种新能源，从长远看是我们应该追逐发展的目标，但就近、中期看，应考虑到石油和天然气的储量短缺和引进困扰，其他非化石能源所占消费比重小，煤炭不得不担当主体。为实现这一目标，一方面要节能减排、提高能效、降低能耗；另一方面，传统化石能源的清洁利用，特别是煤炭资源的清洁利用，将成为我国能源技术创新的战略选择，也是中国能源结构调整的战略性选择。在国家能源局列出的低碳能源技术中，化石能源的清洁高效利用技术排在第一位，这里主要是指煤炭的清洁高效利用。中国政府已经提出"加快发展高碳能源低碳化利用和低碳产业，大力发展低碳技术，努力建设以低碳排放为特征的产业体系和消费模式，加强煤炭的清洁高效综合利用、煤转天然气、煤制重要化学品技术研发，推进传统能源清洁高效利用"等战略决策。

随着宏观发展战略的转变，中国已把煤炭的清洁利用技术作为可持续发展和实现两个根本转变的战略措施之一。中国强调要加大煤炭清洁利用技术的研究开发力度，扩大煤炭清洁利用领域的对外开放，推进煤炭清洁利用技术的产业化。中国已将发展煤炭清洁利用技术列入《中国21世纪议程》，并根据中国煤炭消费呈现多元化格局的特点，本着环境与发展的协调统一、环境效益与经济效益并重等原则，提出了符合中国国情、具有中国特色的洁净煤技术框架体系。此外，中国也在加强清洁能源领域的国际合作。中美两国已共同承诺投入至少1.5亿美元成立中美清洁能源联合研究中心，促进两国在建筑节能、洁净煤、清洁能源汽车等领域的联合研究。2011年1月，中美两国在华盛顿共同签署了有关清洁能源的协议，总金额超过200亿美元。

"十二五"是我国经济发展模式转型的关键时期。在"十二五"发展规划中，洁净煤技术是煤炭科技和能源科技的重要组成部分。按照国民经济稳步、可持续发展的需要，未来几年中国在能源领域将会把工作重点放在大力发展节能和提高能效技术，加强先进燃煤发电、煤基燃料、煤基重要化学品等洁净煤技术的研发应用等方面。中国将大力推进煤基清洁能源，加快能源结构调整，本着绿色、循环、清洁、低碳的发展理念，构筑起资源合理利用、生态环境良好、具有循环经济特色的绿色能源产业。

第八章

核电大国的安全考量

核能是地球上储量最丰富的能源，又是高能量密集型和高风险的可再生能源。中国的核电虽起步较晚，但后来居上。目前中国核电站在建规模居世界首位。2011年3月，日本福岛核电站发生泄漏事故以后，引发了全球核电信任危机，核电安全成为全世界关注的焦点，正处在发展高峰时期的中国核电该何去何从？中国的核电与外国相比有哪些安全特性？能否经得起考验？

后来居上的中国核电

自1951年12月美国EBR-1首次利用核能发电以来，世界核电至今已有60年的发展历史。中国核能事业创建于1955年，在50多年的时间里，中国与世界核能发展一样经历了一段曲折的道路。

在世界核电发展的黄金时期，中国才开始进行核能理论研究和应用研究，但取得了较快的发展。1956年7月，国家成立原子能事业部；1964年10月16日，中国爆炸第一颗原子弹；1976年6月17日，中国第一颗氢弹爆炸试验成功。

在取得核武器成功之后，在20世纪70年代末，中国开始着手研究核动力应用，但很遗憾，由于爆发"文化大革命"，政治动乱加剧，相关学校被停办。1969年，原二机部各类学校遭受浩劫，有的停办，有的撤销，有的交给地方。与此同时，相关研究机构也被精简缩编，名存实亡，虽然研究工作没有取消，但是由于政治斗争和政治运动，相关研究人员的积极性遭到打击，研究工作进展缓慢。一些基础科研项目基本停止，核电科研工作没有深入开展。

在核能发展初期，中国的重点在于军事领域，除发展核武器以外，在核动力研究方面主要应用于核动力舰艇，1971年9月，中国成功建造第一艘核动力舰艇。在此之后，中国核电事业的发展长期处于缓慢局面。

20世纪80年代初，中国实行改革开放政策，核能的和平利用得到较快发展，规模不断扩大，科技水平不断提高，呈现了良好的发展势头。

1984年，中国开始研究、设计和建造第一座核电站——秦山核电站。秦山核电站于1991年建成投产,结束了中国内地无核电的历史。1994年建成投产的大亚湾核电站开创了中外合作建设核电站的成功范例。1996年开始,中国又自主设计建设了秦山二期核电站;与国外合作建设了岭澳核电站、秦山三期核电站和田湾核电站。

从秦山核电站开始,历经10年,中国终于迎来核电的春天。尤其是进入21世纪以来,中国对核电事业发展做出了战略调整。

目前,中国的核电发电量,仅占全部发电量的2%,与日本的1/3根本无法相提并论,即使与14%的世界平均水平相比,差距也很大。根据我国能源发展规划,2020年计划将核电比例从2%提高到4%,但是目前核电的发展速度无法满足快速增长的能源需求,核电在电力比例中份额很低,远远低于日本、法国、美国等国家,也无法起到显著改变中国能源结构的作用。

在这样的背景下,一些地方争相申报核电项目,中国核电在日本核泄漏事故前已经开始新一轮的"跑马圈地"运动。

根据国际原子能机构2011年1月公布的最新数据,目前全球正在运行的核电机组共442个,核电发电量约占全球发电总量的16%;正在建设的核电机组65个。拥有核电机组最多的国家依次为:美国104个、法国58个、日本54个、俄罗斯32个、韩国21个、印度20个、英国19个、加拿大18个、德国17个、乌克兰15个、中国13个。

目前,中国已建成的核电站有6个,投入运营的13台核电机组分别位于广东、辽宁、福建、广东、浙江和山东等省份。截至2011年上半年,国务院已批准在建核电站10个,共34台核电机组,装机容量3 692万千瓦,其中已开工在建机组达25台、2 773万千瓦。中国在建核电机组规模全球第一。

随着经济的高速发展,中国对能源的需求正在大幅增长,而且对每一种能源的需求都猛增,包括核能发电。国务院颁布《核电中长期发展规划》,提出到2020年核电装机容量达到7 000万千瓦至8 000万千瓦。计划到2020年中国核能发电将占总电力的4%。这一目标一旦实现,中国将成为美国之后的世界第二大核电大国。

核电的发展，缓解了中国沿海地区电力紧张的局面，促进了当地经济的发展。首批核电站投入运行十多年来，放射性流出物的排放量和固体废物的产生量远低于国家标准规定的控制水平，周围环境的辐射水平一直保持在天然本底，核电站运行还没有给环境带来不良影响。这说明中国核电站的建设是比较成功的，运行是安全可靠的，这为核电的进一步发展提供了经验，打下了基础。

中国的核电建设在"以我为主，中外合作，引进技术，推进国产化"方针的指导下，不断朝着"自主化、标准化"的方向发展。在积极吸收国外先进经验的基础上，逐步实现大型核电机组的自主设计、自主制造、自主建设、自主运营。在保证核电站安全的前提下，进一步降低造价，降低核电运行成本，增强核电的竞争力。

中国核能开发应用采取"三步走"（即：热中子反应堆—快中子增殖堆—受控核聚变堆）的基本方针。当前和今后相当长一段时期内以开发应用热堆技术为主，同时开展快堆和受控核聚变技术研究，积极参与国际合作，跟踪世界发展趋势。在热堆技术开发应用阶段，采取分步发展战略：2010年以前建设的核电机组采用成熟、可靠的核电技术，同时开展先进压水堆、高温气冷堆的研究，开发具有自主知识产权的先进技术；2010年以后建设的核电机组要适应国际上核电技术发展的趋势，采用先进的机型，进一步提高核电机组的安全性和经济性。

中国在2010年投产和开工建设的二代改进核电机组，满足国际核安全要求，造价为1 500—1 750美元／千瓦，是世界上造价最低的机型，仅为美国准备建造的AP1000和US-EPR（6 000—8 000美元／千瓦）的1／4，俄罗斯国内建造机组（3 000—3 500美元／千瓦）的1／2。这为第三世界国家发展核电开辟了一条既可满足国际核安全要求，在经济上又能承受的核电发展道路。

我国核燃料工业发展也将近期发展需求和长远发展需要相结合，在发展规模上要与核电发展相适应，提高生产效率，降低生产成本。核燃料供应继续实行基本立足于国内的方针，同时根据国内的生产能力和国际市场的供求状况，合理利用国内外两种资源。为了充分利用铀资源，我国对核电站乏燃料采取后处理的技术路线，乏燃料后处理中间试验工厂正在建设之中，高放废物深地层处置的科学研究也在积极开展。

在核技术应用领域，大力推动技术创新，开发更新换代的优质产品；重点扶植节能、环保、生命科学领域的项目，争取在若干关键技术上有所突破，走有中国特色的创新之路；继续推广核技术在工业、农业、医学、环保、安全保卫等领域的应用，以市场为导向，不断扩大产业规模与技术水平，在解决农业、生态环境、水资源管理和医疗保健问题方面，充分发挥核技术的作用。

如果要在中国地图上画出核电站的足迹，你会看到，沿海省市几乎都有自己的核电站。近年来，内陆也加入了这场争夺战。因为，核电站本身和配套设施的建设均需要巨额的资金投入，能快速拉动GDP增长，再加上国家对新兴能源的扶持，使得湖南、湖北、江西等不少省份纷纷宣布了自己的核电计划。

对于核电发展"过热"的问题，中国能源网首席信息官韩晓平说："核电项目一下子上得太多，能不能监管到位是个问题。人才、技术、经验和人的素质能不能跟上去也是问题。发展过快，隐患将不可避免，这也是一个问题。"

2011年3月，日本因大地震而引发核泄漏事故，无疑给快速上马的中国核电产业一记"当头棒喝"，来得及时。国务院常务会议决定在核安全规划批准前，暂停审批核电项目包括开展前期工作的项目。环保部为此也发布了《核动力厂环境辐射防护规定》等三项国家放射性污染物防治标准。

不仅如此，全国政协委员、中国核工业集团公司中国核动力研究设计院副院长兼总工程师陈炳德认为，核电安全的压力越来越大、挑战越来越强烈，这意味着政府部门必须加强对核电的有效监管和技术创新，完善安全防护，把产业做扎实。

核电的利与弊

迄今为止，世界能源需求的85%来自燃烧煤、石油、天然气等石化燃料。大量燃烧石化燃料所产生的二氧化硫、二氧化碳、氮氧化物、一氧化碳和颗粒物等，带来令人忧虑的环境问题。而且，这些化石物质消耗的迅速增长，使它们在地球上的储量面临枯竭的境地。

自然界中，除了石化燃料外，核能、水力、风力、太阳能、地热、潮汐能等也都是可资利用的能源。

水力是无污染的能源，应充分开发使用，但水力资源终究有限，且受地理条件的限制。水力发电随季节变化很大，所以光靠水力替代不了石化燃料，满足不了日益增长的能源需求。

风力、太阳能、地热、潮汐能等，都因受多种条件的限制，只能在一定条件下有限开发，很难大量使用。较乐观地估计，到21世纪，上述几种能源中每种在能源总耗量中的比例，都很难超过1%。目前，技术上已较成熟，且能大规模开发使用以提供稳定电力的唯有核能。因为核能有其无法取代的优点，主要表现为：

（1）核能是地球上储量最丰富的能源，又是高能量密集型的能源。

（2）核能发电不像石化燃料发电那样排放巨量污染物质到大气中，不会造成空气污染。

（3）核电是清洁、低碳的能源，不会产生加重地球温室效应的二氧化碳，有利于保护环境。如果取代燃煤发电设备，1吉瓦核电设备运行1年能避免排放560万吨二氧化碳。

（4）核能发电所使用的铀燃料，除了发电外，没有其他的用途。

（5）核燃料能量密度比石化燃料高几百万倍，故核能电厂所使用的燃料体积小，运输与储存都很方便。

（6）核电的经济性优于火电。以核燃料代替煤、石油和天然气，有利于资源的合理利用。核能发电的成本中，燃料费用所占的比例较低，不易受到国际经济形势的影响，故发电成本较为稳定。

核电虽然有六大优点，同时也存在一些缺点：

（1）核能电厂会产生高低阶放射性废料，或者是使用过的核燃料，虽然所占体积不大，但因具有放射性，必须慎重处理。

（2）核能发电厂热效率较低，因而比一般的石化燃料电厂排放更多的废热到环境中，故核能电厂的热污染较严重。

（3）核能电厂投资成本太大，电力公司的财务风险较高。

（4）核能电厂较不适宜做尖峰、离峰之随载运转。

（5）兴建核电厂较易引发政治歧见纷争。

（6）核电厂的反应器内有大量的放射性物质，如果在事故中释放到外界环境，会对生态及民众造成伤害。

专家认为，不容否认，发展核能，有利有害，从总体上说是利大于害。发展核电至少有三大好处：其一，如果人类不发展核能，必将加剧国际能源争夺，引起能源价格攀升，甚至造成国与国之间的冲突，综合损失将远大于某次核电站事故带来的损失；其二，以太阳能等替代石化能源尚需时日，而核能可以作为过渡，为阻止气候持续变暖赢得时间，而如果不能延缓气候变暖，造成的损失也将比核电站事故损失大得多；其三，发展核能有助于提高能源供应的本土化程度，改善能耗大国的能源供应稳定性和独立性。重视核能，是一个国家从政治、经济、安全等多角度综合考虑的结果，包括考虑当今世界经济低碳化发展的迫切要求。

日本福岛的核泄漏事故，为全世界的核电敲响了警钟。日本的核泄漏事故发生后，有位中国核电集团负责人曾对媒体宣称："中国的核电站不怕地震"、"中国的核电站能抵御一万年一遇的地震"，这些大话是没有科学依据的，也是不负责任的。作为核电大国应该时刻提高警惕，吸取日本核泄漏事故的教训，建立应急机制。应当加强事故处理和应对训练，针对极端情况发生时的模拟演练更需提上议事日程。中电投总经理陆启洲表示，快速应急反应对有效处理核安全事故至关重要，中国从国家到相关部门和企业层面都应不断汲取他国经验教训，提高核安全应急处置能力，防患于未然。

我们应该提醒的是，首先，应安全至上。核电运营中一旦出现安全问题，将会导致难以估量的后果和损失。其次，布局很关键。要注意核电站从沿海向内陆迁移过程中的废水处理和环保问题；要考虑核电的布局如何在安全和效益之间达到平衡，要前瞻核电站的选址中可能面临的自然灾害等问题。最后，中央企业作为核电开发主力军，还担负着中国核电技术进步的重任。当然，华能、大唐、华电和国电四大发电集团可以利用参股核电开发的优势，投资中核、中广核、中电投的核电建设，促进电力供给的多元化。

总之，我们要从日本核危机中汲取教训，不断推动技术进步，在确保安全第一的原则下发展核电。未雨绸缪、防患于未然，比什么都重要。因为，核电就像一头力大无比、具有很多优点的猛兽，只有首先驯服它，才能更好地为我们所用。

世界核电技术的演变

众所周知，火力发电站利用煤和石油发电，水力发电站利用水力发电，而核电站是利用原子核内部蕴藏的能量产生电能的新型发电站核电站。大体可分为两部分：一部分是利用核能生产蒸汽的核岛，包括反应堆装置和一回路系统；另一部分是利用蒸汽发电的常规岛，包括汽轮发电机系统。

核电站用的燃料是铀。铀是一种很重的金属。用铀制成的核燃料在一种叫"反应堆"的设备内发生裂变而产生大量热能，再用处于高压力下的水把热能带出，在蒸汽发生器内产生蒸汽，蒸汽推动汽轮机带着发电机一起旋转，电就源源不断地产生出来,并通过电网送到四面八方。这就是最普通的压水反应堆核电站的工作原理。

在发达国家,核电已有几十年的发展历史,核电已成为一种成熟的能源。我国的核工业也已有四十多年的发展历史,建立了从地质勘察、采矿到元件加工、后处理等相当完整的核燃料循环体系,已建成多种类型的核反应堆并有多年的安全管理和运行经验,拥有一支专业齐全、技术过硬的队伍。核电站的建设和运行是一项复杂的技术。我国目前已经能够设计、建造和运行自己的核电站。秦山核电站就是由我国自己研究设计建造的。

自2011年3月11日日本发生里氏9.0级地震和海啸袭击以来,人们就再也没有停止对核电的关注。

在此之前,中国核电行业正处在一场波澜壮阔的复兴进程之中。如今,日本福岛核泄漏事故让人有时间对这波核电建设热潮重新进行审视。中核集团、中广核集团、中国电力投资集团和华能集团是仅有的几家拥有核电运营资质的企业,再加上为引进美国的AP1000技术而专门成立的国家核电技术公司,几个中央企业巨头坐拥着中国核电业的市场格局。

日本核事故重新引发了对核电技术的热议。核电技术起步于20世纪中期,迄今已发展至第三代,第四代核电技术尚处于开发阶段。总体而言,60年来,核电技术一代比一代安全。

第一代核电技术:也即早期原型反应堆,主要目的是通过试验示范形式来验证核电在工程实施上的可行性。

20世纪50年代中期至60年代初,前苏联建成5兆瓦石墨沸水堆核电站,美国建成60兆瓦原型压水堆核电站,法国建成60兆瓦天然铀石墨气冷堆核电站,加拿大建成25兆瓦天然铀重水堆核电站,这些核电站均属于第一代核电站,最终发现轻水堆(包括压水堆和沸水堆)实用优势明显,轻水堆也因此成为核电发展的主线。第一代核电站现已退出历史舞台,不再使用。

第二代核电技术:20世纪60年代中期以后投入运行的大部分核电站是基于

第二代核电技术，它实现了商业化、标准化等，包括压水堆、沸水堆和重水堆等，单机组的功率水平在第一代核电技术基础上大幅提高，达到千兆瓦级。

在第二代核电技术高速发展期，平均17天就有一座核电站投入运行，主要原因是在当时石油危机的背景下，人们普遍看好核电。美、苏、日和西欧各国均制定了庞大的核电规划。美国成批建造了500兆瓦至1100兆瓦的压水堆、沸水堆，并出口其他国家；苏联建造了1 000兆瓦的石墨堆和440兆瓦、1 000兆瓦VVER型压水堆；日本和法国引进、消化了美国的压水堆、沸水堆技术，其核电发电量均增加了20多倍。

1979年美国三里岛核电站事故和1986年苏联切尔诺贝利核电站事故催生了第二代改进型核电站，其主要特点是增设了氢气控制系统、安全壳泄压装置等，安全性能得到显著提升。此前建设的所有核电站均为一代改进堆或二代堆，如日本福岛第一核电站的部分机组反应堆。我国目前运行的核电站大多为第二代改进型。

第三代核电技术：指满足《美国用户要求文件》（URD）或《欧洲用户要求文件》（EUR），具有更高安全性、更高功率的新一代先进核电站。比如，URD对新建核电站的主要要求包括：功率更大（1 000兆瓦至1 500兆瓦），寿命更长（由40年延长至80年），建设周期更短（48至52个月），经济性更好（造价大幅度降低），安全性更高。世界核能协会称，第三代核电站与第二代核电站的最大区别在于，事故发生时，第三代核电站不依赖人为操作或外界系统的干预，而依靠重力、自然循环等自然规律来实现保护功能。

第三代先进核电AP1000技术是全世界核电50年发展经验和智慧的结晶。世界首台AP1000核电机组在中国三门建设，新的非能动安全设计理念首次在中国由图纸转化为工程实体，这对于我国抓住世界新一轮核电复苏的历史机遇，站到世界先进核电技术的前列，在引进世界最先进技术的高起点上实现我国核电技术的创新发展，加快提升我国核电自主化建设和发展能力具有极其重要的意义。

第三代核电站的主要堆型包括先进沸水堆（ABWR）、先进非能动式压水堆1000（AP1000）、欧洲压水堆（EPR）、先进压水堆（APWR）、经济简化型沸水堆（ESBWR）和先进压水堆1400（AP1400）等。中国已引进AP1000等技术，分别在浙江三门和山东海阳等地开工建造。

三门核电站一期工程总投资400多亿元，首台机组计划将于2013年建成。三门核电站所采用的AP1000核电机组，属于第三代压水堆技术。

2006年12月，中美两国政府签署了合作建设先进压水堆核电项目及相关技术转让的谅解备忘录。2007年7月24日，国家核电技术公司和三门核电有限公司、山东核电有限公司作为联合采购方，与美国西屋联合体及主要分包商，在北京人民大会堂正式签订了我国第三代核电自主化依托项目核岛设备采购和技术转让合同。2007年9月24日，我国第三代核电自主化依托项目核岛设备采购和技术转让合同如期生效。2008年2月26日，我国第三代核电自主化依托项目三门核电站一期工程核岛负挖比原计划提前1个月开工，标志着世界首台AP1000核电机组开始进入现场实施阶段。2008年8月22日，三门核电站一号机组核岛基坑负挖通过了国家核安全局组织的专家现场验收，标志着三门核电站一号机组核岛负挖工作比原计划提前67天顺利结束，主体工程开工前的准备工作取得了重要的阶段性成果。2009年4月19日，三门核电站一号机组在按期实现浇注核岛筏基第一罐混凝土（FCD）的关键里程碑目标后，已经全面进入主体工程建设阶段。2010年8月1日，三门核电一号机组2台安注箱正式就位于安全壳厂房。此举标志着世界第三代核电AP1000首台机组正式进入设备安装阶段。

第四代核电技术：目前仍处于开发阶段，目标是在2030年左右投入应用。第四代核电技术有六种设计概念，包括三种快中子堆和三种热中子堆。三种快中子堆分别是带有先进燃料循环的钠冷快堆（SFR）、铅冷快堆（LFR）和气冷快堆（GFR），三种热中子堆分别是超临界水冷堆（SCR）、超高温气冷堆（VHTR）和熔盐堆（MSR）。这些设计的目的是要大幅减少核废料、更充分地利用铀资源、降低核电站的建造和运营成本，以及更好地控制核扩散，即保证核技术的和平利用。

据国家核电技术公司专家介绍，以AP1000机组为依托，我国已率先掌握了第三代核电的五大核心技术。

国家核电技术公司副总经理孙汉虹表示："依托世界首批4台AP1000机组的建设，我国率先掌握了核岛筏基混凝土一次性整体浇注、钢制安全壳成套工艺、大型锻件国产化等第三代核电的五大核心关键技术，确保了我国后续三代核电批量化、规模化发展。目前，国产化设备已经达到55%了，关键的技术已经全部突破，压力容器、蒸汽发生器、主管道、主泵都是国内自主研发生产，已经有40多家按照国际标准可以为AP1000提供设备供货。AP1000并不是我国核电技术的终点。我国第三代核电自主化'三步走'的第三个阶段就是通过再创新形成具有自主知识产权的大型先进压水堆（CAP1400）核电技术，目前，设计和研发取得一系列进展。我们的重大专项有CAP1400甚至到CAP1700，目前CAP1400主要的概念参数已经完成，现在已经开始进入初步设计阶段了。关键设备，比如核机镐材、主管道、大型锻件、超大型冷却塔等课题的研究已经完成，而且已经开始研制。"

国家核电技术公司董事长王炳华说："将来我国必须依靠具有自主知识产权的核电技术，走出国门，占领世界核电市场。"

近几年来，核电开始了真正意义上的复苏，发展势头开始回升。发展的总趋势没有变，世界核电复苏的呼声很高，铀资源有保证，防核扩散有了可行途径，但进展迟缓，不尽如人意，2010年才开始走出低谷。世界核电发展风云变幻，将由发达国家为主向发展中国家为主转变，核电市场的热点，由追求"先进"向讲究"经济、实效、能承受"转变，对核安全的绝对化倾向逐步消退，向科学的安全观转变，核电机型向低成本化、多样化方向发展，市场竞争由靠"先进"向靠"综合实力"转变。曾一度出现的AP1000和EPR双雄争风的气势消退，代之以俄罗斯AES型、韩国APR1400的气势上升，中国二代改进机型开始被重视，中国成为世界核电发展的领跑者。

中国核电的安全特性

历史上全球共发生过三次重大核安全事故：1979年美国三里岛核电站事故、1986年苏联切尔诺贝利核电站事故和2011年日本福岛核电站事故。中国的核电站已连续20年无事故。

2011年3月，日本地震导致的核泄漏引发了全球核电信任危机，各种对于核电安全性的担心充斥媒体报道，对于各国在未来实施核电战略，抹上了一层阴影，核电安全成为全世界关注的焦点。那么中国的核电安全吗？中国的核电与外国相比有哪些安全特性？

中国现在运行的核电装置有13台，核安全监管部门在场内设置了监测装置，环境保护部门在场外设定了监测装置，到目前为止所有的监测结果都表明，13台核电机组排放指标均远低于国际国内的排放标准，运行是安全的，运行状况是良好的。但是谁也不能保证核电站的绝对安全。

众所周知，核电站在运行中可能因地震、海啸等自然灾害和操作失误或技术原因导致核安全事故。核电站一旦发生事故，后果极其严重，不堪设想。因此我们必须更加严密周全地研究核电站设计、运行管理、应急抢险等全过程安全，不断改进技术，务求保险、再保险；建设核电站，必须充分考虑民众特别是周边地区居民的心理感受，取信于民；也必须针对此次日本核泄漏事故中暴露出来的废弃核燃料安全处置等问题，拿出切实可靠的处理方案。但是，我们不能简单否定核能，否认核能功大于过的事实。否则，一次核事故，不仅将成为核能发展之痛，也将成为世界能源整体发展之痛。因此，中国应在核电发展战略和发展规划上适当吸取日本方面的教训。

核能专家认为，中国的核电有以下四个方面的安全保障：

第一，技术先进。国家能源局原局长张国宝强调：中国核电项目采用的全部是压水堆，比福岛核电站晚建了三四十年，技术上已大大改进。一是压水堆采用三回路，如遇紧急情况需释放蒸汽减压，可将二回路不含放射性的蒸汽外排；二是新堆型已普遍装了氢复合装置，氢复合成水，不会发生福岛核电站这样的氢爆炸；三是压水堆有蒸发器，三个蒸发器中的水也可带走一部分热量。所以，如遇日本地震海啸这样的极端情况，压力堆的抗灾能力要优于沸水堆。

中国电力投资集团公司总经理陆启洲指出，中国正在建设的第三代AP1000核电技术就不存在难以散热的问题，因为其采用"非能动"安全系统，就是在反应堆上方顶着多个千吨级水箱，一旦遭遇紧急情况，不需要交流电源和应急发电机，仅利用地球引力、物质重力等自然现象就可驱动核电厂的安全系统，从而冷却反应堆堆芯，带走堆芯余热，并对安全壳外部实施喷淋，进而使核电站恢复到安全状态。陆启洲表示："正是考虑到内陆核电站对循环冷却水有更高要求，中国已决定在内陆建造核电站全部采用第三代技术。"

第二，运营经验丰富。国际原子能机构（IAEA）的数据显示，自1986年切尔诺贝利核泄漏事故发生后，中国是全球拥有核电的三个国家之一。正是由于中国是在切尔诺贝利核泄漏事故发生之后运营核电的，所以中国的核电安全标准定得相当高。根据国际原子能机构的评级，中国核电商业运行至今17年的时间，还从未发生过一次2级或者2级以上的核电事件或事故。

第三，中国核电站具备后发制人的优势。中投顾问能源行业研究员周修杰认为，由于领土面积较大，中国目前兴建的核电站均远离地震带，外来的破坏相对较小。中国目前的核电站规模和日本等国比较起来依然较小，利于管理和监控；对于引进的技术方案进行了较多的自主改进，同时也在积极研发新技术，在技术上保障了中国核电发展的安全性。

第四，三级应急体系保障了中国核安全的监管能力。中国的民用核设施、核电的安全，主要由环保部的国家核安全局负责，在地方环保系统有与国家核安全局相应的配套。同时，在事故的非正常状态下，由国家、地方和企业构筑起的三级核事故应急组织负责。

国家发展和改革委员会副主任、国家能源局局长刘铁男强调，核电安全事关重大，有关方面一定要认真分析和总结日本核电事故的经验教训，确保中国核电事业的安全发展。

中国发展核电面临的挑战

日本福岛核电站发生泄漏事故后，中国政府已经明确主张在确保安全的前提下继续发展核电。现在中国的核电进入大规模发展时机，核电站建设规模占世界在建核电站的40%，成为世界第一核电大国。

核电因为工程技术复杂、质量要求高、各方面配套能力要求很难，因而面临重大的挑战，各界对核电给予厚望，希望它成为新能源、低碳能源的主力军，希望它能在解决中国工业能源上发挥重大的作用，但是核电本身能不能全面、协调可持续地发展，能不能做到又好、又快地发展，还是要面临很多挑战。

目前，影响中国核电产业发展的主要有五个方面的因素：

一、核电投资主体不明确

如今，除了老牌的中国核工业集团、广东核电集团、中国电力投资集团外，国有五大发电集团、各色投资主体都试图进入这一领域，分食其中的蛋糕。

资料显示，此前，中电投已经成立了山东核电公司，并在烟台海阳核电站的投资建设中拥有65%的股份。随后，中电投在2005年2月28日正式成立了辽宁核电公司，以加快其在核电领域投资的步伐，目标直指大连瓦房店核电站。

而在海阳核电站之中，华能集团和国电集团也分别以5%和20%参股其中。据称，华能集团在2004年11月秘密成立了核电办公室，并聘请原国家电力公司核电部主任王迎苏担任主任。

有关资料显示，在投资高达500亿元的福建宁德核电站项目中，除了主角广东核电集团外，大唐国际发电股份有限公司、福建煤炭工业（集团）有限责任公司也参与其中。

实际上，对于中国的核电是姓"核"还是姓"电"，一直没有一个明确的说法。对于其他发电集团进入核电领域投资，国家也没有明确表态，因此也就没有明确的限制政策。

有核电专家就此认为，发电集团进入核电领域，可以打破现有的中核集团和广核集团垄断核电领域的格局，有利于更快更多地发展核电。但问题是，核电是一个格外讲究技术性和安全性的产业，尤其是涉及核安全领域，其中的利害关系并不是一般发电企业所能承担的。

2007年8月18日，当位于渤海辽东湾东海岸的辽宁红沿河核电站正式开工建设时，有媒体曾写下这样的评语：它将采用具有中国自主品牌的中国改进型百万千瓦级压水堆核电站技术——CPR-1000。从20世纪80年代初首次引进国外技术建设大亚湾核电站，到今天采用自己的技术批量建设核电站，不到30年里，中国核电完成了从引进技术到创建品牌的历史跨越，国际核电俱乐部里终于有了"中国品牌"。

但现实是，即使是有了初步的自主化，中国只是较为完备地掌握了二代核电技术，而目前世界核电强国的技术已经发展到了第三代。因此，2004年前后，在建设新一批核电站时，在技术路线的选择上，中国犯难了。据说在当时，以中国核工业集团和广东核电集团为代表的一方主张采用第二代成熟核电技术，另外的观点则坚持认为应该发展更为先进的第三代核电站。

二、核电技术长期受制于人

从安全性方面来说，现在全球核电站最近20年运行良好，从过去的70%左右的负荷因子达到现在的90%，很多国家特别是美国运行寿命30年的核电站通过技术改造、科学认证，运营生命周期已从30年提高到60年，这说明现在的核电站的安全是有保障的。为了进一步提高核电的安全性，鼓励人们更多投资核电，最近20年国际上研究开发陆地核电，使它有更高的安全性，现在已经有两个核电项目在浙江、山东这两个地方开工建设。核电厂的安全不仅有先进的实际理念，更要关注工程的质量和社会可靠性，以及核电决策者和营运人员的安全文化素养。工程质量和设备质量是核电技术的根本基础和保证。

设备制造方面，核电设备制造能不能保证质量，能不能保证它的成本，是在一个合理的水平保证核电站建设的重要因素。核电的关键设备包括：反应堆压力容器、蒸汽发生器、对内构件等，我们现在正在自行研制。我们的管理水平、技术水平在不断地推进和提高，在引进第三代技术的同时，通过浙江三门、山东海阳两个项目的建设，第三代核电技术的能力可能达到70%，第二代是80%以上。

但问题是，现今世界，能够称得上第三代技术的只有法国的法玛通公司掌握的欧洲先进堆（EPR）和美国西屋的AP1000。因此，当时就有专家称，如果选择二代半技术，则相对保守；而三代技术却争议颇多，因为目前世界上还未建造起一座利用该技术的核电站。

事实上，全球核能大户对中国市场的争夺，目前已经上升为技术路线的竞争。在中国，业界争论最激烈的是新建核电站应该采取第几代核电技术：二代，二代半，抑或是三代。

另外，如果要采用第三代核电技术，巨额的引进费用不可避免。但以市场换技术，中国核电工业则可能重复汽车工业所走过的路。

因此，在此期间，争论一直持续不断。而直到2007年年底，始自2004年的中国第三代核电技术国际招标才尘埃落定。经过技术、经济、国产化、融资条件等多方面的评审论证，中国决定斥资数百亿元人民币引进美国西屋公司AP1000技术建设浙江三门、山东海阳两大核电自主化依托工程。

而按照既定规划，中国第三代先进核电技术的引进、消化、吸收和自主化工作分为三个层面，分别是设计技术、设备制造技术和工程项目管理技术。

当时，中国引入第三代核电技术的主要初衷，是选定一种国际先进的第三代技术，统一中国核电的技术路线，加快核电发展，实现2020年运行核电装机容量4 000万千瓦、在建容量1 800万千瓦的目标。

但就在中国拟定第三代核电路线图时,国外已联合研发第四代核电技术。尽管到2030年前后,以AP1000为基础的第三代核电技术有望统领中国的核电发展,不过那时,核电发达国家研发的第四代核电技术已进入商业化应用阶段。第四代核电技术在安全性、经济性、防恐怖袭击等方面将更具竞争力。

这或许意味着十多年后,中国又将面临一次新的选择:是自主研发第四代技术,还是再次花费巨资全盘购买?

三、铀矿资源匮乏

中国是一个自然资源极度匮乏的国家,这句话用在铀矿资源上也不为过。在解决了核电技术发展路线之争后,另一个问题再次困扰中国核电产业。

中国每年要消耗7 000多吨的天然铀,从天然铀的生产量来看我们有6 000吨的缺口,应加大对铀资源的开采力度和增加进口。

2011年3月,国家能源局副局长钱智民在"两会"上披露,目前中国已投入运营的核反应堆有13座,总装机容量为1 080万千瓦。预计到2030年之前将超越美国,成为全球最大的铀消费国。

再往后看,到2050年,中国核电装机容量将达到2亿千瓦甚至更多。但中国现在探明的天然铀储量,最多能供4 000万千瓦装机容量的热堆电站运行50年到60年。因此,在30年后的某天,中国众多的核电发电厂或许会因缺乏铀矿原料而停产。

上述说法并非危言耸听。根据国际原子能机构(IAEA)于2005年出版的"红皮书"中的统计数据,全世界已探明的开采成本低于130美元/公斤铀的天然铀资源储量约为474万吨,预测和推断铀资源量为1 005万多吨。

世界上探明的铀资源量主要分布于澳大利亚、巴西、加拿大、哈萨克斯坦、尼日尔、南非、美国、纳米比亚、乌兹别克斯坦9个国家,占全球已探明铀资源总量的70.79%。这其中又主要集中于澳大利亚、加拿大、哈萨克斯坦3个国家。据世界核协会统计的数据,2004年世界天然铀产量的80%以上都集中在国外的8大公司手中,这些宝贵的资源与中国无缘。

权威资料显示，目前中国已探明的大小铀矿床有200多个，以中小矿床为主，且品位较低。2003年经济合作与发展组织公布的数据为：中国的铀资源量（成本低于130美元／公斤铀）为7.7万吨铀，其中，成本低于40美元／公斤铀的储量约占60%，主要分布在江西、新疆、广东、辽宁等地。很显然，在新的2020年核电发展规划目标下，中国的铀资源无法满足需求。

实际上，到目前为止，中国铀矿进口量较少，海外开发尚为空白。从2006年开始，中核集团和中广核集团才刚刚实行"走出去"找铀矿的战略。

为了应对此种局面，国家在核电中长期发展规划中对核燃料资源供应保障提出了明确要求：坚持内外结合、合理开发国内资源、积极利用国外资源的原则，适度超前发展核燃料产业，建立国内生产、海外开发、国际铀贸易三渠道并举的天然铀资源保障体系。

为满足核电厂的原料需求，中国将逐步改革目前的铀业勘探开发体制，其核心思想是建立铀勘探、采冶多元化投资体制，允许社会资金参与投资，最终形成中央、地方和企业多元化的投入机制。但所有的这些举措都无法回避中国铀矿资源匮乏的事实。

四、核电专业人才紧缺

人才培养始终是核电发展面临的一个关键问题，没有人再有资金、设备也不行，人才问题是核电持续健康发展的重要保证。现在随着核电的快速发展，人才需求矛盾愈发特殊。教育机构、核电企业和研究机构正在采取多种方式、多渠道解决这个问题，加快人才培养。

中国核工业集团人力资源部主任舒卫国说："未来十几年，我国核工业发展前景良好，但任务艰巨，面临的挑战之一是专业人才非常紧缺。""十五"期间，中核集团共接收5 000名大学毕业生，但引进的人才中大部分为计算机、仪器仪表等通用专业，核专业人才只能达到实际需求人数的15%至20%。

据统计显示，2020年中国核科技工业需要核专业本科以上人才约1.3万人，其中，"十一五"期间6 000人左右。按照一座百万千瓦级核电站需要400

人计算，到2020年新增30座百万千瓦核电站，需要核电人才1.2万人以上。核工业人才队伍的成长周期较长，而目前大学的培养模式和企业的经营管理模式之间存在间隙，致使人才在理论和实践之间缺少衔接，无法适应核电的快速发展。人才短缺已成为中国核电发展的一大障碍。

五、核乏燃料处理能力欠缺

中核集团公司首席快堆专家、中国原子能科学研究院快堆工程部总工程师徐銤介绍，一台百万千瓦压水反应堆核电站，每年产生核乏燃料25—30吨。按照国家能源局的规划，2015年国内核电装机容量达4 000万千瓦，2020年为8 000万千瓦。据此匡算，2020年当年核乏燃料将达2 400余吨。前期核乏燃料尚未处理，新建成的核电站又产生大量核乏燃料。核乏燃料逐年堆积，安全隐患极大。当务之急是加快后处理技术商业化，提高处理能力。如果后处理技术不能快速实现产业化、高放地质处置库不能建成，中国核工业将面临着核废料无处存放的窘境。

清华大学核能科学与工程院教授王侃认为，目前国内外乏燃料有两种处理方法。一是"一次通过"战略，即核乏燃料经过冷却、包装后作为废物送到深地质层处置或长期贮存；二是后处理战略，其核心是铀、钚分离并回收利用，之后还要经MOX（铀钚混合氧化物）燃料制造，供应给快堆燃烧并增殖燃料，快堆乏燃料再进行后处理。在此过程中，裂变产物和次锕系元素固化后进行深地质层处置或进行分离嬗变。

在徐銤看来，填埋封存是最笨的方法。一是大量铀资源白白浪费，乏燃料含有超过95%的铀，燃烧过程中产生钚等新元素；二是核废料放射性延续时间长达几百万年，潜在风险大。他建议加快乏燃料后处理厂建设。但目前我国尚未建成压水堆乏燃料后处理厂。2010年12月21日，中核集团公开宣布，中国第一座动力堆乏燃料后处理中间试验工厂中核404中试工程热调试取得成功。

中国工程院院士、中国核学会常务理事潘自强表示，目前，该中试厂处理能力仅为60万吨／年。中核集团希望将其扩能至400万吨／年，甚至800万吨／

年。但时间表尚未确定。

中国核工业协会副理事长、秦山核电联营有限公司原董事长李永江说："一个中试厂建设最短15年。按照国内核电发展速度，2025年核电装机至少1亿千瓦，前期乏燃料已经存储15年，超过最大储存时限，必须及时处理。后处理技术比核电技术复杂，放射性强、投资大，地方政府不感兴趣，建设资金压力大。"

从我国的情况来说，近期除了上述五个方面的问题以外，放射性废物处理、高放射性废物的长期处置能不能得到安全、有效的解决，也是核能发展的重大技术和社会问题。所以，必须加强对专业人员的培训，加强质量保证体系建设，提高从业单位和从业人员的核安全文化意识，树立牢固的核安全和质量意识，提高核安全监管能力和安全监管技术水平，确保核能的安全。

第九章

新能源战略争锋

新能源具有可再生的特性，被视为未来经济领域的下一个IT和取之不尽、用之不竭的巨大"金矿"。新能源产业对于世界各国来说不仅蕴藏着巨大商机，还具有保障国家能源安全的战略意义，关系到国家经济的长远可持续发展和长治久安。因此，各国在促进新能源产业发展的政策上不遗余力，争抢全球新能源战略的制高点。这场新能源争夺战或许不会出现血流成河的可怕景象，但对于能源消费大国来说，新能源是一场输不起的战争。

新能源：一场输不起的战争

纵观全球，随着工业的高度发展，世界能源形势越来越严峻，而各国在能源资产争夺上更是日趋剑拔弩张，或明抢暗夺，或布局博弈，可以想象，未来能源争夺的白热化将不可避免。新能源，顾名思义，又称非常规能源，是指传统能源之外的各种能源形式，一般是指刚开始开发利用或正在积极研究、有待推广的能源，如太阳能、地热能、风能、海洋能、生物质能和核聚变能等。随着新能源的逐渐发展，对于中美来说，似乎又开辟了另一个战场。

"在斗争中合作，在合作中斗争"，用这句话来形容中美关系，再恰当不过了。一直以来，在各个领域，霸主美国都在遏制中国的和平崛起，被称为"第四次工业革命"的新能源之战更是如此。

历史早已向我们证明：把握不住未来的脉搏，就会死在通往明天的路上！所以全球新能源之战早已拉开帷幕，而中国发展相对迟缓，目前已遭遇美国、欧盟成员国、日本等大国的空前竞争！

据有关资料，美国通过《美国复苏和再投资法案》和《美国清洁能源安全法案》透露出来其战略意图，预计在未来10年，美国将投入1500亿美元进行新能源开发；对电网改造投入110亿美元；对住房的季节适应性改造投入50亿美元；将新增100万辆油电混合动力车，并用3亿美元支持各州县采购混合动力车；保证美国风能和太阳能发电量到2012年占美国发电总量的10%，到2025年占25%。

同样，能源匮乏的欧洲更是对新能源寄予厚望，德国通过了温室气体减排新法案，使风能、太阳能等可再生能源的利用比例从现在的14%增加到2020年的20%；法国环境部则希望能够通过一系列举措，大幅提高可再生能源在能源消费总量中的比例；欧洲议会保证欧盟到2020年把新能源和可再生能源在能源总体消耗中的比例提高到20%。

然而这只是冰山一角，与传统能源一样，新能源早已成为大国之间的角斗场，而参加游戏的各方也只有加紧战略布局，以便在这场能源大战中处于不败之地！

一直以来，中美贸易从来没有顺风顺水的时候，美国贸易代表办公室于2010年9月9日宣布，应美国钢铁工人联合会申请，启动对中国清洁能源有关政策和措施的"301调查"。这是继钢管、轮胎等传统制造业产品后，中美贸易摩擦延展的新领域！

在很多人眼中，美国人此举无非是想打击竞争对手，这一点不得不说是因为中国新能源产业发展快速，成为美国人在新能源领域的对手，因为谁都知道中国对新能源领域的企业补贴微乎其微，"301调查"只是贸易保护主义的幌子而已。而这场调查到底会让中国新能源企业折戟美国市场，还是美国人搬起石头砸自己的脚？

答案不得而知，但是应该看到的是，与美国相比，中国在风能发展方面占据一定优势，但在太阳能等方面不及美国。所以，中美新能源合作才是大势所趋，正如长期以来，中美的贸易关系一直是高度相互依存又彼此竞争。而且据有关专家分析，估计在未来相当长一段时间里，这种模式还会继续延续。

俗话说："是骡子是马，拉出来溜溜。"话糙理不糙，那么在新能源领域，中国到底能不能胜出呢？

目前，中国能源结构的主体是煤，煤约占中国一次性能源生产总量的77%，而一次性能源在我国总能源中占到了92%的比重，其他能源如水电、风电和核电等仅占8%。以煤为我国能源结构的主体固然保证了我国能源供应主渠道的自给，但煤燃烧也是二氧化碳排放的重要来源，目前我国与美国并列为世界上两个最大的温室气体排放国，甚至国际上还有机构发表报告称中国已超过美国成为最大的排放国。

随着全球新能源趋势的热浪滚滚，作为高能耗的发展中大国，中国实施新能源战略已经没有退路。有关数据显示，目前中国水力、核电、风能、太阳能、生物能产业均实现了高速增长，如风力发电装机容量连续三年实现翻倍增长，总装机容量目前已居世界第四位；太阳能发电总量居世界第一位，太阳能光伏产业也实现了快速发展。与此同时，中国实施了世界上规模最大的节能减排行动，规定到2010年，万元GDP能耗比2005年要降低20%左右，主要污染物排放总量要减少10%，在哥本哈根气候峰会前还做出了40%—45%的减排承诺。

中国国际问题研究所所长曲星认为，不论人类排放活动是否是大气温度升高的真正原因，中国加大对风能、核能、太阳能等新能源的研发是极为重要的，因为煤、石油、天然气资源总有枯竭的一天，中国油气外购依存度目前已超过50%，由于供求关系的持续紧张，油气价格最终涨到中国无法承受的地步是早晚的事。

而中国西部有丰富的风能和太阳能资源，开发前景非常好。中国核电目前占总发电量的比重不到3%，而核电在法国占78%，在日本占40%，在韩国占30%，德国和美国尽管在1976年三里岛核电站事故后限制核电发展，目前核电也分别占到了33%和22%。法国之所以在目前的气候外交中调门很高，就是因为核电实质性地减少了法国的二氧化碳排放，国际减排压力不仅丝毫无损于法国经济，而且还给法国核电工业带来了巨额订单。因此，大力发展新能源是中国应对资源、环保、气候挑战的唯一出路。

当今世界各主要国家都以环保为旗帜，抢占绿色科技制高点，一系列新的国际标准正在酝酿之中。如果在这个时候落在了后面，将来就会出现差之毫厘失之千里的局面。毕竟，现在的国家竞争是以高科技为主导的综合实力竞争。毕竟，人类的命运和中国的前途都取决于科技的突破。

虽然中国新能源的发展还存在诸多问题，但是我们应当看到中国作为负责任的大国为此所做出的努力。不可否认的是，这也是为人类、为世界造福。

有人说，新能源的发展是一场输不起的战争，而对于中国而言，节能减排更是一种自我救赎，一方面，我们要大力开拓新能源产业，另一方面，也要着重提高传统能源的使用效率，正如那句话所说：未来已来。未来已经不容我们有丝毫停留，唯有奋力向前。

中国5万亿做大新能源产业"蛋糕"

中国已经成为世界第二大能源消费国和世界最大的二氧化碳排放国。尽管中国的人均排放水平仍只有美国的1/4、日本的1/2，但却将面临越来越大的国际压力。大力发展新能源产业，将是中国解决能源环境问题、履行对国际社会承诺的重要突破之一。

"十二五"规划提出：坚持节约优先、立足国内、多元发展、保护环境，加强国际互利合作，调整优化能源结构，构建安全、稳定、经济、清洁的现代能源产业体系。"十二五"规划提出了推动能源生产和利用方式变革的新思路。

"十二五"期间，中国把新能源产业列入了国家重点支持的七大领域之一，不但国家政策支持，各地方也制定了很多优惠政策鼓励企业发展新能源产业。"十二五"规划提出，"大力发展节能环保、新一代信息技术、生物、高端装备制造、新能源、新材料、新能源汽车等战略性新兴产业。节能环保产业重点发展高效节能、先进环保、资源循环利用关键技术装备、产品和服务"。

我国《新兴能源产业发展规划》初定，拟投资5万亿元：到2020年实现非化石能源占一次性能源消费总量的15%，单位GDP二氧化碳排放比2005年下降40%—45%。

能源问题正在成为中国经济社会可持续发展的"刚性"约束条件，要保证经济安全、军事安全、国家安全，首先要保证能源安全。要求把能源问题放在更突出的战略位置。短期看来，能源紧缺不应该成为不可解决的问题，但是长期来看，如何解决中国能源问题是一个长期挑战，是一个长期战略问题，而不是短期平衡问题。我国经济发展面临的能源问题有：（1）能源需求量逐年加速增加；（2）能源建设进入超快阶段，无序扩张趋势严重；（3）能源对外依存度迅速提高；（4）我国石油进口的增加，影响了现有国际能源安全构架的不确定因素。

基于目前存在的问题，国家在"十二五"规划将发展安全高效煤炭产业，推进煤炭资源整合和煤矿企业兼并重组，有序开展煤制天然气和煤制液体燃料的研发示范，加大石油、天然气资源勘探开发力度，稳定国内石油产量，促进天然气产量快速增长，推进煤层气、页岩气等非常规油气资源开发利用。发展清洁高效、大容量燃煤机组，优先发展大中城市、工业园区热电联产机组，以及大型坑口燃煤电站和煤矸石等综合利用电站。在做好生态保护和移民安置的前提下积极发展水电，重点推进西南地区大型水电站建设，因地制宜地开发中小河流水能资源，科学规划建设抽水蓄能电站。在确保安全的基础上高效发展核电。加强并网配套工程建设，有效发展风电。积极发展太阳能、生物质能、地热能等其他新能源。促进分布式能源系统的推广应用。

"十二五"规划明确提出：统筹规划全国能源开发布局和建设重点，建设山西、鄂尔多斯盆地、内蒙古东部地区、西南地区和新疆五大国家综合能源基地，重点在东部沿海和中部部分地区发展核电。提高能源就地加工转化水平，减少一次性能源大规模长距离输送压力。合理规划建设能源储备设施，完善石油储备体系，加强天然气和煤炭储备与调峰应急能力建设。

在相当长的时期内，中国以化石能源为主的能源结构难以根本改变，新能源只能起到辅助和补充作用，依靠新能源改变我国能源结构将是个长期过程。因此，应对资源和环境挑战，必须始终坚持节能减排优先的原则，同时统筹规划全国能源开发布局和建设重点，提高能源就地加工转化水平，减少一次性能源大规模长距离输送。合理规划建设能源储备设备。完善石油储备体系，加强天然气和煤炭储备与调峰应急能力建设。加快对高耗能、高耗材、高排放、低效能产业的技术改造。积极发展合同能源管理、碳交易等多种市场方式，坚决避免以拉闸限电等简单行政手段推进节能减排。根据东西部经济发展水平和环境容量，科学安排节能减排指标。

中国政府已经确定，在确保安全的基础上高效发展核电。核电是重要的清洁能源，新世纪以来，世界上很多国家开始了新一轮核电建设。截至2010年年底，全世界在运核电机组442台，总装机容量3.7亿千瓦，发电量占世界发电总量的16%。世界核电始终向着更安全和更经济的方向发展。自20世纪50年代开始，以技术更迭为标志，世界核电发展经历了三个阶段。到今天，第一代技术已被淘汰，第二代技术在20世纪70—80年代得到发展和普及，现在全球运行中的核电机组绝大部分为第二代，其存在的问题是没有把防治和缓解严重事故作为设计基准。当前，以AP1000、EPR为代表的第三代压水堆核电技术已成为主流，AP1000在中国和美国，EPR在芬兰、法国和中国先后开工建设。在三代核电技术继续发展的同时，全球已在积极开发第四代核电技术，其最终实现商业运行预计要到2030年以后。

日本地震海啸引发的核泄漏事故给中国敲响了警钟，我们必须处理好安全与发展的关系。核电对安全的要求远远高于其他行业，一旦出现严重核事故，不仅当前发展的好势头将不复存在，而且会危及人民群众的生命安全和社会稳定。经过十多年的努力，我国已经建立了符合国际标准、比较完善的核安全监督管理体系，核电建设和运行总体上保持了安全稳定。目前，处理好安全与发展的关系，关键是落实好中央已经明确的技术路线，新建项目应尽可能选择安全性最高的机型，集中力量对AP1000三代核电技术进行消化吸收再创新，力争在较短时间内形成建设具有自主知识产权和国际竞争力的核电站的能力。

目前，煤电之争、太阳能、风能的发展都涉及价格或补贴问题，一旦理顺资源价格体系，将会促进能源特别是新能源持续健康发展。国家能源战略规划即将颁布实施。国家能源战略规划将指导能源中长期开发建设，覆盖时间预计超过20年。国家能源战略规划将重点调整能源结构多元发展，发展新能源、核能及生物质能、水能、风能等。

备受关注的《中国新兴能源产业发展规划》经国家能源局、工业与信息化部等部委经过多次修改和完善，目前已通过国家发改委的审批，上报国务院。业内人士认为，预计该规划出台后，未来十年我国新能源投资将达5万亿元。这一规划重点支持的领域集中在风能、太阳能、核能、生物质能、水能、煤炭的清洁化利用、智能电网等七大方面。在具体实施路径、发展规模以及重大政策举措等方面，对新能源的开发利用和传统能源的升级变革进行了部署。根据规划，预计到2020年，中国新能源发电装机2.9亿千瓦，约占总装机的17%。其中，核电装机将达到7 000万千瓦，风电装机接近1.5亿千瓦，太阳能发电装机将达到2 000万千瓦，生物质能发电装机将达到3 000万千瓦。据规划预计，规划实施以后，到2020年将大大减缓对煤炭需求的过度依赖，能使当年的二氧化硫排放减少约780万吨，当年的二氧化碳排放减少约12亿吨。规划期累计直接增加投资5万亿元，每年增加产值1.5万亿元，增加社会就业岗位1 500万个。可以预见，中国新能源产业的发展前景将十分广阔。

美国引领绿色工业革命

美国总统奥巴马已于美国时间2009年1月20日正式宣誓就任美国第56届总统，如同1993年克林顿和戈尔提出的信息高速公路计划彻底改变了此后15年世界发展的面貌一样，奥巴马和拜登在2008年所提出的美国新能源政策或许将成为下一个影响此后15年世界发展的最重要政策之一。

奥巴马的新能源政策主要包括以下几个方面：在未来10年内耗资1 500亿美元刺激私人投资清洁能源，帮助创造500万个就业机会；未来10年内节省更多石油，节约石油量要多于目前从中东地区和委内瑞拉进口的石油总量；到2015年前，将有100万辆美国本土产的充电式混合动力汽车投入使用；到2012年，保证美国人所用电能的10%来自可再生能源，到2025年这个比率将达到

25%；实施"总量控制和碳排放交易"计划，到2050年，将温室气体排放在1990年水平的基础上降低80%。

美国新能源政策与以往大不相同。与布什政府忽视气候问题的能源政策不同，奥巴马表示将积极参与国际气候谈判，夺回话语权。与此同时，他有意将开发新能源和替代能源作为新的经济增长点，带领美国走出经济低谷。

根据奥巴马的能源政策构想，在设法确保美国能源安全的同时，还要引领一场"绿色工业革命"，建立清洁能源结构，改造美国的生产方式和生活方式，争夺未来能源和科技的制高点。

奥巴马的能源政策旨在培育新的经济增长点。美国要想重新走向繁荣，很重要的一点在于探索新的经济增长点。如同20世纪的信息革命一样，美国乃至整个世界的发展，需要一次新的经济革命。奥巴马新政的关键点就是变革。他在就职演说中称，"美国需要重新塑造自己，应对变化了的世界"。

奥巴马的变革可能会集中在两个方面：一是应对金融危机，率领美国重新走上经济繁荣之路；二是应对能源和气候问题，领导美国成为清洁能源大国，并以积极的姿态参加国际气候谈判，从欧洲人手中重新夺回话语权和领导权。

奥巴马的变革很可能将开发低碳产业和清洁能源作为新的经济增长点，这既是经济刺激计划的需要，也是美国安全的需要。正如奥巴马在就职演说中提到的，"我们利用能源的方式助长了我们的敌对势力，同时也威胁着我们的星球"。奥巴马表示，他将把解决能源问题和气候变化作为振兴美国经济的重要组成部分。

随着时代的变化，能源安全的内涵也不断发展。能源安全的定义已不仅仅是能源供应安全，还包括政治、环境、生态、基础设施、运输通道的安全，同时还关系到经济和能源的可持续发展以及气候变化。

进入21世纪，以应对能源危机和全球气候变化为契机，人类可能迎来第四次工业革命——绿色工业革命。奥巴马抓住这个机会，希望继续充当世界经济的领头羊。美国试图领导一场史无前例的工业革命，争夺未来能源和科技制高点，其起点就是改变能源利用方式，开发使用新能源和可再生能源。

上任第一周，奥巴马就展示了要引领能源革命的宏图，他签署了两项关于提高燃油使用率和汽车尾气排放标准的总统行政法令，这表明他已摒弃布什政府忽视气候问题的能源政策。

奥巴马的能源政策有三个关键词：安全、绿色、经济。根据他的政策构想，美国将在可再生能源、节能汽车、能源供应、天然气水合物、清洁煤、节能建筑等领域探索出一个利益最大化的创新战略。

奥巴马的能源政策的核心是开发新能源、降低对石油的依赖，他认为这样可在当前的经济形势下催生一个全新的能源产业，增强美国的能源安全，"创造一个新的美国能源经济"。

美国石油储量占世界总储量的2%，产量占世界总产量的5%，而消费量约占世界的25%。美国的进口石油占消费量的近2/3，其能源结构严重依赖石油。奥巴马认为，过分依赖进口石油对经济和国家安全构成威胁，美国的能源政策需要调整，能源计划的核心是能源安全和环境保护。

提高能源利用效率，降低对石化燃料特别是进口石油的依赖。在增加国内油气供应、有限度地开采近海油气的同时，还要投资研发能源利用新技术。

增加投资，鼓励新能源相关技术的研究和应用。奥巴马提出，在未来十年里投入1 500亿美元，资助替代能源的研究。同时，研究制定既能对抗全球气候变暖和大气污染，又能提供许多相应工作岗位的能源政策。

规定可再生能源发电量，提高燃料经济性标准，降低碳排放。根据奥巴马的新能源政策，预计到2012年，美国可再生资源发电比列将达到10%，2025年达到25%，力争到2050年之前，使温室气体排放量比1990年降低80%。

在实施能源计划中着力加强科技含量。奥巴马提名华裔科学家朱棣文为能源部长，其科学家的背景将有利于推行新能源政策。

美国新能源计划的目标是：一是在未来十年中投资1 500亿美元开发新能源，创造500万个就业岗位；二是在未来十年节约的石油超过目前从中东和委内瑞拉进口的石油（约日进口350万桶）；三是到2015年增加100万辆油电混合动力汽车，这种汽车每加仑汽油可行驶150英里，将在美国制造；四是到2012

年，10%的供电来自可再生能源，到2025年这个比例将达到25%；五是实施"碳排放限制和交易计划"，到2050年使温室气体排放量减少80%；六是征收"暴利税"，向美国家庭提供1 000美元的经济能源回扣；七是加强基础设施建设。

奥巴马的新能源计划主要有以下特点：一是把保障能源安全作为首要战略目标，极力加强国外资源的开发利用，加大石油战略储备力度；二是突出节能，以减少石油消费、减少进口能源依存度为主要目标，强调综合利用法律、经济和技术等手段鼓励节能，从开采、加工、运输、利用和消费各环节深挖节能潜力；三是强调经济和能源可持续发展，优先考虑环境因素，向能源、经济、环境协调发展的方向转变；四是能源多元化，强调不过度依赖单一形式的能源，其战略核心是安全、环境和效益，实现能源供应多元化、供应多渠道多元化以及能源开发多元化；五是加强能源国际合作。

日本力拔全球新能源头筹

日本是一个能源资源极度匮乏的国家，石油、煤炭、天然气等一次性能源几乎全部依靠进口，能源消费中对石油的依存度最高时接近80%。在经历了1973年和1978年两次石油危机冲击后，日本政府和企业就已经认识到开发替代石油等新能源的重要性，从20世纪70年代中期开始推动新能源的开发和推广利用。20世纪80年代，日本将核能作为未来能源发展的一大方向。不幸的是2011年3月11日，日本发生9.0级超强地震并引发大海啸，导致福岛核电站发生震惊世界的核泄漏事件，核危机彻底改变了日本的能源战略，使其把太阳能和风能作为主要发展目标，力争做全球"新能源第一大国"。

日本经济产业省计划公布的能源战略的要点中涉及的内容包括：到2030年，将石油依赖率从目前的80%减少到50%或者更低。

其实，日本的新能源政策由来已久，并一以贯之。它采取政府主导、立法先行、财政支援、实施"绿色税制"的举措来争夺全球新能源市场，计划到2030年，将石油依赖率从目前的50%减少到40%或者更低。其在新能源汽车方面实施"绿色税制"令人称道。

2009年4月，日本开始实施"绿色税制"，其适用对象包括纯电动汽车、混合动力车、清洁柴油车、天然气车以及获得认定的低排放且燃油消耗量低的车辆。前三类车被日本政府定义为"下一代汽车"，购买这类车可享受免除多种税负优惠。

为了促使更多的消费者购买更加环保的汽车，目前日本政府实施了减税和发放补助金等优惠政策。例如，混合动力普锐斯可以享受到的最高优惠为：免除新车100%的重量税和取得税，个别车辆还有50%自动车税的减免。另外就是补助金的优惠。丰田在日本本土销售的车型中，目前已经有5款混合动力的新能源汽车可以享受这样的优惠。

由于担心下一次性能源危机的到来，再加上受各国争夺能源的刺激，资源匮乏的日本正迅速采取行动，以加强自身的能源安全。日本经济产业省于2011年6月公布了《新能源战略规则》。其中涉及的内容包括：到2030年，将石油依赖率从目前的50%减少到40%或者更低；推广核能；通过扶持实力较为雄厚的能源公司来确保海外的能源供应。

纵观日本的新能源路线图，可以将其概括为立法先行，把新能源开发置于国家安全的高度；政府主导产学研结合进行新能源技术开发研究；政策金融支援，推动新能源技术开发和推广普及等几个方面。

石油危机对日本经济的冲击迫使日本政府把新能源开发置于事关国家安全的高度来认识，因此首先通过制定法律来推动实施。1980年，日本制定了《石油替代能源开发及引进促进法》，1992年又对该法进行了修改。日本政府根据该法制定替代能源的发展目标，制定优惠政策鼓励和促进新能源技术开发及推广普及的具体措施。

为保证替代能源发展目标的实现，日本于1997年又制定了《新能源利用促进特别措施法》，该法进一步明确了相关主体在推动新能源利用方面的作用，规定对使用新能源的单位予以金融支援。2002年，日本政府又通过政令对该法进行了补充，把生物能、冰雪能等也列入了新能源的范畴，进行开发推广使用。

2003年4月开始生效实施的《电力企业利用新能源特别措施法》规定，电力企业有义务使用一定量的新能源发电（主要包括太阳能、风能、地热、中小水力发电、生物能等5种），经济产业省按各电力企业的电力销售量每4年核定一次电力企业应该使用的新能源发电量。2008财年的目标值为74.7亿千瓦时，已完成，2010年为122亿千瓦时，2014年为160亿千瓦时。电力公司还可以通过从其他电力企业购买新能源发电等方式来完成应承担的义务量。

日本在不断修改完善法律的同时，也对新能源的定义和范畴不断进行调整。在日本，最早的新能源主要是指核电、煤炭、天然气等石油替代能源。现在，日本新能源的概念和范畴是2006年确定的，主要是指可再生能源中，那些有必要在技术研发、推广普及等方面予以支援的能源，具体包括风力发电、太阳能发电、太阳热利用、地热发电、1 000千瓦以下的中小水电、生物热利用（含工厂废液、废料等）、生物燃料制造、雪冰热量利用、海水及河流等其他水源热利用等。此外，电动汽车、天然气汽车、甲醇汽车、燃料电池以及利用废热发电等也在支援之列。

据日本综合能源资源调查会的数据，日本新能源占一次性能源供应量的比例已经从2002年的1.6%提高到现在的约2%，预计2010年将提高到3%，到2020年到将达8.2%，2030年将上升到11.1%的水平。

日本政府在新能源开发过程中始终发挥着主导作用。首先是由政府牵头相关机构制订新能源技术开发计划，并不断调整确定各个时期的重点领域的技术开发研究项目。

在20世纪第一次石油危机后的1974年，日本通商产业省工业技术院（产业技术综合研究所的前身）就开始启动"阳光计划"，把太阳能、地热、煤炭、氢能源等4个领域作为石油替代能源的重点进行开发研究。1980年，日本又成立新能源综合开发机构（现新能源及产业技术综合开发机构），把煤炭液化技术、大规模深部地热开发的勘探及开采技术、太阳能发电等方面的技术作为重点推动开发的项目。1981年，启动"月光计划"，重点推动燃料电池的开发研究。

实施财政支援和优惠税制是日本政府推动新能源开发利用的又一重要手段。凡属于国家推动的新技术研发和提倡推广的项目，相关企业和研究机构以及使用单位都能得到国家的财政补助金。

补助范围主要有两个方面，一是对处于开发、试验阶段的技术项目给予资金补助，补助对象为太阳能发电技术开发、风力发电技术开发、水力发电和地热利用技术、氢能源利用技术等几大项；二是新能源新技术推广方面的援助，即对率先使用新能源的单位和个人予以补助，对开展新能源推广的单位予以补助。

近年来，日本对新能源开发、试验、推广普及的预算投入逐年增加，从2001年开始突破1 000亿日元之后，每年均维持在1 500亿日元左右，2007财年增加到约2 100亿日元。2008财年仅有关太阳能开发方面的财政支出就有7项之多，金额高达486.76亿日元之多，风力发电方面的项目有5项，金额为128.97亿日元，生物能方面的项目有4项，金额为212.57亿日元；对新能源普及推广方面的项目更高达数十项，财政支援的力度更大。两项合计大大超过了2007财年的水平。

在政府的大力推动下，日本研究机构和企业能及时跟踪全球新能源技术的最新动态，以太阳能发电为例，在过去的10年间太阳能发电成本下降了1/3，截至2007年年末太阳能发电累计192万千瓦时，居全球第二，全球太阳能电池约1/4由日本企业生产。

资源贫乏的日本对新能源的开发可谓不遗余力。如今，日本已发展成世界上最大的使用新能源的国家。替代能源包括风能、太阳能、温差能、废气物发电等。

从以上分析可以看出，对能源储备、节能降耗以及新能源开发的重视使日本这样资源贫乏的国家完全有可能成为新一代能源大国。在传统能源不断发出警报的今天,"能源大国"需要世人的另一种解读。

印度发展新能源不遗余力

印度是石油消费大国,每天石油消耗为200多万桶,居世界第六。印度能源外交加紧布局全球。据国际能源情报预计,在未来15年内,印度的石油需求有可能增长一倍,到2018年将增长到每天400万桶。目前,印度从国外进口的能源占全部能源需求量的70%,每年在能源进口上的花费高达200亿美元,而且每年在境外的油气田股权投资也多达50亿至100亿美元。

印度石油部长艾亚尔2004年12月2日在议会下院的发言中指出,截止到2004年4月1日,印度的石油储量为16.6亿吨。印度目前每年消费1.2亿吨石油。他警告说,如果印度不能继续发现新的油田,那么目前的石油储藏量只能用到2016年。当然,他这种说法并没有把印度的进口量考虑进去,但印度的能源危机却日益明显。

在此情况下,印度能源外交频频出招,触角伸向世界各大洲石油和天然气生产国。一招一式,这个发展中的巨人已在全球布下其石油战略的棋局。

同时,大力发展新能源也是印度解决能源紧张的重要途径。印度新能源政策的主要内容包括:确立新能源发展战略目标;进行新能源补贴政策和激励制度;设立专门的新能源管理部门;加大新能源科技投入,确定新能源技术路线;开展国际合作加大对新能源的开发力度。

印度制定新能源产业的动因在于:能源供应安全受到威胁是其调整能源政策的直接原因;能源价格上涨的传导效应引发的印度竞争力下降是其开展新能源政策的内在因素;能源引发的环境负外部性日益严重也促使印度采取新能源政策。

印度新能源产业政策存在的问题有：新能源的发展规模和速度远不如预期；能源制度片段化困扰影响包括新能源在内的能源改革进展；外国公司和印度之间的博弈对政策实施的阻碍作用。

印度新能源政策对我们的启迪表现为：要加快太阳能发展，特别是光伏发电产业的发展；应适当把新能源管理的权限加以集中；细化新能源法律和规章建设，加紧市场配套措施的建立；加大对诸如"智能电网"等的科技攻关力度；加强国际合作，确保新能源安全。

印度于2008年4月召开了第11届新能源和可再生能源五年计划会议，确立了新能源的基本目标、新能源激励政策、新能源管理部门、新能源技术开发政策、新能源国际合作与国家安全等方面的内容，以此来阐述印度政府在新能源产业方面的政策主张。

（1）确立新能源发展战略目标。印度第11届新能源和可再生能源五年计划会议，确立了其2008—2012年新能源发展的战略目标：到2012年可再生能源如太阳能光伏电池发电将占印度电力需求的10%，在电力构成中将占4%—5%。可再生能源的增速将快于常规发电，可再生能源将占2012年总增加能源70 000兆瓦的20%。预计从2008年4月开始的两年内世界光伏电池市场价值将达400亿美元。在印度现已有超过19个太阳能光伏电池制造厂投入生产。原计划2002—2007年可再生能源联网电力为3 075兆瓦，而实际上到2006年已超过6 000兆瓦。这一较大的增长是由印度风能增长十分迅速所致的。在风能方面，2005年印度风能装机容量为4 430兆瓦，位居亚洲第一。2006年超过传统风电强国丹麦，跃居世界第四位，达到6 270兆瓦。预计风能发电能力到2012年将增加超过10 000兆瓦，其次是水力（1 400兆瓦）、联产（1 200兆瓦）和生物质能（500兆瓦）。

（2）进行新能源补贴政策和激励制度。印度政府采取补贴政策加大对新能源的支持力度。2008—2012年，印度可再生能源市场将达到约190亿美元。为使可再生能源在现有能力基础上增加约15 000兆瓦，将需投资150亿美元。印度政府已计划在资金方面为支持该体系补贴约10亿美元。增加可再生能源能力为1瓦/美元,潜在的补贴支持为0.07美元/瓦。对联网的太阳能电力也给予补贴。截至2008年4月,印度对1兆瓦联网风能的补贴为62.5万美元,对于1兆瓦联网的小型水力补贴为37.5万美元。印度也采用多种激励制度来鼓励多用可再生能源发电。例如,以发电量代替装机容量作为衡量指标;根据实际发电量通过可贸易税收折扣政策(TTRC)给予一定优惠;规定不同能源种类的不同价格;鼓励企业用风能和小水电发电等。

(3)设立专门的新能源管理部门。印度的48个部级政府机构中,有7个部门与能源直接和间接相关,占整个机构1/7的席位,其中新能源与可再生能源部(MNRE)尤为引人注目。MNRE旗下设有3个新能源技术研究中心和1个专业的金融研究中心。印度从20世纪70年代爆发的两次石油危机中意识到发展新能源的重要性。早在1981年,印度就设立了"其他形式能源委员会",这是MNRE最早期的雏形;1982年,印度政府正式成立了"非传统能源部",并于2006年11月更名为"新能源和可再生能源部",全面负责印度新能源和可再生能源领域的所有事物,包括相关政策的制定和执行、新能源研发项目的组织和协调、新能源的国际交流合作等。近些年来,国际油价的起伏不定以及愈发严重的全球气候变暖问题,让印度政府更加重视新能源的开发,MNRE的重要性也同步增加。在MNRE的带领下,印度在包括生物能、风能、核能、太阳能、垃圾转能源以及甘蔗渣发电等新能源领域均取得了一定进展。在印度"国家太阳能计划"中,MNRE任务重大,它将负责指导和监管拟成立的太阳能管理局。随着印度新能源战略的不断深化,MNRE势必将发挥更加重要的作用。

(4)加大新能源科技投入,确定新能源技术路线。2006年8月,印度计划委员会组织专家起草了一份长达182页的印度《能源综合政策报告》,作为印度"第十一个五年计划"(2007—2012年)制定能源发展政策的指南。其中明确了新能源的技术路线,以提高能源生产和利用效率,最终解决自身能源安全问题和实现能源独立。报告指出要通过鼓励接近商业化和有明确时间进度的新能源技术开发,包括太阳能技术(太阳热能技术和光伏太阳能技术)、生物燃料技术(生物柴油、生物乙醇、生物质材种植技术、木炭气化技术和社区沼气池建设等）、核能综合利用技术、混合燃料汽车技术、高能电池技术、气水化合物技术等。报告认为，为了解决上述技术难题，印度应由国家投资和建立国家能源基金来提供资金支持。

（5）开展国际合作加大对新能源的开发力度。在发展新能源的过程中，印度意识到只有开展国际合作，才能加大新能源的开发力度和发展速度，于是在全球范围内开展新能源的合作。如2008年4月10日，印度联邦产业部宣布印度和以色列产业部将合作开发可再生能源相关技术。相关的合作领域涉及水资源、太空技术开发、生物能源技术和纳米技术研发。

欧盟构筑"绿色壁垒"

从2010年开始，欧盟国家出台了多种补贴政策予以扶持，构筑"绿色壁垒"，促进新能源产业的发展。

对于传统能源匮乏的欧盟来说，发展可再生能源不仅是满足未来能源需求的一把"钥匙"，而且也是实现温室气体减排目标和抢占"绿色经济"制高点的一件"利器"。为了促进新能源产业的发展，欧盟国家出台了多种补贴政策予以扶持，但这些补贴政策所筑起的"绿色壁垒"也应引起警惕。

欧盟各国以立法手段推动新能源产业发展。早在2001年，欧盟就通过立法，推广可再生能源发电。2007年3月的欧盟峰会通过具有里程碑意义的能源和应对气候变化一揽子协议。根据这份协议，欧盟于2009年4月通过新的可再生能源立法，把扩大可再生能源使用的总目标分配到各成员国，并要求成员国在2010年6月30日以前制订国家计划予以落实。

这一系列举动，尤其是具体目标的设定，为欧盟新能源产业指明了发展空间和市场前景。鉴于新能源前期研发和初期生产成本较高，尚难与传统能源同台竞争，欧盟国家普遍动用补贴手段予以扶持。

在新立法中，欧盟把对新能源产业的补贴问题留给成员国自主决定。这意味着，欧盟对于新能源产业发展并没有统一的补贴手段，成员国可以根据自身特点，选择支持某些种类的新能源发展，补贴形式多种多样。

欧盟国家为促进新能源产业发展，实行价格支持和数量要求双管并举。

总的来看，欧盟为了鼓励利用可再生能源发电，补贴方式大致可以划分为两类。其中一类是价格支持，最典型的例子就是德国率先推行的上网固定电价制度。

在过去十几年中，无论是在风能、太阳能还是生物能和地热能等领域，德国企业都积极参与并完成了从概念设计到商业化产品开发，从公司创立到全球市场扩张。德国推动新能源产生、发展的经验以及面临的问题，对于我国颇有借鉴意义。

在10年前，谈论新能源替代传统能源无异于天方夜谭。在经济危机之中，新能源产业将作为未来全球经济发展的制高点已经隐然浮现。在德国，可再生能源占全部能源消耗比例的15%，德国新能源企业每年的产值达到250亿欧元，创造的就业岗位超过25万个。如今，全世界每三块太阳能电池板、每两台风力发电机，就有一个来自德国。

德国新能源产业取得革命性进步，离不开德国政府2000年通过的《可再生能源法》。在这部法律中，规定新能源占德国全部能源消耗的50%，并为此制定了政府补助。该法规还规定，新能源发电无条件入网，新能源与传统能源非对等税收等一系列非常规政策，全力扶植新能源企业发展。

10年间，在《可再生能源法》指导下，德国政府陆续采取了一系列措施。如新能源电价补贴、促进太阳能的"十万屋顶计划"、《生物能发展法规》等。在今年3月份，德国政府刚刚通过了《新取暖法》，政府继续提供5亿欧元补贴采用可再生能源取暖的家庭。

当前德国政府的扶植重点还在向新能源下游产业转移，2011年年初德国政府制订的500亿欧元经济刺激计划中，很大一部分用于研发电动汽车、车用电池。德国政府最近提出到2020年生产100万辆可再生能源电动汽车，新能源汽车产业链已经初现端倪。

德国新能源企业享受良好的发展环境，大力开发可再生能源。1990年德国颁布《可再生能源法》，首次规定可再生能源发电可免费接入电网，并且政府将为之提供补贴。最初的补贴额度按照终端用户购电价格的百分比确定，例如，太阳能和风能发电最高可获得零售电价90%的补贴，生物燃料和水力发电可获得65%到80%的补贴。2000年，德国修订立法，改为上网固定价格，即电力供应商必须按照政府指定的价格从可再生能源生产商那里购电。这一固定价格根据可再生能源的类型不同而有所区别，双方一般签订10年以上的长期合同，从而保证可再生能源企业的收益。

目前，从装机容量来看，德国是全球最大的太阳能市场，风能发电2009年也仅次于美国。迄今，已有40多个国家效仿德国，实行上网固定电价制度，其中包括法国、西班牙、意大利和捷克等其他欧盟成员国。这一制度也成为欧盟国家扶持本国新能源产业最主要的手段。欧盟委员会认为，上网固定电价制度对于推广可再生能源发电来说是"最有效"和"最经济"的支持方式。

法国是个能源相对匮乏的国家，其石油和天然气储量有限，而煤炭资源已趋于枯竭。鉴于此，法国通过发展新能源，逐渐摸索出了一套新的发展模式，不仅逐步摆脱了对传统能源的依赖，还从中获得了巨额经济利益。

法国是欧洲第二大可再生能源生产国。2008年年底，法国环境部公布了一项旨在发展可再生能源的计划，政府希望能够通过一系列举措，大幅提高可再生能源在能源消耗总量中的比例，使法国在该领域取得世界领先地位。

这一计划共包括50项措施，涵盖了生物能源、风能、地热能、水能以及太阳能等多个领域，它的总体目标是到2020年将法国可再生能源在能源总消耗量中的比重提高到至少23%，这相当于为法国省下了2 000万吨的石油能耗。

法国政府会在2009年到2010年间拨款10亿欧元（1欧元约合1.27美元）设立"可再生热能基金"，这项基金主要用于推动公共建筑、工业和第三产业供热资源的多样化，其中包括太阳能、地热以及木材供暖。在利用地热方面，政府计划到2020年将利用地热的总量增加5倍，使200万户家庭能够用这种能源取暖。

　　法国政府早在1996年就发起了"太阳行动"计划。根据该计划，到2011年前，每个大区将至少建造一座太阳能发电站，相关的招标活动在2011年年底之前就会展开。此外，政府部门建筑和行业建筑（如超市、大型工业和农业建筑等）的屋顶将安装光电池板，后者在支付费用时可以享受国家的补贴，对于那些想要安装光电池板的个人，行政审批的程序也会大大简化。

　　除了投入大笔资金鼓励开发各种可再生能源之外，法国政府也在科研上下足了工夫，在研发方面的总投入将达到10亿欧元。可再生能源的开发为法国的企业创造了巨大的商机，并提供了大量的就业岗位。据预计，到2020年将为法国创造20万到30万个就业岗位。

　　在法国新能源中，核能占据了相当重要的地位。从起步到现在，法国核电已经历了50多年的发展历程。它主要分为两个阶段：20世纪50年代到70年代是起步阶段，在此期间，法国核电以气冷堆为主，并在逐步向压水堆核电站过渡；70年代发生的石油危机使法国政府更加认识到发展核电的重要性，因此制定了发展战略。从70年代到今天是法国核电发展的成熟阶段，在这一阶段，该国完成了压水堆核电站的标准化和系列化发展过程。目前，法国已经拥有世界领先的核电设计、建设和运营能力，并在此方面积累了丰富的经验。

　　法国核电的发展离不开政府的支持。2005年7月，法国正式颁布了《能源法》，确定将核能作为该国电力的主要来源；此外，政府还通过信用贷款、立项和审批等措施，给予核电企业更多的发展主导权。在政策的倾斜和扶持下，法国建立起了强大的核工业体系，培养了一批像阿海珐集团、法国电力集团等在核能开发方面全球知名的企业。

　　在发展新能源的过程中，法国政府还将汽车行业作为突破口，并取得了突出的效果。如今，新能源汽车已经成为一种时尚，上至政府、下至企业，都在"开足马力"发展这种车型及其配套设施。

　　近两年来，法国的环保汽车取得了飞速的发展，这与政府在2008年年初推出的"新车置换奖金"密不可分。根据该政策，车主在更换新车时，购买小排量、更环保的新车可享受200—1 000欧元的补贴，而购买大排量、污染严重的新车必须缴纳最高达2 600欧元的购置税。

在这些补贴、征税等政策的指导下，众多汽车商和消费者都将目光投向了更为环保的小排量汽车。2010年，二氧化碳排量在每公里140克以下的汽车占据了新车销售市场63%的份额。

在出台措施发展小排量汽车的同时，法国政府也为发展新能源汽车制订了一揽子方案。总统萨科齐曾在巴黎国际车展上宣布，法国政府将投入4亿欧元资金，用于研发清洁能源汽车；政府还计划采取一系列举措，鼓励汽车行业逐步向节能环保的方向发展。

除了研发本身投入大笔资金之外，法国还准备采取配套的措施，保证电动车等环保汽车的顺利运行，如在工作场所、超市和住宅区等大幅增加充电站的数量，从而使充电如同加油一样便捷。

萨科齐表示，对二氧化碳排放量在60克／公里以下的"超级环保车"，政府会给予5 000欧元的补贴，这项政策会一直持续到2012年，并将扩展到更多车型。法国电力公司和日本丰田公司联合研制的100辆新一代可充电混合动力车已经驶上了法国街头。据法国环境与可持续发展部介绍，这100辆新车由锂离子电池和传统燃料联合驱动，由于尚处于测试阶段，它们将主要出租给企业和机构，而且运营范围也仅限于法国的斯特拉斯堡地区。这是可充电混合动力车第一次大规模在法国上路行驶。这些车装备了先进的混合驱动系统，其电池可以充电反复使用。法国电力公司还将建设几百个充电站，以保证这些新型车的行驶。

虽然法国多家企业的电动车已呼之欲出，但配套设备的发展始终相对滞后。其中充电站的问题比较突出。目前法国还没有形成大规模的网络，仅在一些电动车试运行的地区才能见到少量充电站。为了解决这一问题，法国政府和企业除了在公共场所、超市和住宅区大量增加充电站数量之外，还想出了其他的解决办法。比如2011年6月，雷诺-日产集团就与法国电力公司签署协议，准备建立一套汽车与充电站的通信系统。系统将根据电池所剩电量的多少定位距离最近的充电站，而充电站也能对汽车进行识别。

另一类是数量要求，即规定电力供应商必须保证其一定比例的电能来自可再生能源。比较有代表性的是英国的"绿色证书"制度。对于利用可再生能源发电的企业，它们将根据发电量的多少获得可交易的绿色证书，而未达到数量要求的发电企业则需要从市场上购买绿色证书。

多种手段促进新能源发展。除了价格支持和数量要求这两种主要方式外，欧盟国家还通过税收减免和贷款优惠，甚至是直接的现金补助等财政手段促进新能源产业的发展。

由于各国政策不同、手段各异，因此很难统计欧盟各国为促进新能源产业发展所提供的补贴总额。随着新能源产业的发展壮大，欧盟内部也发出了统一补贴政策的呼声。欧洲工商业联合会资深顾问弗尔克·弗朗茨指出，各国不同的补贴政策妨碍了欧盟能源市场上的公平竞争，不利于资源优化配置，从长期来看，欧盟应当统一对新能源产业的补贴。

虽然欧盟没有统一的补贴手段，但近年来已通过加大科研投入间接扶持新能源产业的发展。2009年10月，欧盟委员会建议欧盟在未来10年内增加500亿欧元专门用于低碳技术研发。欧盟委员会还联合企业界和研究人员制定了欧盟发展低碳技术的"路线图"，把风能、太阳能、生物能源、碳捕获与储存、电网和核裂变确立为6个最具发展潜力的关键领域。

得益于欧盟及成员国的政策扶持，不少欧洲企业在风能、生物能等新能源领域掌握着前沿技术，成为行业的佼佼者。但是，欧盟及其成员国的一些补贴做法也遭到了质疑，被认为妨碍了市场竞争，存在违反WTO规则的嫌疑。

欧洲国际政治经济研究中心主任弗雷德里克·埃里克松曾对欧盟的生物燃料补贴进行了系统性研究。他认为，欧盟的生物燃料生产接受着高额补贴，每年的补贴额高达40亿欧元。通过设置高额关税，抬高技术门槛，对生物燃料的生产过程规定严格的环保标准，将他国生物燃料及生产原料拒之门外，实质上是在推行"绿色保护主义"。

在生物燃料问题上，欧盟还与美国产生了贸易摩擦，并于2009年7月决定对美国出口到欧盟的生物柴油征收为期5年的反倾销和反补贴关税。围绕新能源产业发展，各大经济体间的争夺正趋于激烈。

中美打响新能源贸易战

正当中国大力发展新能源，应对气候变暖，全力履行作为最大发展中国家对国际的减排承诺之时，美国向中国伸出了"大棒"，启动了对华新能源政策措施"301调查"，这不禁使人感到疑惑，是什么样的逻辑让美国做出了这样一个令人费解的决定？这充分暴露出美国在能源博弈大战中美国国家利益超越全球大局的强权行径。"301调查"的启动对中国风能、太阳能、高效电池和新能源汽车行业造成较大影响。

美国"301条款"是指《1988年综合贸易与竞争法》第1301—1310节的全部内容，是美国开拓海外市场、维护本国商业利益的著名法律。它具有适用范围广、启动门槛低、处罚力度和影响远超过其他贸易救济制度等优势，实践中取得了美国预期的效果。其主要含义是保护美国在国际贸易中的权利，对其他被认为贸易做法"不合理"、"不公平"的国家进行报复。

根据这项条款，美国可以对它认为是"不公平"的其他国家的贸易做法进行调查，并可与有关国家政府协商，最后由总统决定采取提高关税、限制进口、停止有关协定等报复措施。

目前为止，美国已经使用了反倾销、反补贴、保障措施、特保和337等各式各样的贸易保护措施。2010年9月9日，美国钢铁工人联合会按照《1974年美国贸易法案》第301节的规定，向美国贸易代表办公室提交了长达5 800页的诉状。起诉文件对中国绿色产业的政策和措施提出多项指责，包括中方控制关键原材料、为国内厂商提供大量补贴、歧视外国公司和产品、要求外国投资者转让技术等。

2010年10月15日,应美国钢铁工人联合会的申请,美国贸易代表办公室就中国清洁能源政策和措施发起了中国加入WTO以来的首起对华"301调查"。

美国贸易代表办公室计划在90天时间内完成相关调查,如果相关投诉被证明是有正当理由的,则美国政府有可能寻求与中国进行双边磋商,并可能向WTO提出针对中国的起诉。

美国钢铁工人联合会指控,中国鼓励和保护国内绿色技术领域生产商的做法违反了WTO规则,该领域包括从风能、太阳能到高级电池和节能动力车等一系列产品。这些做法包括:歧视性法律法规,技术转让要求,对关键原材料的使用要求,以及严重危害美国利益的大量补贴行为。另外,这些做法使中国生产商在投资、技术、原材料、市场等方面较美国生产商处于优势地位。中国政府以不公平的做法投资几千亿美元扶植国内生产商,严重损害了美国企业和工人的利益,扭曲了数千亿美元的国际贸易。许多做法直接违反了中国加入WTO时的承诺,另一些做法存在违反WTO规则的可能性。如果这些做法被证明违反WTO规则,中国应改正其不公平和掠夺性的做法,否则将遭到报复。

美国钢铁工人联合会在指控书中列举了中国在绿色技术领域的五种做法违反了WTO规定:

(1)限制关键原料出口:中国政府使用出口限额、税收以及许可证管理等手段对太阳能电池板、风电涡轮机、高效电池、高效照明设备等生产所必需的稀土,实行限制出口。这些政策使得国外稀土价格相比国内大幅上涨,从而刺激并保证了国内生产这些关键绿色科技产品的需要。

(2)对投资者要求业绩表现:对外国企业在中国设立合资公司提出"技术转让"的要求,否则合资的要求可能会被拒绝。

(3)歧视外国公司和产品:包括在国内风能项目招标过程中优先考虑中国公司,不允许外国公司在中国国内获得碳信用额,与中国国有企业的合资和原料供应协议中都包含对国内资本和国内原料来源的要求等。

(4)禁止的出口补贴和国内产品成分补贴:包括1997年的"乘风计划",给予风电项目地方设备支持、贷款利息补贴以及接入电网优先权等鼓励措施；2008年，财政部建立"风电发电设备产业化专项资金"，为风机制造提供600元／千瓦的补贴，约占生产成本的5%—10%。获得这一补贴的前提之一是风机的某些关键部件必须为国产；此外，中国政府还推出了"出口产品研发基金"，国家进出口银行也推出了对于绿色技术出口的优先信贷政策等。

（5）国内补贴致贸易扭曲：中国的补贴政策已经导致了美国出口中国产品的锐减，例如风机零部件，美国产品在欧洲风电和太阳能市场的份额受到了严重影响；此外，中国的补贴政策也导致了美国企业的产品在美国本土市场价格下滑和市场份额减少。

本案是2001年以来美国首次动用301条款对外国贸易行为发起调查，也是中国加入WTO以来首次针对中国动用301条款，其中既有贸易保护主义因素，也有更深层次的政治和经济战略考量。

"301调查"通常持续一年，向WTO申诉需要大约两年的时间。在这段时间内，中国新能源产业将承受巨大的司法、财政、舆论和竞争的挑战，即使中方最终获胜，也可能会失去部分竞争优势和市场。因此，中国企业不能再走原料加工、出口贸易的老路。新能源产业是我国的战略性产业，我国应该加强科技创新，发展战略性技术，尽量降低对国外企业的依赖性。

第十章

中国新能源畅想

如果说，在20世纪，谁控制了足够的油气资源，谁就能在地缘政治中占据主动并保证本国经济的独立发展，在21世纪，谁掌握了新能源，谁就掌握了未来经济和技术进步的制高点及主动权，新能源技术将成为改变世界政治经济格局的重要因素。那么，中国新能源发展的现状和前景如何？未来将有哪些新能源进入我们的生活？

新能源时代的中国力量

21世纪是一个新能源的时代，一个几乎不为人知的革命正在悄悄发生着——中国将走向绿色发展。政府鼓励、刺激新能源设备制造商的生产，"中国价格"和"中国速度"已做好准备，抢夺全球下一个千万亿美元之巨的产业——新能源科技。

全球1／3的太阳能电池由中国厂商生产，这个数字是美国的6倍。到2010年，中国已成为世界上最大的风力发电机市场，这个成绩同样超过美国。"中国每小时就安装一台百万瓦特的风力发电机，"世界自然基金会驻北京代表德莫特·戈尔曼指出，"这比每周新增一个火力发电厂更鼓舞人心。"

的确，中国正在可再生能源技术领域迎头赶上，希望能站在这个被认为是下一场工业革命产业的最前沿。如果中国取得成功，对这个星球而言将具有深远的意义——从底特律的汽车工业到全球变暖乃至21世纪世界经济的排名，都会受到极大影响。

风能：优雅地吹向全球

从长城出发驱车20分钟，就来到了位于河北省张家口市和北京市延庆县界内的官厅水库。在水库南岸，戴着草帽的农民正在劳作，他们头上优雅的风力发电扇叶正迎着微风慢慢地旋转，"耕耘"着大自然的风能。

官厅水库旁的43座风力电站为2008年北京奥运会提供了部分绿色能源，不过它们不仅仅具有发电功能：这些风力农场也成了新婚夫妇拍婚纱照最热门的地点。

"他们发现了风车的优美和壮观",官厅风电厂厂长尹志勇说。尹厂长本是一名煤炭工程师,20年前他读书的时候还没有风能这门课程。不过今天,他坚信"新能源是国家发展的新方向"。

中国政府也持同样的观点。中国风电装机量在过去4年里成倍增长,看样子到2012年就可能完成2020年的目标。官方还发布消息,改进后的目标将是2020年装机量达到现在的3倍以上。北京有意利用大量补贴、税收优惠来刺激风电的发展,同时还制定了类似于美国的法规,帮助能源公司购买、使用再生能源。风力发电设施的增长速度非常快,以至于发出的电一度超过了电网的负荷。

现在看来,这项产业在政府政策的推动下,眼光已经放得更远。武钢是新疆金风科技有限公司的CEO,官厅水库风厂是他一手建立的。他表示:"我们的目标是,金风要成为一个国际性的跨国企业。"他指出,金风正在美国得克萨斯州修建风厂,其核心技术是通过收购德国Vensys公司70%的股份得到的。这个例子说明了中国公司的一个关键战略:如果自己没有时间去研发成熟的技术,那就用资金作为敲门砖,利用收购的技术来取得领先地位。

中国相关决策部门希望到2020年时,可再生能源在全国能源中的比例上升到20%,这与欧盟的未来目标持平。

电能:民营企业成先锋

比亚迪汽车公司在2011年11月推出了一款全电动汽车,此前比亚迪已经推出世界上第一款量产的插电式混合动力汽车。因为客车生产厂商技术的进步,2011年早些时候北京和上海共采购了1 000辆电动客车。能源的更新换代,能让乘客节省最多40%的乘车费用。

政府对待太阳能的态度有所不同。由于太阳能价格依然高于传统能源,政府如要扶持,其投入将非常巨大,所以在鼓励家庭使用太阳能之前的很长时间采取的都是消极态度。但是现在,高昂的价格也不能阻挡中国和外国风投公司投资太阳能面板的脚步。如同其他领域一样，在太阳能上中国也是一个速度很快的追赶者。

虽然太阳能在中国还不占市场的主要部分，但凭借成本优势，中国厂商在世界市场销售上占据上游。保定英利新能源的CEO苗连生预计，官方的支持将会让中国光电池市场成为世界第一。

洁净煤：中国的绿色雄心

没有哪个技术能像发展洁净煤一样更能显示中国绿色能源的雄心。这项技术能帮助中国减少二氧化碳和污染气体的排放。中国拥有惊人的煤炭储量，80%的电力都来自燃煤火电厂，而美国的这一比例为50%。未来几十年，不论中美两国开发出多少种新能源，煤炭依然是能源供应的主角。

许多能源专家都将希望锁定在了一项旧技术的新用途上：煤炭地下气化——不用任何萃取，将固体煤转化为气体。这项技术能阻止二氧化硫和氮氧化物的外泄，同时能从二氧化碳中分离出用于生产生物柴油的藻类食物，或者将其永远埋在地下。

美国已经率先修建了第一座几乎零排放的火电站，但这座电站由于耗资巨大，加上政治原因，已经被废弃。2010年中国决定建造自己的绿色煤电工厂，这座电厂被设计成迄今为止最高效率、最干净的煤炭发电厂，目前已投入使用。

与此同时，中国科技大学和热工研究院共同研发的煤炭地下气化技术，已经对美国在此领域的优势地位发起挑战。他们已授权美国公司使用这一技术在美国修建相关的能源设施，打入了美国市场。

"在美国，人们普遍认为我们的技术领先中国30年，"壳牌公司的华裔员工宋秦说，"我们从来都以为只有美国转让技术给中国。虽然中国将技术授权给美国使用非常少见，但以后这种情况将会越来越司空见惯。"2010年，中国在该领域有17名博士生毕业，而在其他国家一共只有2名。

河北新奥公司是中国最大的民营绿色能源企业。位于河北廊坊的公司用优美的环境吸引了众多的中外工程师。"在全中国,研发所处的地位依然很低。和欧美相比,我们还是处在比较幼稚的阶段,"新奥首席技术官甘中学介绍道,"所以我们大力引进欧美的先进科技人才,他们能马上为公司作出贡献。"

据美国《基督教科学箴言报》报道,一家来自伦敦的环境智库分析师认为,中国还没有能力制造出在可靠性和质量上能够与"德国造"相比的产品;不过这个国家已经有很多理由加入到全球下一场绿色能源革命中:快速消耗的有限资源,严重的各类污染等。

再者,和奥巴马一样,中国的领导层已经看到了可再生能源对经济的好处:一个新的全球能源产业将在未来半个世纪提供比任何行业都多的商机。

可是问题来了:中国在绿色能源领域的崛起,对其他国家意味着什么?虽然绿色能源对中国来说有很多好处:越来越多的太阳能电池和电动汽车会有效减少污染,改善大气质量,也能减少对石油这类传统能源的开发,防止过度开采,耗尽资源。但如果中国成为绿色能源设备的生产中心,低价的太阳能面板、风力发电机将会取代现在的玩具和纺织品,出口到世界各地。

对西方国家来说,这恐怕不是个好消息,它们害怕中国会在能源产业革命中拿走大多数就业机会。一些西方专家认为,即便是中国认识到任何一个国家都没能力控制这个庞大的市场,西方各国还是要加紧政府规划、建立科研队伍、整合资源、扩大市场,只有如此,西方才能和中国分享绿色能源产业发展的"蛋糕"。

"河北保定的经验揭示了可再生能源在中国虽然刚刚成为一项产业,但在某些方面中国已经扮演了领导者和技术输出的角色,"世界自然基金会能源分析师拉斯穆斯说,"中国是个巨大的市场,它能培育众多具有全球性重要作用的公司。中国动一动,世界震两下。"

中国新能源产业前景光明

改革开放三十多年来，中国经济发展已进入了重化工业时期，对能源的需求将呈现高速增长的趋势。与此同时，能源供需矛盾日益突出，能源安全已成为全社会共同关注的首要问题。

尽管中国的人均二氧化碳排放水平仍只有美国的1/4、日本的1/2，但是中国将面临越来越大的国际减排压力。大力发展新能源产业，将是中国解决能源环境问题、履行对国际社会承诺的重要突破之一。

能源紧缺促使中国政府重新审视能源长期发展战略，寻求一条可持续发展的能源道路，大力开发水电、太阳能、风能、生物质能等新能源和可再生能源，已成为缓解能源压力、减少环境污染的重要措施之一。

中国的风力资源极为丰富，风能发电作为可再生能源的主力军，在今后的能源产业中将起到领军作用。据中国气象科学院研究员朱瑞兆介绍，中国风能资源仅次于美国和俄罗斯，居世界第三。已探明的中国风能理论储量为32.26亿千瓦，可利用开发的为2.53亿千瓦。风能如果能够全部利用起来，将满足当前能源需求的近1/4。

目前，我国风电装备制造业随着风电产业的发展进入了一个高速成长的时期，但发展路线上却依然是延续着技术引进—消化吸收—自主研发、技术升级—规模生产、进口替代的模式。由于我国在风电整机和关键零部件产业链上不够完善，缺乏核心技术，因此行业利润受到关键部件依赖进口和开发成本的挤压。整体而言，我国的风电产业面临着良好的发展机遇，但产业结构存在问题，目前正经历着快速发展中规模化和快速洗牌的阶段。

陆上风电市场化竞争效果显著，规模经济引领风能成本大大下降。中国风能市场从2003年开始推进市场化运营，经过7年的高速发展，陆上风能已经全面开发。风能资源最丰富的内蒙古、新疆及东北地区等一级城市的风力发电的招投标及建设工作已经完成。目前风能开发工作已经开始向风力资源较为丰富的二三级城市发展。

海上风能尚处于起步阶段，有着巨大的发展空间，将成为未来5年的投资热点。中国拥有十分丰富的近海风资源，中国近海10米水深的风能资源约1亿千瓦，近海20米水深的风能资源约3亿千瓦，近海30米水深的风能资源约4.9亿千瓦。此外，东部沿海地区经济发达，能源紧缺，开发丰富的海上风能资源将有效改善能源供应情况。

风能电力的并网问题将成为今后几年风力发电的瓶颈。风能由于风速、风量的不可控因素导致其电力为低质量电力。风能资源丰富的地区多处于西北等偏远地区，当地对于电力的需求较小，已有的电网建设较为薄弱。不稳定的风力发电的电能上网时对电网的冲击很可能导致整体电网的瘫痪。智能电网的发展可能解决风力发电上网的难题，但智能电网的建设在中国尚处于起步阶段。

已投入运营的风机质量问题已经凸显出来，对未来风力发电的发展带来困扰。风力发电在最近几年发展过快，国外成熟市场中一台风机从研发、实验到实际进入市场开始发电需要5—10年的时间。而中国市场最近5年风力发电市场的急速发展导致众多风机从研发到实际运行的时间大大缩短为1—3年。风机在运行中的不稳定和研发时期的准备不足导致的一系列问题将在今后几年中暴露出来，成为风电发展的主要障碍。

风能发电将领跑新能源发展，未来海上风电将成为发展热点，随之而来的2.5兆瓦以上大风机组的生产及组装将成为各大厂商角力的主要战场。

智能电网的建设将是我国今后10年的发展重点。新能源的发展凸显了现有电网的不足，新能源优先上网的政策倾斜给现有电网带来很大压力。东南沿海城市的巨大电力需求量和西北部电产能丰富却需求不足的现状对电网的发展提出了挑战。智能电网的发展将对提高电力运输效率、解决各种电力入网难题、协调电力供需不对称等起到巨大作用。

生物质能源有待成熟的、真正能够运用到市场中的技术研发，才能形成规模化发展。生物发电可以利用垃圾、废物进行发电，对环境的净化有很大的帮助，因而最符合低碳经济发展的主旨。

我国在现有条件下，生物质能源面临能量转化效率低、中间成本高、外部性显著、原料"稀缺"等难题。这些技术难题难以逾越，突破性技术尚未形成，严重制约其发展前景。

生物天然气的发展壮大，将对中国低碳经济和节能减排起到不可替代的重要作用。尤其是在经济高速发展的中国，一次性能源消费比例严重失调、对石油进口高度依赖的不断攀升、碳排放居高不下，从国家到地方，都正在加速推动"气体能源"特别是天然气、生物天然气、煤层气等行业的发展。

生物天然气有一个显著的特点，就是循环环保、变废为宝、副产品可利用、成本低廉、技术成熟易推广。生物天然气的开发利用，不仅能解决农民的烧柴问题，而且更重要的是可以把沼气资源从原来的农村推广到城市，用于工业利用、汽车燃料甚至民用等。

目前，沼气的来源不仅有牲畜粪便，而且还有秸秆资源、垃圾资源等。河南安阳地区正在打造中国首个新能源天然气产业园。其中一个示范项目，就是以市区的公共厕所粪便、酒店泔水，加上附近养殖场的粪便，还有一部分秸秆为原料，采用丹麦技术，建成了年产400万立方米车用天然气项目。该项目把有机垃圾转换成沼气，进一步提纯成生物天然气，然后把天然气直接拉到加气站销售。

中国在生物质能源利用方面，最为成熟的领域非燃料乙醇莫属。同时，因石油储量不足，其进口的依存度较大，所以我们认为，具有较好替代作用的燃料乙醇，其发展空间将越来越大。

水电是在中国发展最为成熟的再生能源，水电装机容量占全国总装机容量的两成。由于具备丰富的水能资源，所以我国水电未来发展的空间十分巨大，且将成为经济发展不可或缺的重要能源。

目前，中国已跻身于世界主要的能源消费国和温室气体排放国家之列。中国在全球能源市场上的重要性日益突出。考虑到中国当前人均能源使用量较低，持续的经济增长趋势显著，国际能源组织预计在今后的几十年内，中国的能源需求仍会保持强劲增长趋势。

新能源汽车离我们有多远？

近几年来，"新能源"、"绿色环保"都变成了大家口中的热门词汇，这些消息的频繁出现，仿佛让大家觉得，新能源汽车真的离我们近了。其实中国的汽车工业正在经历一场前所未有的竞赛，每一家汽车生产厂家都为自己换上一副绿色装备，匆匆上路，竞相角逐。这是一场全民绿色运动会，谁落后谁就终将被淘汰，这也正是顺应了大自然的规律。世界汽车工业发展一百多年来，这个燃烧石油的机器拉近了人类的空间距离，让我们的生活更加便捷，但它长长的尾气也加剧了全球温室效应的提升和能源的不断消耗。人类依赖着汽车，快乐地享受着，却也付出了巨大的代价。

为了留住我们心中的那一抹绿色，新能源汽车便成了越来越热门的词汇，在国家政策的支持下，众厂家纷纷加入了开发新能源汽车的行列。新能源汽车的步伐看似已经离我们越来越近了，但其背后是否有足够强大的核心技术和配套体系在支撑，它们是长期战略下的产物还是短期的形象工程？随着新能源汽车批量生产之后，是否相关的配套设施体系也足够健全？面对这一连串的问题，我们不禁心存疑虑：新能源汽车究竟离我们有多远？

在这场国内汽车业热闹的绿色竞赛上，各厂家终将走向哪个绿色阵营，我们还有待观察，毕竟现在的新技术还存在着诸多不完善的地方。现在比较被人们认知的新能源汽车型主要有混合动力、有节油的柴油发动机，以及少量的纯电动车。这些车型的出现，让渴望节能环保的人们看到了一丝绿色的希望。但这些车型还不是成熟的产品，要么是功能还不完善，要么是行驶里程有限，要么是外形实在有些古怪。

目前,中国市场上批量在售的电动汽车只有混合动力一类,纯电动车并没有大规模上市销售,只停留在小范围试点阶段,而且试点涉及的也只有城市公交、出租、环卫等领域,并不包括私家车。同时,纯电动车还有几个瓶颈有待解决,最大的问题就是电池问题,如今电池存在充电时间长、电动车续航能力差等缺点。充电也是一个难点,网点太少,配套能力跟不上。以上种种问题导致了电动车销售对象单一、生产无法规模化、销售和维护成本居高不下的情况。看来在新能源、新技术的道路上各厂家还有很长的一段路要走。

据《中国汽车报》报道,尽管新能源汽车得到了政策的大力支持,例如一次比一次更大的补贴力度和一再增多的推广示范城市。但非常遗憾的是由于行事仓促,在缺乏基础设施和消费者认知的情况下,新能源汽车依然是水中月、镜中花。不熟悉、没电站、款式少、太前卫,是大众对新能源汽车的普遍认识。

一位私家车主说,他暂时不会买新能源汽车:"周围都没有人使用,在没看到效果前,我不敢尝试。"在深圳某公司任职的一位环保志愿者也说:"我总想买一辆电动车,但一是电动车技术不成熟,二是充电不方便,因此观望了很长时间一直没买。"

目前国内居民对新能源汽车的接受度较低,对新能源汽车不大了解和车的价格、维护成本高,是导致人们不愿意购买新能源汽车的主要原因。也许人们对节能车的向往之情,不只是对爱护自然的渴望,更是在日益飙升的油价面前,期待一种更经济的用车方式。所以节能车型的成本问题不容忽视,在现有技术下,消费者购节能车型需要多付出至少1/3的代价。消费者们也许会热衷于对环境友好,但很少人会乐于为"绿色"汽车的额外成本自掏腰包。

时任国家发展和改革委员会副主任、国家能源局局长的张国宝在2011年中国汽车产业发展国际论坛上发表演讲时说,中国人口众多,从总量来讲已经是世界第一能源消费大国。石油的对外依存度达到55.2%,已经超过了美国

（53%）。2010年我们一共消耗了4.4亿吨石油。2亿吨是中国自己生产的，2.4亿吨是从海外进口的。2亿吨已经创了生产纪录，但是还有2.4亿吨从国外进口。随着中国经济的发展，能源需求确实造成了很大的压力。此外，汽车的大量使用也使城市的污染排放大受诟病。

张国宝指出，传统能源、新能源两条腿走路是远近结合的战略路径，拓展新能源视野对实现"十二五"节能减排目标意义重大。因此一直以来，人们都在寻找石油替代能源，能否找到汽车替代能源关系到汽车产业的生死存亡，也是各国汽车厂家面临的最大竞争。

而备受业界期待的，原定于2011年7月出台的《中国节能与新能源汽车产业发展规划（2011—2020）》再度遭遇延期，预计将在2012年推出。

有分析认为，各方在发展路线上难以达成共识是该规划频频推延的主要原因。工信部倾向于节能汽车和新能源汽车"两条腿走路"；科技部倾向于优先发展电动汽车；发展和改革委员会则认为短期内应以混合动力汽车为过渡。

企业反应不一。德国大众汽车与一汽集团及上汽集团签署了支持在华合资厂开发电动车的声明，而在一年前还言必称"新能源"的比亚迪汽车则开始转向了"涡轮增压"这一传统技术车型的开发与推广。

目前，中国新能源汽车在发展方向及目标上尚不明晰，新能源汽车产业处于统一标准缺位、企业各自为政以及多头管理的尴尬状态。

据业内人士介绍，目前中国电动汽车执行的行业标准有七八十个之多。在政策性法规之外，公安部有公安部的标准，交通部有交通部的标准，统一标准的缺位问题十分突出。

在国家产业政策的引导和未来良好发展前景的吸引下，近年来国内新能源汽车产业成为一大投资热点，各路资本聚焦于此。

据媒体报道，2011年上半年，美国的新能源汽车销量快速攀升，增幅为美国车市销量整体增幅的一倍多，混合动力和纯电动汽车销量激增37%，总销量达78 523辆，占全部汽车销量的2.6%，比上季度提高了20%，而中国的新能源汽车一直停留在汽车大佬的夸夸其谈上。

全国汽车标准委电动车辆分委会副主任、清华大学汽车工程系电动汽车研究室主任陈全世教授表示，国家的政策导向将是节能汽车与新能源汽车并重，将节能减排放在首位，新能源汽车是终极目标。鉴于我国在混合动力乘用车上的技术弱势，混合动力公交车是我国今后推广应用的重点。而且，无论规划何时推出，新能源汽车产业的发展最终要依赖核心技术的重大突破及成本的切实降低。

综合分析认为，目前中国发展新能源汽车面临四大"硬伤"：

一是低水平重复建设，遍地开花。当新能源汽车成为西方市场的新宠之时，一时间全国各地的新能源汽车项目像雨后春笋般冒出来，数量庞大的生产厂商正拼命拥塞在电动汽车研发的小道上。从2009年年初新能源汽车战略提出到现在，短短两年时间，新能源汽车行业如同脱缰的野马奔腾向前。

政府对新能源汽车空前的政策扶持和资金支持，使国内无论实力强弱、规模大小的整车厂商都想在这场盛宴中分一杯羹。上汽、东风、比亚迪、奇瑞、吉利等几乎所有汽车企业均有新能源汽车发展计划，并有多款车型即将量产。新能源汽车"大跃进"全面展开。不论是"外行"、"内行"都在力图做新能源汽车，全国各类新能源产业园区基地遍地开花、低水平重复建设，而地方规划的合理性、产业发展的本身特性往往被忽略了。

二是售价高不可攀，消费者望尘莫及。一直以来，新能源汽车因售价高让多数消费者高攀不起而未能普及。东风本田混合动力的新思域、丰田普锐斯两款混合动力车的价位都超过25万元，加上上牌的费用将近30万元。根据国家的新能源汽车补贴方案，私人购买新能源轿车补贴可能达到3万—10万元，这意味着人们购买一辆新能源汽车比汽油车还要多支付近一倍的价钱，这样的价格是多数消费者难以接受的。而价位更高的雷克萨斯两款混合动力车更是令消费者望尘莫及。

据媒体报道，截至2011年6月，比亚迪累计销售新能源汽车仅418辆，销售收入4 300万元。力帆股份宣称2011年的新能源汽车销售计划为1 000辆，但上半年仅销售了20辆。而冠以国内首款量产的混合动力轿车长安杰勋HEV，销量不佳，2009年黯然停产。

三是缺乏核心技术，安全性得不到保障。发展新能源汽车电池是关键，如果电池技术不突破，说什么都是白搭。目前，电池技术成为制约中国新能源汽车发展的瓶颈。天津大学能源工程研究中心主任唐致远教授认为，目前，动力电池产品普遍面临着电池安全性得不到保障、电池循环寿命短、价格昂贵、对环境的污染严重等六大问题。目前使用的动力电池主要为铅酸动力电池、镍氢电池、镍镉电池。原料从开采到生产，再到废弃后的处理，都会对环境造成污染。除了上述六大难题之外，电动汽车电池还面临产业化大考。

比亚迪汽车销售有限公司副总经理王建钧说："新能源汽车的核心技术有三大块，电池、电控和电传动系统。特别是电池要实现快速充电、储能量大、放电功率高，并保证高安全性，技术门槛非常高。新能源汽车上搭载的铁电池是串联结构，对产品一致性要求极高。1%的不良即可造成100%的不良。"

四是服务不配套，维护成本高。中国的新能源汽车概念眼下很热，但发展中掣肘因素不少。在新能源汽车论坛上，有汽车厂家对电力部门拱手说："拜托拜托，能不能多建一些充电站？否则我们的车卖不掉。"电力部门的代表则一脸无奈："现在建了充电站，哪有车来充电呀！再说建充电站投资巨大，谁给钱？"

2010年，我国汽车产销量突破1 800万辆，专家预测，2011年中国汽车有望突破2 000万辆大关，到2015年汽车销量将达到3 000万辆，这也将使得能源与环保的压力日益严峻。

从长远看，发展电动车、燃料电池汽车是大势所趋，但在今后相当长的时间，依靠技术进步，挖掘现有汽油、柴油内燃机的潜力大有可为。有专家认为，现在中国的新能源汽车只是看上去很美。新能源汽车真正走向成熟，普及并走进家庭，形成气候至少需要20年时间。

光伏产业由配角向主角演变

太阳能也是一种清洁、高效和永不衰竭的新能源。地球所接受到的太阳能，只占太阳表面发出的全部能量的二十亿分之一左右，而这些能量已相当于全球所需总能量的3万—4万倍，可谓取之不尽，用之不竭。在实际运用中，各国政府均将太阳能资源利用作为国家可持续发展战略的重要内容。

随着人类社会碳排放量的日益增加和常规能源的日渐枯竭，大力发展新能源和节能环保产业已成为世界各国实现社会可持续发展和迈向文明的必由之路。光伏业已经成为21世纪乃至更长的时间内最具发展潜力的新兴产业之一，无论在技术研发、产业化还是市场应用方面都取得了重大进展。中国光伏产业最近5年的年均增长速度达到40%以上。2009年我国太阳能电池产量为9 300兆瓦，占全球总产量的40%以上，已成为全球太阳能电池生产第一大国。

中国西部地区是世界上太阳能资源最丰富的地区之一，尤其以西藏地区为最，空气稀薄，透明度高，年日照时间长达1 600—3 400小时，每天日照6小时以上年平均天数为275—330天，辐射强度大，年均辐射总量7 000兆焦／平方米，地域呈东向西递增分布，年变化呈峰型，资源优势得天独厚，应用前景十分广阔。

中国的光伏电池技术是从20世纪60年代发展空间用太阳能电池起步的，地面用光伏电池的生产从70年代初开始，主要的低成本技术及生产能力则在80年代中期建立起来。

经过十多年的努力，中国光伏发电技术有了很大的发展，光伏电池转换效率不断提高，目前单晶硅电池实验室效率达20%，批量生产效率为16%，多晶硅电池转化效率为14%—16%，基本与国际水平同步。

根据国家发展和改革委员会初步完成的《可再生能源中长期发展规划》，

到2020年，中国力争使太阳能发电装机容量达到200万千瓦。而目前，中国太阳能发电装机容量仅为6.5万千瓦，未来15年，中国太阳能装机容量的复合增长率将高达25%以上。按照国内太阳能发电45 000—55 000元／千瓦的造价简单推算，未来15年，中国太阳能发电投资总额为950亿元。

从2010年开始，光伏发电占全球总电力的比例将不断上升。2020年将达到1.3%，2030年升至4.6%。对比中国巨大的电力需求，中国要达到国际能源组织技术路线图中提出的光伏发电比例的全球平均水平，累计光伏安装量在2020年前需要达到60吉瓦光伏，2030年要达270吉瓦。要实现这一目标，需要在中国的能源政策和计划方面出现示范性的转变。实际上，业内普遍猜测，在尚未发布的《新兴能源产业振兴规划》中，会将2020年中国光伏装机量设定为20吉瓦的累计装机目标。这一目标值远低于世界平均水平。此外，中国是全球最大的光伏制造大国。对于中国的许多地区来说，光伏产业拉动了当地的经济发展，是重要的经济体。据SEMI统计，至2010年年底，中国内地晶体硅电池的制造产能已达到21吉瓦，并在2011年将进一步扩大至30吉瓦。

也就是说，中国一年的生产能力已超过2020年的累计装机目标。由于国内市场迟迟未打开，中国光伏产业对国际市场依存度高，自2006年以来，中国光伏产品的出口比例一直在95%以上。从全球范围来看，短期内光伏应用需求的成长动力主要来自于各国政府对光伏产业的政策扶持和价格补贴。虽然预计全球对于光伏应用的政策支持将会继续保持强劲势头，但不得不正视的是：国外补贴政策或贸易保护的风险依然存在。要实现中国光伏产业的持续增长，除了光伏企业需要加强自身竞争力之外，还需要相关政策的支持，以帮助国内市场快速启动，降低整个产业的风险。根据SEMI的预测，在未来10年内，中国光伏发电成本将会不断下降。光照条件好的地区在2012年左右能够实现"一元一度电"。

另外，国家发展和改革委员会制定的《国家产业结构调整指导目录》已于2011年6月1日起正式实施，其中涉及多项对国内太阳能光热企业的技术升级、产业方向的指导和定位。从中可以看出，在涉及国家政策重点鼓励类的多个项目中，新能源、建筑两大领域均与太阳能光热发生着密切的关系。

在新能源产业的十大升级方向中，太阳能光热就占据了三个，分别为"太阳能热发电集热系统的开发制造"、"太阳能建筑一体化组件设计与制造"、"高效太阳能热水器及热水工程，太阳能中高温利用技术开发与设备制造"。在建筑领域，涉及太阳能光热的则有"太阳能热利用及光伏发电应用一体化建筑"。

为此，能源专家建议政府相关部门进一步评估光伏发电的潜能，扩大其目前的光伏发展计划，并采取新措施支持光伏市场的发展。新措施应结合更多的市场机制，有清晰的执行细节和评估程序。例如，设置可再生能源配额制度，以及光伏发电配额制度，从政策和制度上明确国家及地区电力组成中可再生能源，尤其是光伏能源所占的比例。配额制度可对电网运行者提出购买一定比例光伏电力的要求，也可以要求电力公司在其产品中提供一部分来自光伏发电的电力。建立更有效的补贴方案，补贴水平（包括上网电价补贴和资本投入补贴）应根据光伏的实际成本结构决定，而不是采取简单的低价者中标，以确保中标价格的合理性和良性竞争。为了光伏的健康成长，中国需要培育对国有、私营甚至跨国公司均具吸引力的更加多样化及开放的市场。

从全球经验来看，尤其在欧洲国家，上网电价补贴体系在推动光伏应用市场的过程中是一种极为有效的方法和手段，它能够有效避免滥用投资补贴，确保工程质量和系统实际利用率。当前，中国政府对国家范围的上网电价补贴方案并没有清晰的规定，这是值得政策制定者认真关注和考虑的。有理由相信，上网电价补贴方法能够帮助中国光伏市场实现健康成长。

中国长久以来在基础设施上存在不足，近年来有了长足进步，但仍有改进空间。在基础设施建设和改进中有着巨大的商机。如在此基础上引入新型技术，诸如BIPV、光伏屋顶、太阳能建筑、智能电网、新型储能技术等，将为人们的生活和工作空间带来崭新的面貌。中国具有大量的太阳能资源和世界上最大的屋顶面积，这就为光伏应用提供了巨大的机遇。光伏分布式发电和就地用电的特点具有很多益处。伴随着电网技术方面的可持续性投资以及国家电网系统的升级，围绕能源制造及部署的整个基础设施将大大受益，这不仅仅是为了光伏，也是为了其他可再生能源。

环境保护和清洁能源是全球合作的主要领域之一。在这一点上，中国与世界其他国家和地区有着共同的出发点。中国与世界其他国家和地区面临许多类似的挑战，能从这些问题的国际合作中多多获益。作为光伏制造大国，中国在利用自身的光伏制造能力为国内光伏市场提供安全的设备供给的同时，也能够从国际合作中获得其他益处。例如，中国缺乏开发和运行大规模联网光伏系统的实际经验，仍然要对光伏发电的稳定性及其对电网的影响做深入研究。在国际合作中往往遇到诸多壁垒，例如国际贸易保护主义问题、知识产权保护问题、潜在的贸易欺诈问题等。中国政府应该通过政策和相关制度的建立，引导国内外企业及机构进行健康、公正、公平的合作与交流。保护贸易双方的合理利益，实现"共赢"，共同推动中国光伏产业乃至全球光伏产业的健康发展。

2011年6月9日，国家能源局可再生能源处处长董秀芬在国家能源局与亚洲开发银行联合举办的太阳能发电规模化发展研讨会上表示，正在制定的"十二五"新能源发展规划确定，2015年中国太阳能发电规模将达到1 000万千瓦。目前的规划版本，这1 000万千瓦将大致由三部分构成：大约650万千瓦的大型太阳能电站，"十二五"期间在青海、新疆、甘肃等省区启动太阳能发电基地，在内蒙古、宁夏、山西、西藏等省区推动重点大型发电项目；大约300万千瓦的分布式光伏项目，主要以中东部用能集中地区为主，按照用电量指标安排项目；此外，还有大约50万千瓦左右的离网太阳能系统，主要在边远缺电地区应用。

国家能源局的专家预计，在未来5—10年内中国太阳能将成为经济上可承受的能源，并鼓励中国的太阳能企业更多关注正在崛起的亚洲光伏市场。

国家能源局拟定的《可再生能源中长期发展规划》提出：从2011年至2020年，我国新兴能源产业将累计增加投资5万亿元。5万亿元的增加投资将有力推动我国新兴能源产业的快速发展。我国巨大的新兴能源产业市场，不仅给国内相关企业带来了难得千载难逢的发展机遇，也给国外相关企业带来了投资中国、进入中国市场的前所未有的良好机遇。到2020年，中国力争使太阳能发电装机容量达到200万千瓦。而目前，中国太阳能发电装机容量仅为6.5万千瓦，未来15年，中国太阳能装机容量的复合增长率将高达25％以上。

光伏发电是太阳能的主要应用领域，具有安全可靠、无噪声、无污染、制约少、故障率低、维护简便等优点。太阳能光伏发电的最基本元件是太阳能电池（片），有单晶硅、多晶硅、非晶硅和薄膜电池等。目前，单晶和多晶电池用量最大（由一个或多个太阳能电池片组成的太阳能电池板称为光伏组件）。进入新千年后，全球太阳能电池组件的年均增长率高达30％以上，光伏产业成为全球发展最快的新兴行业之一。

光伏行业的大发展引发了市场对硅片、晶硅以及元件生产设备的需求。同时，在光伏行业进入新洗牌期之际，很多企业面临更大的挑战，尽可能地降低生产成本成为企业寻求生存的关键。在此大背景下，光伏设备国产化的进程加快，涌现出一大批设备制造企业，成为支撑光伏行业稳定持续发展的中坚力量。

值得注意的一点是，作为光伏制造大国，中国的光伏应用市场仍未完全打开。光伏发电和常规发电的高价差限制了其在中国市场的成长。多年来，中国光伏市场较多地集中于离网农村电气化工程，这仅仅实现了很小的安装量。截至2008年年底，中国累计光伏装机量仅为145兆瓦。

为了促进中国光伏产业的发展，2009年3月，财政部会同住房和城乡建设部推出了促进BIPV和光伏屋顶应用的国家光伏补贴计划，该计划被视为中国光伏市场的转折点。2009年7月，财政部会同科技部和国家能源局发布了第二个国家光伏补贴计划，即"金太阳示范工程"。当年批准了201兆瓦的项目（2010年取消了其中中标后未能实施的54兆瓦）。2009年年底，国家能源局举行了甘肃敦煌10兆瓦并网光伏发电项目的特许权招标，最终中广核能源开发有限责任公司、江苏百世德太阳能高科技有限公司和比利时Enfinity公司组建的联合体以1.0928元/度的价格竞标成功。

从2010年开始，由财政部、科技部、住建部、国家能源局联合发布文件，对"金太阳示范工程和太阳能光电建筑应用示范工程"的有关政策进行了大幅调整，涉及设备招标、项目调整、补贴标准、项目并网等多个关键环节。2010年新增了272兆瓦的项目。此外，宣布在全国建立13个光伏发电集中应用示范园区，以此为依托推动中国光伏产业的应用，并公开表示力争2012年以后每年国内应用规模不低于1 000兆瓦。2010年8月，国家能源局举行了280兆瓦并网光伏发电项目特许权招标，最终中标价格分布在0.7288元／度至0.9907元／度之间，远低于业内预期。中国政府的一系列光伏激励政策促进了中国光伏市场的快速增长。2009年中国年度光伏新增装机量达到160兆瓦，2010年实际新增装机量超过500兆瓦。

中国光伏市场近几年的增长速度令人印象深刻，但中国的光伏装机量从全球角度看仍然相当小，2009年中国光伏安装量占全球总安装量的份额约为2%，2010年上升约1个百分点，达3%。所有这些政策激励被业内视为中国政府对光伏应用的试探性摸底举动，对中国光伏市场产生了显著的冲击作用。在中国国内，政府仍然认为急速成长的光伏市场处于试验性阶段，有关工程项目的目的仍然是用于示范。

实际上，在项目实施过程中，确实有一些问题浮出水面，有些项目在设置上存在不足，协调不到位，产业与应用存在脱节，一定程度上与发展光伏市场的初衷相违背。例如，由于补贴水平和项目收益率较低，系统经营方常常发现很难将工程项目维持下去。结果，工程不能获得足够的资金支持，有时甚至无以为继。为了确保工程项目中标，许多公司提交投标书时不管项目的经济性，导致了令项目经营方无利可图的FIT价格，这些与成本结构不相符的FIT价格对市场造成了负面影响。某些先期已经建成的光伏项目，因为在上网电价上与当地政府无法达成一致，迟迟未能上网，短期内无望获得项目收益。

采用直接补贴激励的相关光伏政策（包括"金太阳项目"）也遭遇到了类似问题。目前，包括若干产业领军者在内的一些公司已撤出了已获"金太阳计划"批准的工程项目。其原因很简单：补贴不足将造成这些项目亏本。还有一些情况是，针对补贴不足，公司以低劣产品用于工程中。这也反映了中国现有的光伏政策有待在利用有效手段衡量政策的实际执行情况方面加以完善。与中国政府在其他可再生能源项目中的投资相比较，政府对光伏领域的政策支持力度显得相对保守。如果政府和产业界能从一系列的政策计划和示范工程中吸取到宝贵的经验教训，将为未来几年新政策的制定和落实打下坚实基础。

按照西方发达国家的规划，至2030年全球光伏发电装机容量将达到300吉瓦，至2040年光伏发电将达到全球发电总量的15%—20%。按此计划推算，未来数十年，全球光伏产业的复合增长率将高达25%—30%。

全球光伏发电正在由边远农村和特殊应用向并网发电和与建筑结合供电的方向过渡，光伏发电也正由补充能源向替代能源过渡。

毋庸置疑，中国正处在一个重要的历史时刻，面对气候变化和能源安全的双重挑战。中国应该充分利用光伏的积极影响以满足国家减排和可再生能源的目标。国际能源组织在2010年5月发表的太阳能光伏路线图中陈述，光伏发电是能商用的可靠技术，在世界几乎所有地区都具有长期增长的巨大潜力。

方兴未艾的生物质能源

面对新世纪能源问题的严峻挑战，如何减少对矿物能源的依赖，保护能源资源，减轻能源消费给环境造成的污染？加强生物质能源的开发利用是一条很好的途径。

中国工程院院士、中国林科院首席科学家王涛指出，目前，世界许多国家尤其是发达国家，都在致力于生物质能源的开发计划，形成了各具特色的生物质能源研究与开发体系，拥有各自的技术优势。有专家预测，生物质能源将成为未来能源的重要组成部分，到2015年，全球总能耗将有40%来自生物质能源，并主要通过生物质能发电和生物质液体燃料产业化实现。

我国发展林业生物质能源有着巨大的资源优势和发展潜力。据国家林业局统计，我国拥有油料植物151科697属1 554种，其中种子含油量在40%以上的植物有154种，可用来建立规模化生物质燃料油原料基地的树种有30多种，如黄连木、文冠果、麻风树、光皮树等。到2010年，我国林木生物质资源总量在180亿吨以上，可用于生产生物质能源的主要是薪炭林、林业"三剩物"、平茬灌木等。

我国现有不适宜农耕的宜林荒山荒地5 400多万公顷，如果利用其中20%的土地来种植能源植物，每年产生的生物质量可达2亿吨，相当于1亿多吨标准煤。我国还有近1亿公顷的盐碱地、沙地、矿山、油田复垦地等不适宜发展农业的边际性土地，这些都可以成为发展林业生物质能源的基地。

王涛介绍说，以动植物及其产品为原料生产出的乙醇和生物质柴油，可以作为石油、柴油的代用品。目前，这种生物质液体燃料产业发展得最快，已成为全球性的新兴产业。

中国可再生能源学会生物质能专业委员会秘书长袁振宏认为，生物质燃气方面实际上也有很多技术，沼气技术水平也达到了相当的高度。但是有些生物质燃气技术发展较晚，比如说生物质气化也就20多年的历史。农业部前一段一直推广农村的集中供气的技术来改善农民使用燃料的状况。

近几年来，我国开始发展燃料乙醇，年产量达150万吨，都是用粮食生产的，其中包括木薯、玉米等，现在国家考虑到粮食问题，已禁止再扩大生产。将来最终的来源应该是纤维质原料技术，利用秸秆、木柴等原料来生产燃料乙醇。

在"十二五"期间，科技部包括农业领域、能源领域、生物领域这三个领域将共同来发展生物质能技术。发展这些生物质能技术的重点是要突破产业化的一些瓶颈，使我国生物质能源、技术真正地走向产业化。最主要的就是要重点发展生物质资源，包括藻类、油脂类、纤维类、糖类等生物质能源新品种。

沼气作为我国农村地区清洁能源的主要组成部分，作为连接养殖和种植业的资源循环链条，多年来一直受到各级政府的重视和老百姓的欢迎，成为许多地方经济发展的增长点和新农村建设的抓手。

到2008年年底，全国农村户用沼气池达到3 049万户，全国农村户用沼气池的使用率高达90%以上，受到了各地农户的欢迎。我国农村户用沼气池的建设规模和使用量居全球之首，成为我国利用技术最成熟、推广规模最大、效益最突出的可再生能源开发领域。

随着国家对沼气建设的投入不断加大，越来越多的企业投入到沼气产品生产、设备研发和工程建设中，甚至一些大型企业也加入到沼气产业发展行列，形成了"小沼气、大产业"的态势。

"十二五"期间将重点发展生物质能技术的开发，希望到2015年使我国部分生物质能利用技术能够达到工业化示范水平，使我国未来能够把生物质能产业化，真正能够实现工业性规模的生产。

我国林业生物质资源以其种类多、生物量大、生产力高等特点，成为生物质能源的主要来源。有专家预言，2015—2025年，林业生物质能源将逐渐成为最便宜、最有竞争力的能源。

可燃冰向我们走来

天然气水合物俗称可燃冰，是一种新型、绿色、清洁能源，是公认的21世纪替代能源之一。据科学家估算，世界上可燃冰总资源量相当于全球已知煤、石油和天然气的二倍。随着石化类能源的逐渐枯竭，寻找新的替代能源已成为各国重点发展的课题。

2008年中国地质工作者在位于青海省东北部与甘肃省西部边境的祁连山冻土区发现了可燃冰。科学家粗略估算，中国作为世界第三冻土大国，远景可燃冰资源量至少有350亿吨油当量。

2011年3月17日，国土资源部宣布，经过十余年的努力，我国已形成具有自主知识产权的天然气水合物（可燃冰）高精度地震、原位及流体地球化学等关键探测技术，为打破国外技术垄断，实现我国海域天然气水合物勘探技术的跨越式发展及今后区域规模找矿起到巨大的技术支撑作用。有专家预计，2020—2025年前后，中国将达到能源资源需求高峰期。

据悉，在高科技探测技术持续有力的支撑下，经过系统探测和研究，我国海域天然气水合物资源调查与评价进展顺利，发现了南海北部陆坡天然气水合物有利区，并确定了两个天然气水合物重点目标，还获取了天然气水合物实物样品，证实我国南海存在天然气水合物资源。

中国有关部门还制订了为期11年的可燃冰研发计划，拟分三个阶段实施：从2010年起的第一个三年，重点开展靶区优选研究，施工钻探试验井，争取再发现水合物产地处；同时开展勘查技术研发工作。从2013年起，再用三年时间重点开展资源勘查工作，同时开展生产试验先期研究。在此基础上，从2016年起，用五年时间继续开展资源勘查工作，同时开展生产试验研究。

青海省本着总体规划、科学探索、突出重点、分步实施的原则，将发现可燃冰的木里三露天可燃冰资源勘探研究开发工作分阶段推进。

青海省政府与中海油在2010年6月签署了《资源合作战略框架协议》。根据该协议，由青海省发展和改革委员会牵头，中海油、青海省发展投资公司、青海西部矿业集团、中国煤炭地质总局青海煤炭地质局四家单位正积极联合成立可燃冰研究中心。

据广州海洋地质调查局介绍，在"十一五"期间，科技部863计划设立了"海域天然气水合物勘探开发关键技术"重大项目，投入8 000多万元资金，以广州海洋地质调查局为依托单位，联合了中国地质大学、中国地质科学院矿产资源研究所、浙江大学、中石化集团胜利石油管理局钻井研究院、中国石油大学、中海石油研究中心等多家科研院校，针对天然气水合物资源勘探所面临的关键技术，并着眼于未来对这一新能源的开发利用，组织联合攻关，形成了一系列关键探测技术。例如，研制了天然气水合物钻探保真取样（芯）器及配套技术，为水合物钻探工程化及采获天然气水合物样品提供了技术支撑。

国家能源局称,可燃冰将纳入国家"十二五"能源发展规划,今后会加快加强勘探和科学研究,以便为未来的开发利用奠定基础。

氢能：21世纪的宠儿

随着石化燃料耗量的日益增加,其储量日益减少,终有一天这些资源将要枯竭,这就迫切需要寻找一种不依赖石化燃料的储量丰富的新的含能体能源。氢正是这样一种在常规能源危机的出现和开发新的二次能源的同时,人们期待的新的二次能源。

在众多的新能源中,氢能将会成为21世纪最理想的能源。这是因为,在燃烧相同重量的煤、汽油和氢气的情况下,氢气产生的能量最多,而且它燃烧的产物是水,没有灰渣和废气,不会污染环境；而煤和石油燃烧生成的是二氧化碳和二氧化硫,可分别产生温室效应和酸雨。煤和石油的储量是有限的,而氢主要存于水中,燃烧后唯一的产物也是水,可源源不断地产生氢气,永远不会用完。

氢能源的特点

氢是自然界存在最普遍的元素,据估计它构成了宇宙质量的75%,除空气中含有氢气外,它主要以化合物的形态贮存于水中,而水是地球上最广泛的物质。据推算,如果把海水中的氢全部提取出来,它所产生的总热量比地球上所有石化燃料放出的热量还要大9 000倍。氢能源还具有以下几个特点：

理想的发热值：除核燃料外,氢的发热值是所有石化燃料、化工燃料和生物燃料中最高的,为142 351千焦/千克,是汽油发热值的3倍。

燃烧性能好,点燃快：与空气混合时有广泛的可燃范围,而且燃点高,燃烧速度快。

无毒：与其他燃料相比，氢燃烧时最清洁，除生成水和少量氮化氢外不会产生诸如一氧化碳、二氧化碳、碳氢化合物、铅化物和粉尘颗粒等对环境有害的污染物质，少量的氮化氢经过适当处理也不会污染环境，且燃烧生成的水还可继续制氢，反复循环使用。产物水无腐蚀性，对设备无损。

利用形式多：既可以通过燃烧产生热能，在热力发动机中产生机械功，又可以作为能源材料用于燃料电池，或转换成固态氢用做结构材料。可以多种形态存在：以气态、液态或固态的金属氢化物出现，能适应贮运及各种应用环境的不同要求。

耗损少：可以取消远距离高压输电，代以远距离管道输氢，安全性相对提高，能源无效损耗减小。

利用率高：取消了内燃机噪声源和能源污染隐患，利用率高。

运输方便：可以减轻燃料自重，增加运载工具有效载荷，降低运输成本，从全程效益考虑，社会总效益优于其他能源。

减少温室效应：取代石化燃料能最大限度地减弱温室效应。

氢能源的开发与利用

时至今日，氢能的利用已有长足进步。自从1965年美国开始研制液氢发动机以来，相继研制成功了各种类型的喷气式和火箭式发动机。美国的航天飞机已成功使用液氢做燃料。我国长征2号、3号也使用液氢做燃料。以液氢来代替柴油，用于铁路机车或一般汽车的研制也十分活跃。氢能汽车靠氢燃料电池运行，也是沟通电力系统和氢能体系的重要手段。

目前，世界各国正在研究如何能大量而廉价地生产氢。利用太阳能来分解水是一个主要的研究方向，在光的作用下将水分解成氢气和氧气，关键在于找到一种合适的催化剂。如今世界上有50多个实验室在进行研究，至今尚未有重大突破，但它孕育着广阔的前景。发展氢能源，将为建立一个美好、无污染的新世界迈出重要一步。

氢的用途很广，适用性强。它不仅能用做燃料，金属氢化物还具有化学能、热能和机械能相互转换的功能。

氢作为气体燃料，首先被应用在汽车上。1976年5月，美国研制出一种以氢做燃料的汽车；后来，日本也研制成功一种以液态氢为燃料的汽车；20世纪70年代末期，联邦德国的奔驰汽车公司已对氢气进行了试验，它们仅用了5千克氢，就使汽车行驶了110公里。

用氢做汽车燃料，不仅干净，在低温下容易发动，而且对发动机的腐蚀作用小，可延长发动机的使用寿命。由于氢气与空气能够均匀混合，完全可省去一般汽车上所用的汽化器，从而可简化现有汽车的构造。更令人感兴趣的是，只要在汽油中加入4%的氢气，用它作为汽车发动机燃料，就可节油40%，而且无需对汽油发动机做多大的改进。

氢气在一定压力和温度下很容易变成液体，因而将它用于铁罐车、公路拖车或者轮船运输都很方便。液态的氢既可用做汽车、飞机的燃料，也可用做火箭、导弹的燃料。美国飞往月球的"阿波罗"号宇宙飞船和我国发射人造卫星的长征运载火箭，都是用液态氢做燃料的。

随着太阳能研究和利用的发展，人们已开始利用阳光分解水来制取氢气。在水中放入催化剂，在阳光照射下，催化剂便能激发光化学反应，把水分解成氢和氧。例如，二氧化钛和某些含钌的化合物，就是较适用的光水解催化剂。人们预计，一旦更有效的催化剂问世时，水中取"火"——制氢就成为可能，到那时，人们只要在汽车、飞机等油箱中装满水，再加入光水解催化剂，在阳光照射下，水便能不断地分解出氢，成为发动机的能源。

对于制取氢气，有人提出了一个大胆的设想：将来建造一些为电解水制取氢气的专用核电站。譬如，建造一些人工海岛，把核电站建在这些海岛上，电解用水和冷却用水均取自海水。由于海岛远离居民区，所以既安全，又经济。制取的氢和氧，用铺设在水下的通气管道输入陆地，以便供人们随时使用。

2008年我国还成立了一个氢能标准技术委员会，代码是SAC／TC309，专门来制定氢能国家标准，与国际氢能标准委员会接轨。

目前，氢气作为能源用得比较少，只是发射火箭时用一些。氢气主要是用在其他方面，比如说制造合成氨，石油的精炼、精制，汽油加氢等。氢气在交通燃料应用方面，目前在做的有氢燃料电池汽车等。

2008年，由湖北宜昌兰天气体有限公司发明的小水电制氢法十分引人瞩目，它把小水电站间歇性难贮存的电能转变为可持续供给、可贮存的氢能，氢能成本仅为1.8元/立方米，大大低于其他制氢方法。这让长期关注氢能源领域的投资者兴奋不已，或许普及氢能源离我们的生活将不会太远了。

当前，在中国的能源结构中，约95%是传统能源，其中绝大部分是燃烧石化燃料，也就是我们熟知的煤、石油、天然气和其衍生产品等，新能源仅占5%的比例。

根据规划，大约到2015年，新能源可增长到能源结构的10%，2025年将增长到25%。因此，如何使新能源在节能、降耗、环保减排方面逐渐替代传统能源，将是一个巨大的、具有发展潜力的市场。

目前，我国已经研制出氢燃料电池轿车和公交车，并投入使用，物美价廉，前景广阔。

在2008年北京奥运会上，就有2辆氢燃料电池大客车、20辆氢燃料电池小轿车，全程为北京奥运会服务，得到国内外的一致好评。2010年在上海的世博上，使用了200辆氢燃料电池车，示范的效果很好。2008年4月20日，长安集团自主研发的中国首款氢动力概念跑车"氢程"震撼亮相北京车展。其性能不仅可以达到汽油机的水平，效率上还比同排量的汽油机高30%以上，碳氢化合物、一氧化碳、二氧化碳排放几乎为零，完全可实现超低排放并具有良好的低温启动性。而且，"氢程"在一次性加足燃料的情况下，巡航距离可达230千米以上。此次长安氢动力概念跑车"氢程"的闪耀亮相，预示着我国在氢能源汽车应用技术研究方面摆脱了跟踪式研究的被动局面，为氢能源在我国汽车上的应用打下了基础，也将进一步推动中国新能源技术取得更大突破。

氢能是新能源时代的发展方向

国家科技部氢能"973项目"首席科学家、清华大学教授毛宗强认为，"现在中国的氢能在国际上还有一定的地位，并不是有人想象的那么弱。首先从氢气的产量上来讲，我国应该是世界第一大产氢国。氢能的市场应用方面，现在大家总在争论，是不是还要十年、二十年等。我就希望让大家看到氢能是比较有期望的，没有那么遥远和高成本。要不然的话，大家都觉得没意义。虽然从长远来看，氢能确实是一个必然的方向"。

目前中国的氢气产量世界第一，储氢材料产、销量第一，大概年产1 000多万吨的氢气。全世界最大的一个制氢工厂就在我国的鄂尔多斯，是用煤来制氢的，一年能够生产18万吨氢气。

氢燃料电池技术，一直被认为是利用氢能解决未来人类能源危机的终极方案。上海一直是中国氢燃料电池研发和应用的重要基地，包括上海汽车、上海神力、同济大学等企业、高校，也一直在研发氢燃料电池和氢能车辆。随着中国经济的快速发展，汽车工业已经成为中国的支柱产业之一。

2007年中国已成为世界第三大汽车生产国和第二大汽车市场。与此同时，汽车燃油消耗也达到8 000万吨，约占中国石油总需求量的1/4。在能源供应日益紧张的今天，发展新能源汽车已迫在眉睫。用氢能作为汽车的燃料无疑是最佳选择。

上海安亭加氢站是由同济大学、上海舜华新能源系统有限公司及上海航天能源有限公司共同研发并建设的上海首座为燃料电池汽车服务的加氢站，已于2009年7月15日正式开业。现由同济大学、上海舜华新能源系统有限公司负责其发展和运营，壳牌提供技术咨询和部分资金。加氢站同时也是一个介绍氢能经济的信息中心。

安亭加氢站是由中国科技部主持的国家"863计划"的一部分。该计划以启动日期（1986年3月）命名，旨在促进多个领域的科技进步，包括混合动力车和燃料电池汽车的示范及商业项目。

目前储氢量最大可达800公斤，一次能连续为6辆大巴、20辆小汽车加注氢气，其规模在全球数一数二。据统计，世界上一半的石油是被汽车用掉的，因此，喝氢吐水的氢燃料电池车被认为是最好的节能减排方案之一。现在，我国的氢燃料电池车研制工作已经取得了一定的进展，同济大学开发的超越三号已经在进行示范运行。这也是加氢站的主要主顾之一。

同济大学汽车学院院长余卓平介绍,目前,同济大学研发的搭载第四代动力系统的荣威、帕萨特领驭、东方之子的最高时速都可达150公里,0—100公里的加速时间小于15秒,加注一次氢气可行驶300多公里,其性能与国际领先水平相当。

毛宗强认为,"目前我们国内的氢能发展还是相对慢了一点。有时我们的一些开发氢能的建议,没有能够及时反映到上面。我国科学界对氢能也有一些不同的意见,这都很正常。但不能因此就不推动氢能前进。虽然目前氢能还是挺难的,但我们充满信心,一步一步走,虽然慢一点,但我们走一步就算成功一步"。

第十一章

硝烟弥漫的南海争端

近年来，中国南海局势不断升温，争议各方剑拔弩张，再度紧张的局势引起国际社会的高度关注。越南、菲律宾、马来西亚等周边国家在美国的支持下，抱团侵占南海岛礁，掠夺海洋资源，企图瓜分南海，战争一触即发。美国学者宣称，南海问题将成为检验中国是否和平崛起的"试金石"，解决南海主权争端考验着中国的智慧。

南海问题的历史溯源

南海，是中国南部的陆缘海，又称"南中国海"，它是世界第三大陆缘海。所谓陆缘海，是指四周大部由半岛、岛屿或陆地所环绕的大海。

南海所属的东沙、西沙、中沙、南沙四个群岛，统称为南海诸岛。南海位于太平洋和印度洋之间，北靠中国华南沿海大陆，东邻菲律宾，西濒越南和马来半岛，南连马来西亚和文莱。南海海域总面积约360万平方公里，域内包括海上通道、岛屿、海峡水域。南海地区北有台湾海峡，西南有马六甲海峡，连接西北太平洋和澳洲大陆，形成具有重要战略价值的海上要道，是联系世界各国的天然纽带。南海蕴藏着巨大的海洋资源，油气资源十分丰富。冷战时期，东南亚是美国和苏联争霸的重要目标之一，南海地区一度成为冷战的前沿阵地，局势动荡不安。冷战结束后，周边国家不顾南海自古就是中国领海的历史事实，抢占岛礁、开采油气。美国、日本、印度等国乘机挑拨离间，使这一地区矛盾冲突加剧。研究南海周边安全形势，把握斗争策略，既十分重要也十分迫切。

多年来，不少国家政府和国际会议的决议也承认南沙群岛是中国的领土。在一些岛屿上中国最早发现、命名南沙群岛，最早并持续对南沙群岛行使主权管辖。汉朝中期中国人已经发现了经南沙群岛到印度洋的航线。此后，历代政府不间断地对南沙群岛行使实际管辖。唐朝时南沙群岛划归琼州府管辖。到清朝时中国人民在南沙海域捕鱼并居住，清朝政府也将南沙群岛划入中国版图。从最早发现到拥有主权，再到开发和利用，中国都远远早于其他国家，对此我们有充分的历史和法理依据，国际社会也长期予以承认。

第二次世界大战期间，日本发动侵华战争，占领了中国大部分地区，包括南沙群岛。《开罗宣言》和《波茨坦公告》及其他国际文件明确规定把被日本窃取的中国领土归还中国，这自然包括了南沙群岛。1946年12月，当时的中国政府指派高级官员赴南沙群岛接收，在岛上举行接收仪式，并立碑纪念，派兵驻守。日本政府于1952年正式表示"放弃对台湾、澎湖列岛以及南沙群岛、西沙群岛之一切权利、权利名义与要求"，从而将南沙群岛正式交还给中国。

对于这一段历史经纬，各国都是十分清楚的。事实上，在此后的一系列国际会议和国际实践中，美国一直承认中国对南沙群岛的主权。例如，1953年菲律宾宪法、1951年菲美军事同盟条约等也对此做了进一步确认。1955年在马尼拉召开的国际民航组织太平洋地区航空会议通过的第24号决议，要求中国台湾当局在南沙群岛加强气象观测，会上没有任何一个代表对此提出异议或保留。许多国家出版的地图也都标注南沙群岛属于中国。

1952年由日本外务大臣冈崎胜男亲笔推荐的《标准世界地图集》，以及1962年由外务大臣大平正芳推荐出版的《世界新地图集》，1954年德意志联邦共和国出版的《世界大地图集》，1956年英国出版的《企鹅世界地图集》，1956年法国出版的《拉鲁斯世界与政治经济地图集》等都明确标注南沙群岛属于中国。越南1960年、1972年出版的世界地图及1974年出版的教科书都承认南沙群岛是中国领土。许多国家的权威性百科全书，如1963年美国出版的《威尔德麦克各国百科全书》，1973年的《苏联大百科全书》和1979年日本共同社出版的《世界年鉴》都承认南沙群岛是中国领土。

越南在1975年以前明确承认中国对南沙群岛的领土主权。菲律宾和马来西亚等国在20世纪70年代以前没有任何法律文件或领导人讲话提及本国领土范围包括南沙群岛。

而马来西亚只是到了1978年12月，才在其公布的大陆架地图上将南沙群岛的部分岛礁和海域标在自己的境内。

20世纪70年代开始，越南、菲律宾、马来西亚等国以军事手段占领南沙群岛部分岛礁，在南沙群岛附近海域进行大规模的资源开发活动并提出主权要求。对此中国政府一再严正声明，这些行为是对中国领土主权的严重侵犯，是非法的、无效的。这些国家的所谓法律依据是根本站不住脚的。

自2010年以来，围绕关于南海主权与权益之争的"南海问题"有愈演愈烈的趋势。越南、菲律宾等国纷纷在南海对中国出手，挑战中国底线。

根据《联合国海洋公约》，沿海国家对两百海里专属经济区享有主权权利。一平方公里小岛的主权，可能意味着125 600平方公里的经济区域！如果海底有石油和珍贵矿产，如果计算军事价值，这个小岛的价值可能影响国家的前途。于是，有关国家为维护在南海的既得利益，继续在南海"主权"的问题上向中国展开政治、外交攻势，强化对已占有岛礁的军事管控，加快了对南海资源的掠夺。

南海特别是南沙群岛的主权之争始于20世纪后半期。20世纪60年代以来，中国南沙群岛露出水面的岛屿以及海域被周边国家侵占。提出所谓"主权"要求并分割海域的国家有越南、菲律宾、马来西亚和文莱。其中，越南、菲律宾、马来西亚三国还派兵到岛礁进行军事占领，只分割海域的是印度尼西亚。到1991年年底除中国大陆控制的6个岛礁和台湾控制的太平岛，其他44个岛礁分别被越南、菲律宾、马来西亚、文莱侵占。

在占据大量岛礁的情况下，越南、菲律宾、马来西亚等国每年从南沙海域采走的石油约为1 800多万吨（越南200万吨、马来西亚800万吨、文莱800万吨、菲律宾50万吨）。海南南海研究中心主任吴士存教授在接受《东方瞭望》周刊采访时说"目前在断续线内的中国领海海域，约有10多个国家的100多家公司从事油气的开采，每年开采的天然气和石油约有3 000多万吨。大国资本的介入使南海争端走向国际化"。

中国南海周边各国纷纷大力推进军队现代化，以期武力维护其在南海的既得利益，同时，美、日、印等大国加强了向南海的军事渗透，从而使南海问题进一步朝着复杂化、国际化的方向发展，形势不容乐观。当前的这种情况，使南海日益成为巴尔干式的"火药桶"。

导致南海纷争的原因

南沙群岛自古属于中国领土，这已得到国际社会的普遍承认。那为什么南沙群岛主权争议越演越烈呢？主要有五个方面的原因：

一是因为南海拥有丰富的自然资源。据相关资料记载，南沙群岛海域蕴藏着大量的矿藏资源，有石油和天然气、铁、铜、锰、磷等，其中尤以油气资源极为丰富，是世界四大海底储油区之一，南海海域的油气资源主要分布在曾母暗沙、万安西和礼乐滩等十几个盆地，油气总面积达72万多平方公里，油气地质储量总量约600亿吨，被称为"第二个波斯湾"。

二是历史遗留问题。南沙群岛主权之所以后来引发争端，除了资源丰富外，还与20世纪30年代后外国殖民主义势力侵略南沙群岛的历史有着密切的联系。前面已经提到，19世纪中后期，腐朽没落的清王朝在经历了鸦片战争、第二次鸦片战争、中法战争、中日甲午战争之后，逐步沦为半殖民地、半封建社会，周边国家如朝鲜、越南等也落入日本和法国等的殖民统治之下，中国南海成为西方殖民主义的侵略目标，尤其是法国和日本先后对南沙群岛进行了一系列严重的侵略活动。

1931年，日本入侵中国东北之后，统治越南的法国殖民者乘机于12月4日声称对西沙群岛拥有所谓"先有权"。1933年，法国派炮舰"阿勒特"号和一艘测量船侵占了南威岛等9座南沙岛礁，时称"九小岛事件"。1939年3月30日，日本将法国人驱逐出南沙，取而代之。后来，日本将所占西沙、南沙等群岛一并命名为"新南群岛"，隶属台湾南雄县治。法国、日本对南沙群岛的侵略是导致后来南海争端的一个"历史因素"。

越南认为1951年签署的《旧金山和约》中规定日本"放弃对于南沙群岛及西沙群岛之权利、权利依据与要求"，并没有明确规定日本放弃这些领土后，由哪些国家收回，因此单方面认为和约上述条款规定的是越南的权利。

三是国际海洋法存在的缺陷。1982年制定的《联合国海洋公约》在一定程度的公平意义上确立了海洋秩序，但它引入"专属经济区"的新概念时，却对专属经济区和大陆架没有给予明确的界定。它允许专属经济区和大陆架存在多条分界线，其结果是，由于各方对专属经济区和大陆架的界定不同，就为冲突埋下了隐患。《联合国海洋公约》还规定，一个岛屿（涨潮时露在海面的岛屿）可以为一国提供200海里的专属经济区。

四是南沙群岛具有重要的战略地位。南沙群岛的地缘位置十分特殊，在地缘政治和军事安全上，具有十分重要的战略地位，也是我国南部海域前沿的军事战略要冲。

南沙群岛及其海域是太平洋和印度洋的海上交通咽喉，地处马六甲等重要海峡，是从亚洲驶往印度洋、中东、欧洲的最近航路，是沟通两大洋和联系三大洲的海上枢纽。从交通航运的重要性来看，世界上1／10强的石油产品由中东运往东亚、日本和美国要取道南沙海域，因此，谁拥有了南沙群岛及其海域，就等于自己掌握了"一条战略通道"。如越南强调南海是其"天然屏障"，菲律宾则认为南沙群岛是"正对菲律宾群岛腰部的一把匕首"。

五是中国长期以来未能对南沙群岛实施有效管理，这是最为重要的原因。第二次世界大战后，中国虽然收回了南沙群岛的主权，但只在其中的太平岛上驻军。后来，国民党败退台湾，造成了大陆和台湾无力全面管辖治理群岛的尴尬局面。试想，如果中国统一强大，他国又如何染指南沙？

为了制衡中国，部分国家采取了拉住域外大国对抗中国的做法。殊不知这种做法不仅无助于问题的解决，还激化了矛盾，使自身承担了更大的风险。天下没有免费的午餐，拉住域外大国，必然要付出满足这些大胃口国家利益需求的代价；对抗中国，必然会损害与中国的贸易往来。换取的却是彼此间与中国的矛盾激化和域外大国没有切实保障的空头承诺。一旦发生武装冲突，域外大国鼎力介入的可能性甚微，因为它们不会视与中国的更大利益于不顾。

在此，笔者奉劝有关国家能多做对地区和平稳定有利的事情，与中国共同努力，切实落实好《南海各方行为宣言》。

被外国掠夺的南海

自2010年以来,中国南海主权争端不断升级,越南、菲律宾、马来西亚、文莱、印度尼西亚等周边国家在美国的支持下,纷纷侵占南海岛礁,掠夺海洋资源,瓜分南海。南海成为国际社会广泛关注的热点之一。那么中国南海现有多少岛礁被外国侵占?有多少海洋资源被外国掠夺?"主权归我,搁置争议,共同开发"的政策为何失效?

南海作为世界第三大陆缘海,幅员辽阔,拥有300万平方公里的浩瀚海域,相当于16个广东省那么大。不仅拥有着异常丰富的渔业资源、深海动植物资源,更为重要的是南中国海海底蕴藏着令人瞠目结舌的石油天然气资源,据初步估算海底石油蕴藏量达600亿吨,有"第二个波斯湾"之称。正因为如此,一些周边国家对南海虎视眈眈,垂涎三尺,侵犯中国领海,将其占为己有。

据凤凰网军事频道报道,目前在南沙群岛中,中国实际控制的只有9个岛礁(其中台湾地区控制了2个)。越南占领29个岛礁,越南是除中国外,唯一对西沙和南沙同时提出主权的国家。菲律宾占领8个岛屿,其中业岛为南沙第二大岛屿,菲律宾基本上控制了南沙东北部海域。菲律宾在侵占的南沙群岛上修建了军营和军用机场。马来西亚占领3个岛屿。1978年马来西亚派一支小型舰队到南沙群岛南端的部分岛礁来活动,并树立"主权碑"。1979年马来西亚出版新地图,将上述岛礁和南沙27万平方公里的海域划入其版图。1980年马来西亚政府宣布200海里专属经济区。马来西亚基本上控制了南沙西南部海域。文莱占领1个岛屿:文莱对外宣布200海里专属经济区,并发行了标明海域管辖范围的新地图。文莱声称对南通礁拥有主权,并分割南沙海域3 000平方公里。

让人感到忧虑的是越来越多的南沙群岛的主权和海洋资源被外国掠夺。那些岛礁一旦被外国侵占,要想让那些国家主动离开,是不现实的,况且一些国家已经在加强军备,并逐渐在岛屿上修建永久性设施。

20世纪70年代,中国南沙群岛遭到菲律宾、越南、马来西亚、文莱和印度尼西亚等周边国家的侵占,由此引发了中国与部分国家的军事摩擦。90年代中国正式对南海争端提出"搁置争议,共同开发"的主张。

基于经济利益,菲律宾、越南、文莱等国才纷纷提出对南沙群岛的主权要求。如今,这些国家已经在南沙群岛获得了巨大经济效益。据资料显示,2006年越南至少从南沙群岛开采了1 200万吨的油气,2007年越南政府更是公开在南沙招标开采能源。2011年10月12日,越南不顾中国的强烈反对,与印度签署了合作开发南海油气协议。

文莱则靠南沙群岛的资源跻身于世界富国的行列。相反,对南沙群岛拥有主权的中国,却在南沙的资源开发上相当滞后,至今颗粒无收。

分析人士认为,这两年中国也在加强对南海资源的开发,正因为如此,相关国家开始对中国的强化措施感到担忧,转而把目标放到主权上,企图将既得利益合法化、永久化。对此,厦门大学南洋研究院李金明教授称,"搁置争议,共同开发"是中国提出来的,但真正开发的是别人,搁置主权的是我们。中国在海域管辖上的力不从心给了他国可乘之机,"敌进我退"是目前的现状。

近年来,中国同越南、菲律宾等国也通过多边或者是双边的场合不断地进行对话,希望通过对话来解决争端,进行共同的开发,互惠互利,但是都遭到它们的拒绝,中国与越南、菲律宾在争议海域多次引发冲突,让南海争端不断升温。

美国介入南海争端的图谋

自2010年以来,导致南海问题"白热化"有两个重要原因:一是南海地区拥有丰富的油气资源,有关国家争夺利益;二是美国的介入,使有关国家对中国态度强硬,让越南、菲律宾等国看到了美国这个靠山,所以敢在南海问题上咄咄逼人。由此可见,南海问题升温,与美国的介入有很大关系。美国利用南海问题作为其重返亚洲的重要入口。有关国家也希望通过美国的介入来加强对抗中国的力度。

长期以来,美国一向以"不介入"南海争端自居,以所谓的中立主义姿态应对南海地区的岛屿领土争端。从1990年开始,"中国威胁论"一类的观点在美国国内逐渐形成主流,但美国政府在南海问题上依然十分谨慎,即使小布什执政初期发生南海撞机事件,美国"不介入"南海争端的政策也没有发生质的变化。奥巴马上任后不久,国务卿希拉里在印度尼西亚宣布"美国回来了",是其南海政策进行调整的一个"拐点"。后来,希拉里在越南更是把南海问题同"美国国家利益"挂钩,表明美国完成了其南海政策的全面调整。因此,美国国防部的《中国军力报告》把南中国海视为其亚太安全考虑因素,盖茨在香格里拉对话会上指责中国试图驱赶美国,希拉里说美国必须自由地航行在南海这块"海洋公有地"上,也就不足为怪了。

美国抓紧纽结其南海周边地区的同盟关系,希拉里2010年来的多次讲话,提及美日、美澳同盟的同时,多次强调美菲、美泰同盟关系,进而提升其同新加坡、印度尼西亚的新型伙伴关系,目前来看,美新、美印尼伙伴关系不亚于美国的同盟关系。美军参谋长联席会议主席马伦将军说,美国不会在南海地区建立军事基地,但是美军对新加坡樟宜海港的利用,更胜于冷战时期的金兰湾海军基地。

2004年以来,美国有意识地选择在争议地区进行军事演习,矛头直接针对中国,严重恶化地区局势。

2001年南海撞机事件和2009年3月8日中美舰艇南海对峙事件,是美国最为明目张胆的军事侦察行动。此后,美军继续声言要在南海的所谓"公海"继续执行这些"任务"。现在美国飞机对我海岸的侦察活动已经对我安全形成威胁,美国的无人机活动范围离中国的海岸线已经不到16海里(约30公里)。

2011年6月14日,美国派遣"钟云号"驱逐舰和"华盛顿号"航空母舰驶向南中国海,联合菲律宾、印度尼西亚、马来西亚、新加坡、泰国和文莱等六个东盟国家,在马六甲海峡、西里伯斯海和苏禄海举行联合军事演习。这场联合军事演习名为"东南亚合作与训练",为期10天。进一步加剧了南海紧张局势。

7月25日,美国"乔治·华盛顿"号航母和9200吨级的宙斯盾驱逐舰"麦克·坎贝尔"号离开韩国釜山港前往韩国东部海域参加联合军事演习。

10月23号,美国和菲律宾海军在中菲素有争议的南海浅滩举行了水陆两栖的作战演习,双方都称该演习不针对中国或者任何一个虚拟目标的国家。但是值得注意的是,这次军事演习中作为作战单元部分的南海岛礁位于中国主张的南海主权划界九段线之内。

实际上,美国要介入南海这个和它本土远隔万里、实际上并不涉及它核心利益的一个地区,并不是想要简简单单的作为一个参与者,而是试图充当一个"裁判者"、"斡旋人"的角色,在这个过程中来获取其所谓的"国家利益"。

也就是说,美国关注的并不是南海争端能否更加公平、合理、妥善地解决,而是美国能否参与这个过程,只要能够以一个"裁判者"、"斡旋人"的身份和角色参与这个过程,那么在这个过程当中,美国必然会竭尽所能谋取其所谓的"国家利益"。

有专家指出,每个国家都有自己的国家利益,每个国家都视自己的国家利益为最高,决不容许别的国家将其所谓的"国家利益"凌驾于自己之上。一旦不同国家的国家利益发生矛盾与冲突,相关的利益冲突国就应该以平等的方式进行公平合理的协商与谈判,进而解决冲突。但现在,我们看到更多的是某些国家的"国家利益"单方至上的情况。

就目前情况来看,美国声称介入南海纷争还仅仅处在外交层面上,将来会不会以更加强势、更加激烈的方式介入这一海域,我们还不能确定,但并不能排除这一可能。

在过去的几十年中,美国的军事力量曾进入这一地区,随后又被打出这一地区,同时自己也撤出了这一地区。现在,美国又在试图把它的军事力量和它的影响力重新介入这一地区,用现在流行的一个动画片里的一句台词来说就是:"我还会回来的。"

上海社会科学院亚太研究所研究员蔡鹏鸿认为,美国介入南海争端的一个重要原因是南海地区的地缘战略地位十分重要。南中国海地区位于太平洋和印度洋之间,不仅是国际上重要的商业通道,更是美国海权布局的重要地段,西方战略家有人称之为"亚洲的地中海",更有"边缘地带理论"的鼓噪者们提出了"谁控制了南海,谁就控制了周边重要海峡,谁就控制了整个东亚与太平洋地区"的大胆论断。美国战略家自然不愿放弃这一战略区域,马伦将军说美国将在南海继续存在下去,也是出于这样一种战略考虑。

从经贸层面分析,在当前金融危机创伤尚未恢复的背景下,美国特别重视对东亚和东南亚的出口,美国东盟双边贸易额超过2 000亿美元,2009年美国出口到东南亚国家的货物达到570亿美元,2010年头10个月已经是700亿美元,东南亚已经成为美国第五大出口市场,美国对东盟的投资2009年是1 230亿美元,是美国海外投资的重点地区。奥巴马政府十分重视东盟市场,希望通过加大向东盟国家出口,在国内创造更多的就业机会。

"航海自由"是美国介入南海争端的借口。众所周知,南海是全世界国际航运和海上活动最活跃的海域,南海航行自由至今也没有受到威胁。事实上,中国一直高度重视南海国际航道的安全畅通,中国维护南沙群岛的主权和海洋权益并不影响外国船舶根据国际法所享有的航行自由。中国从未干预过外国船舶在该地区的航行自由。南海问题是中国与有关国家间的问题,中国政府一贯主张通过双边友好协商解决与有关国家之间的分歧,共同维护本地区的和平与稳定,反对任何外部势力以所谓"维护南海航行自由"为借口介入,恶意炒作南海问题。外部势力的介入只能使南海局势乃至整个亚太地区的安全形势进一步复杂化,既不利于南海问题的和平解决,亦不利于南海地区的长久和平与稳定。那么,美国制造所谓"南海航海自由受到威胁"的言论的背后究竟隐藏着怎样的玄机呢?

2011年6月26日,《菲律宾每日询问者报》发表的菲律宾智库人民参政权研究中心学者博比·图亚松的一篇文章道破了其中的玄机,文章写道:"领土争端可能会被用来证明有理由为菲武装部队现代化提供巨额预算，购买军事物资并维持1999年的菲美军事协议。这难道不是正中五角大楼好战分子下怀，让他们可以利用与菲律宾以及东亚其他国家的许多防御条约来加强和调整其安全力量，以便对中国进行战略包围吗？这难道不会是南中国海更大的紧张和冲突的来源吗？"

目前，中国已经成为亚洲第一、世界第二大经济实体，中国对区域和全球地缘政治的影响与日俱增，在西太平洋地区中国的势头正猛，中国崛起对东亚乃至整个亚太地缘格局的影响已经显现，美国及其盟国面对中国崛起势头表现出十分复杂的心态，它们多方串联、桴鼓相应，探寻一切可能的机遇唱衰中国。美国担心自己未来再也不能掌控亚太事务、丧失其在地缘格局中的主导地位，于是，一方面声称自己是太平洋国家，不仅在亚太继续存在，而且也要在南海地区存在，寻机拉拢一些国家，推波助澜，将南海问题国际化，利用南海争议鼓动越南等国家对抗中国。

相对于朝核、伊核、中日钓鱼岛争端等地区安全危机，南海问题有其特殊性。虽然从20世纪70年代起各方就在南海纷争不断，但这两年矛盾才开始受到世人关注，其中的一个重要背景就是中国的快速崛起。

南海争端是观察美国复杂心态、政策取向的一面镜子。美国要保持在该地区的军事存在，因此，保持一定的紧张状态对美国并不是一件坏事，这样既可以拉拢该地区周边国家，同时也极大地牵制了中国，借机炫耀武力并试图从中渔利。

中国在南海为何望油兴叹

当越南、菲律宾、马来西亚等国在南海大肆行动之际，中国的石油公司在南海资源最密集的南沙海域，却没有打出一口井，只能在南海望油兴叹。

这是一个常令中国国民感到困惑甚至愤怒的话题。为何中国公司宁可在遥远并且经常爆发内乱的非洲国家火中取栗，或者花大价钱到中东拿服务费合同，也不愿在自家的海域里寻找石油呢？究竟是什么让中国石油公司在富庶的南海犹豫不决？

由于技术能力和资金方面的原因，东南亚各国的南海油气开发基本上由国际大石油巨头主导，各国采取产量分成合同（PSC）合作开发模式，即：资源国以资源出资，外国公司负责勘探开发并承担风险，收回成本后，双方按比例分成。

在周边国家中，越南在南海的开发最为激进。1975年美孚石油公司在越南南部海域发现了石油。20世纪80年代，越南国家石油与天然气公司和苏联石油公司成立合资公司，合作开发白虎油田。白虎油田至今仍是越南第一大油田，一度占越南原油产量的一半。2004年，越南石油产量达到峰值，日产超过40万桶，之后一直徘徊于日产30多万桶上下。2009年，越南原油的净出口为每日5.3万桶，其中一半出口美国。

越南一直声称对南海拥有全部主权，南海石油是该国第一大经济支柱，占其国民生产总值的30%，不仅赚取了大笔外汇，也支撑着越南每年7%的GDP增长。为加大开采力度，2000年越南修订了《石油法》，不仅使国际石油公司参与竞标的过程更加公开、透明，而且条件非常优惠，合资公司里外方股份可占到80%左右。俄罗斯是越南国家石油公司最大的合作伙伴，埃克森美孚、英国石油、道达尔等西方巨头近年来也赴越投资。

2011年，印度积极参与越南在南海涉及中国主权范围地区的油气开发，激起许多中国民众的强烈愤慨。中国外交部发言人在回答相关提问时，重申了中方的一贯立场：反对任何其他国家在中国管辖的海域进行油气勘探开发活动。

另一个热衷于南海开发的国家是菲律宾，其石油工业非常落后，2009年日均产量只有1.5万桶，其中采自南海的不到1 000桶，几次国际合作勘探都没有什么成果。但2011年6月底，菲律宾又宣布南海地区几个区块对国际招标。

马来西亚的南海策略则是少谈主权多采油。2007—2009年，马来西亚原油日产量分别为75万桶、72.7万桶和69.3万桶，其中绝大部分产自南海。马来西亚日均出口石油19万桶，约三分之一出口美国。马来西亚石油与天然气公司与外资合资通常三七开。

2010年东盟国家在南沙周边海域开采的石油产量达5 350万吨，其中越南开采2 000万吨，文莱开采700万吨，菲律宾开采不足5万吨，其余都是马来西亚开采的。天然气也是马来西亚最多，年产13 000亿立方英尺，占到南海目前天然气总开采量的一半以上，而中国只有1 410亿立方英尺。

2010年中国在南海开采了1 485万吨石油、1 410亿立方英尺天然气。从表面上看中国在南海油气产量不俗。但是，这里所说的"南海"是指中国北部湾海域和珠江口海域，与南沙周边海域是风马牛不相及的。也就是说：我国至今还未在南海开采到一滴石油。

中国海洋石油工业虽然肇始于南海，但是自1965年越南战争爆发后，中国海油勘探开采的重心就从南海转向了渤海湾，南海开发进入沉寂期，直到1986年中海油才在南海搭建了第一个油田平台。

成立于1982年2月的中海油是中国第三大国有石油公司，也是中国最大的海上油气生产商。在南海东部、南海西部、渤海和东海海域的44个近海油田中，中海油与外国石油公司合作的就有23个。

最近几年，中海油几乎每年都会宣布一批南海开放区块，供外国公司以PSC方式与自己合作开发。但中海油的条件苛刻，严守51%的控股底线。2010年中海油亦拿出南海西北部的19个开放区块，其中16个在珠江口盆地，2个在北部湾，1个在琼东南盆地。离中国海岸线最远的琼东南65／24区块，有3 080平方公里，水深1 000—2 200米。这些区块都不属于南沙群岛海域。

中海油在南沙海域这片南海腹地，也曾尝试过开采油气。1992年，美国一家名为克里斯通（Crestone）的石油公司找到中海油，双方签订了南沙万安北21区块PSC石油开发合同。克里斯通之前曾在菲律宾获得两个石油合同，它们推测南海的万安盆地有丰富的油气蕴藏。该区块位于南沙群岛西部，距越南南部海岸280海里，但越南认为该区块位于越南大陆架，与其对外招标的133、

134、135区块重叠。1994年，美国克里斯通公司开始勘探作业，同年，中越海军在万安北附近发生交火。出于政治和外交上的顾虑，这份油气合同被中国有关部门搁置。

据《新世纪》周刊报道，中国在南海油气勘探开发上一直面临双重考量：是"维权"还是"维稳"？如果要开采中国主张的南海腹地油气权益，免不了会与南海邻国发生摩擦。到目前为止，中国政府还是秉持以"维稳"为主的态度。

事实上，除政治上的顾虑外，商业上的高风险，可能是中国石油公司迟迟未进军南海腹地的更重要的原因。一位中海油人士称，中国海岸线与南海最远的距离有3000多公里，难以保障人力物力的供给。交银国际分析师贺炜也举例说，海上油气作业中，钻井平台的工作人员换班是一个大问题，从南沙到中国内地的距离为2 000—3 000公里，直升机飞不了那么远。

中国开发南海的另一个难题是深水作业技术能力。从大陆海岸线往南海走，200公里以外水深就很快下沉至1 500米。而南海有70%以上的油气蕴藏于南海深海区域。中海油副总工程师曾恒一曾表示，中海油在300米水深的石油开采技术已达世界先进水平，但300—3 000米才刚刚起步。

2004年前中海油一直是中国海洋油气资源的专营者，但中海油上下向外传递的信息是：中海油是一家讲求绩效的国际石油公司，要对股东负责，注意资产负债表的健康，不能贸然对遥远的南海腹地展开深海油气勘探开发。

在这样的战略之下，中海油对于深入政治和商业风险都很大的南海腹地持审慎态度，符合商业逻辑。2004年7月，国土资源部曾向中石油发放了南海海域勘探许可证，允许勘探和开采18个南海南部海域的区块。但这些区块，不是位于南海腹地的深海，就是位于与邻国有主权争议的地区。中石油遇到和中海油类似的困境。

但面对东南亚诸国的激进开发态势，坐视显然不是上策。一位中海油前高层建议，中国石油公司可以考虑更大限度地对外开放，也可集中国三大石油公司之力，在南海合作开发。他还认为，由于商业风险太大，国家应建立相应基金，支持"三大油"提升深海勘探开采能力，开发南海。

既然中国已经就《南海各方行为宣言》后续行动准则同东盟国家达成了一致的意见，承诺今后互不改变南沙群岛的现状，则今后南海大势所趋就是维持现状了。然则，中国在南海勘探、开发油气资源的问题上，难免会居于劣势，只能眼睁睁看着越南、马来西亚等国赚得盆满钵满了。

中国石油部门作为国家权力机构，初则没有提出前瞻性建议，供决策层参考，继则在谈判细节上同西方石油公司"死掐"，与商机失之交臂。时至今日，终于造成迄今中国没有在油气资源密集的南沙海域打出一口油气井的后果。

如何破解南海争端

中国政府在南海问题上一贯主张通过友好协商方式的和平解决争端，并提出了"搁置争议，共同开发"的方针。但这一方针并没有能很好地解决南海的势态，却恶化了南海问题。笔者认为，中国在南海问题上一直采取"拖"的策略。敌不动我不动，只要别国不在南海问题上制造麻烦，对中国而言就万事大吉了。中国在南海问题上一直扮演灭火者角色，这种被动的做法不是一个大国应有的风范，而且好像还显得中国理亏，不敢在南海问题上有所作为，还容易被别国牵着鼻子走，给人造成一种中国没有信心解决南海问题的错觉。

南海争端不仅是能源问题，而是涉及国家领土主权问题，应引起中国政府的高度重视。在南海问题上，坐视非良策，宜早不宜晚。中国政府要研究制定化解南海争端的战略与路径，采取一切手段捍卫我国领土主权，捍卫我国重要的运输通道，保护这里的一切自然资源。

清华大学当代国际关系研究院院长阎学通在接受《瞭望》新闻周刊专访时指出：搁置主权争议是共同开发的基础，而共同开发却不可能成为解决主权争议的基础。从上海合作组织的经验看，主权争端的解决应该着手于主权问题的谈判，不要寄希望于无限期的拖延，否则对我们不利。现在中国在南海争端上有优势。我们的"势"在变得有利，但就像下围棋一样，当我们的"势"向有利的方向变化时，对手就不跟你争"势"，而是争实地了。而如果我们不争实地，结果是有势而无实地。

笔者比较赞同阎学通教授的观点，中国不能在南海问题上再拖延下去了，应变被动为主动。清楚表明中国在南海问题上的态度只是其中一方面，因为这阻止不了强占国对南海的开发，毕竟南沙群岛大部分岛礁及附属海域不在中国的实际控制之下，更为复杂的是不止一个国家对南海宣称拥有主权，而且它们还抱成一团共同对付中国，这让中国解决南海问题变得更为棘手。当务之急，中国应提出自己解决南海问题的可行性方法。

中国对整个南海拥有主权几乎是国际社会的共识，由于种种原因，南海产生了争端，那么，中国提出自己的解决方法相信能获得国际社会的普遍支持和认可。当然这不是让南海问题国际化，用一个汉字来说，这就是"礼"，这是中国向世界表明解决南海争端的决心，同时表明我们不是南海争端的麻烦制造者。至于争议国家是否接受中国提出的解决南海问题的方法，我们暂且不讨论，赢得国际社会的理解和支持才是最关键的。

南海问题要和平解决，中国就不能总是陪着周边某些国家一起玩这种"捉迷藏"的游戏。是我们的，我们坚决不让；不是我们的，我们一寸不要。海上的界线究竟划在哪里，来不得半点模糊。

目前，中国在南海的海上划界还十分模糊，至今没有精确定位。越南和其他国家当然希望模糊，因为越模糊，就越是有利于它们的勘探和开采。越南甚至已经在这种模糊中取得事实上的进展。但中国不一样，中国必须清楚。中国政府理应将此事更详细的地理材料公之于众，中国也理应有权利要求越南、菲律宾和印度方面提供具体的位置图。因为这是一个敏感区域，如果这些区块侵犯了中国领海，如果越南和印度因此而破坏了《南海各方行为宣言》及落实宣言的指针，那就应当让世界明白。

中国社会科学院国际问题专家叶海林中认为，现在该是中国给南海划定红线的时候了！此前，中国已经一而再再而三地就南海问题做出声明，然而，"声明"再严正，没有有效的制裁手段跟进，对触犯声明的行为也不会产生任何威慑力。而"红线"的意思是说只要踩了，脚就有被砍掉的危险，否则不成了"高压线两万伏一触即死违者罚款"的冷笑话？

现在，中国应该以打击南海的海盗和海上搜救活动作为切入点，领导亚洲地区海事安全的活动，争取舆论的制高点。自2010年来，南海的海盗案件大幅上升，共计发生40多起。其中有5艘中国船只遭袭。中国应积极组织海上力量打击南海海盗，并与中国到亚丁湾的护航军舰联成一线。日本从20世纪90年代开始，就利用打击海盗的行为，不断地在国际上提出打击海盗的倡议等。日本通过打击海盗，已经逐渐地将其海上自卫队向印度洋发展。2011年7月，日本以维和和帮助非洲国家打击海盗为名，在吉布提建立日本海上自卫队的军事基地，这是日本在第二次世界大战后的第一个海外军事基地。中国可以通过打击海盗的方式争取主动。

为了更好地促进对南海的执法和维权行动，中国应该成立一个跨部门的海上协调机构，整合中国在海上的各种力量。

以和平解决方式解决南海问题当然是上策，但是，和平解决边界争议的原则必须双方都接受，才可能有成效。单方执行，是没有意义的。当双方都执行这个原则的时候，这个政策对于改善双边关系是非常有效的，单方执行时这个政策就是无效的。

维护我国国家利益才是硬道理。中国接受和平方式解决的前提，应是菲律宾、越南等国先交还占领的岛礁，再谈有约束力的和平行为准则。因此，中国决不能承诺放弃以武力收复南海被邻国侵占的岛礁。中国不能让《南海各方行为宣言》的指导方针，成为外国控制中国的"紧箍咒"。

在南海问题、钓鱼岛和台湾问题上，中国要坚持一个原则，这个原则就是要维护国家的主权、尊严和领土完整，这不是哪一届政府的事情，中国政府必须维护国家主权。当国家主权受到侵犯的时候，根据联合国宪章第51条的规定，就是要行使自卫权，不能因为你强就打击人，但是我受到侵略的时候，主权受到挑衅的时候，别人向我挑衅，我就可以自卫，自卫反击战是合法的，比如这是我的岛屿，你给我炸了，我就可以向你反击，再收回来，这是自卫，是合法的。所以平常我们热爱和平，我们讲和平，一定要区分这个问题，不是说一味地求和平，盼和平，靠态度好就能够维持和平，相反，美国都是两手抓，两手都要硬。

南海问题不仅仅是主权的问题，更是中国的生命线，一旦失去南海，中国的海洋地缘优势就可能不复存在，未来局势必将恶化，所以，应做出符合民心与国家核心利益的强硬姿态，大胆亮剑。我们必须明白，在解决南海争端方面没有双赢的结局。中国是主权受侵犯的一方，如果我们单方承诺只能采用和平方式解决争端，如同长缨缚住苍龙，实际上等于默认菲律宾、越南等国对南海的实际占领，这些国家未来也不用担心受到武力的打击。从目前局势来看，未来中国用和平的方式收复南海的可能性非常渺茫，中国必须要做好军事战斗的准备，如果外交努力失败，就果断用武力捍卫领土。

南海问题备忘录

1931年12月4日，日本侵略中国东北之后，统治越南的法国殖民者乘机声称对西沙群岛拥有所谓"先有权"。

1933年，法国派炮舰"阿勒特"号和一艘测量船侵占了南威岛等9座南沙岛礁，时称"九小岛事件"。

1939年3月30日，日本将法国人驱逐出南沙，取而代之。后来，日本将所占东沙、西沙、南沙等群岛一并命名为"新南群岛"，隶属台湾南雄县治。法国、日本对南沙群岛的侵略是导致后来南海争端的一个"历史因素"。

1946年，国民党当局展开了南海划界工作。当时负责划界的一艘军舰名为"永兴"——西沙群岛最大的岛屿永兴岛就因此而得名。

1947年,当时的"内政部"完成了南海划界,即"九段线"。这条线最南到北纬4°的曾母暗沙,奠定了今天中国南海疆界的基本走向。黄岩岛也在"九段线"中国领海范围内。

1958年9月4日,中国政府发表关于领海的声明:中华人民共和国的领海宽度12海里;中国领海的划定,采用直基线法,在基线以内的水域,包括渤海湾、琼州海峡在内,都是中国的内海,在基线以内的岛屿,包括东引岛、高登岛、马祖列岛、白犬列岛、乌岛、大小金门岛、大担岛、二担岛、东碇岛在内,都是中国的内海岛屿。声明还宣布,一切外国飞机和军用船舶,未经中华人民共和国政府的许可,不得进入中国的领海和领海上空;任何外国船舶在中国领海航行,必须遵守中华人民共和国政府的有关法规。声明中的以上各项规定的原则同样适用于台湾及其周围各岛、澎湖列岛、东沙群岛、中沙群岛、南沙群岛以及其他属于中国的岛屿。

1974年1月11日,越南把西沙群岛划到自己的版图内。越南军舰在西沙永乐岛海域的活动更加频繁,并将登岛部队北调岘港,欲侵占整个西沙群岛。15日,越南海军"李常杰"号和"陈平重"号两艘驱逐舰与中国渔船对峙,并炮击甘泉岛上的中国国旗。17日,越南军队登陆金银岛,又强占甘泉岛。

1974年1月19日至20日,中国与越南爆发西沙海战,中国夺回了西沙群岛,划归海南省管辖。

1974年2月,南越侵占我南沙群岛南子岛,改称西双子;侵占谦沙洲,改称山歌岛;占领景宏岛,改称生存岛;占领南威岛,改称长沙岛;占领安波沙洲,改称安邦岛。中国大陆和台湾地区政府对越南共和国提出了强烈抗议,并重申了中国对南沙群岛的主权。

1974年1月,中国外交部发表声明,重申南沙、西沙和东沙等群岛为中国固有领土。中越发生西沙海战,中方击沉南越海军炮舰"怒涛"号,其余3艘敌舰在受伤后仓皇逃跑。中国陆军部队在海军部队、民兵和渔民的配合下,收复被非法占领的甘泉、珊瑚、金银3岛,至此西沙群岛全部归属我国。

1982年12月10日,《联合国海洋法公约》在牙买加的蒙特哥湾召开的第三次联合国海洋法会议最后会议上通过，自1994年生效。

1983年9月14日，中国政府再次发表声明，重申中国对包括西沙群岛、南沙群岛在内的南海诸岛享有合法主权，绝不容许任何国家以任何借口和采取任何方式加以侵犯，任何外国侵占南海诸岛的岛屿以及在这些地区进行开发或其他活动，都是非法的、不能允许的。

1988年1月21日，中国因执行联合国教科文组织《全球海平面联测计划》而在南沙永署礁建立第74号海洋观察站，中越双方在南沙的赤瓜礁发生武装冲突。战争于14日结束，以中国的胜利而告终。

1988年3月，中越南沙赤瓜礁海战爆发，战斗共持续了28分钟，越军有2艘运输船被击沉，1艘登陆舰遭重创，伤亡400人，被俘40余人，其中中校军官1人，中方仅1人轻伤。中国控制了赤瓜礁等7个南沙岛礁。

1992年，公布领海法。

1997年，重申南海U形领海线及其内之所有岛礁之主权。

1988年4月，越南以救助活动为名派遣军舰占领南沙群岛鬼喊礁、大现礁、六门礁、无乜礁、南华礁、东礁，并在各礁进行军事建设，中国谴责越南乘机占领舶兰礁、奈罗礁，要求越南从南沙群岛撤退。

1988年6月，越南派出150名工人开赴其占领的中国南威岛修筑永久性设施，并先后侵占南沙群岛第二大礁——六门礁，以及东礁、无乜礁、日积礁、大现礁、南华礁、舶兰礁、奈罗礁、鬼喊礁、奥南暗沙、金盾暗沙。

1991年5月，越南军政治局、兵战总局代表团，视察南沙群岛。越军侵占西卫滩。中国海军在永兴岛建"中国南海诸岛工程纪念碑"。

1991年7月，"处理南中国海潜在冲突"第二次非正式讨论会在印度尼西亚的万隆召开，这是与南沙争端有关的所有各方第一次坐在一起讨论南沙争端。

2002年11月4日，中国与东盟各国外长及外长代表在金边签署了《南海各方行为宣言》。中国国务院总理朱镕基和东盟各国领导人出席了签字仪式。宣言确认中国与东盟致力于加强睦邻互信伙伴关系，共同维护南海地区的和平与稳定。宣言强调通过友好协商和谈判，以和平方式解决南海有关争议。

2007年11月，国务院批准设立海南省三沙市（意为西沙、中沙、南沙），管辖南海各岛屿。

2009年5月，越南向联合国大陆架界限委员会单独提交了南海"外大陆架划界案"，声称有3 260公里长的海岸线并对中国的西沙和南沙群岛享有主权。中国外交部发言人马朝旭在北京表示，越南提交的所谓"外大陆架划界案"，严重侵犯了中国的主权、主权权利和管辖权，是非法的、无效的。

2010年7月23日，东盟外长会议举行，希拉里发表涉南海言论，宣布南海岛屿领海争议事关美国国家利益，美国要介入南海"调停"。

8月9日，菲律宾外交部长罗慕洛表示，解决南海领土争端应由东南亚国家联盟与有关各方举行协商，而不需要美国和任何第三方参与。罗慕洛称，东盟将继续推动实施与中国在2002年达成的《南海各方行为宣言》这一行为准则，以此来解决南海争端。

8月12—20日，美越南海联合军事演习。美"麦凯恩"号驱逐舰与越南海军在南海举行持续约一周的演练。此时正值南海问题引发外交纷争之际，美越间的频繁互动成为各方关注的焦点。

2011年6月5日，数百名越南民众在中国驻越大使馆门前集会，以抗议所谓的中国船只在南海争议水域"侵犯越南领土"行为。

6月9日，中国渔船在南沙海域正常作业时，遭到越南武装舰船的非法驱赶。越方船只拖曳中国渔船倒行长达一个多小时。同日，越南外交部发言人还无端指责中国渔船"蓄意割断"越南在南海作业的油气勘探船电缆，宣称中国"严重侵犯"越南的所谓"主权权利和管辖权"。

6月13日，越南在其中部海岸附近某海域举行持续6个小时的实弹演习，并警告各种船只远离该海域。

6月14日，美国联合菲律宾、印度尼西亚、马来西亚、新加坡、泰国和文莱等六个东盟国家，在马六甲海峡、西里伯斯海和苏禄海举行联合军事演习。这场联合军事演习名为"东南亚合作与训练"，为期10天，进一步加剧了南海紧张局势。

6月15日，菲律宾出动海军拆除了中国在南海部分岛礁上"非法设置的标志"，引发世界媒体的广泛报道。菲律宾媒体欢呼在南海问题上获得了美国支持。

9月15日，印度国有石油天然气公司（ONGC）拟进入南海争议海域开发油气资源，并称有关计划"已获得越南许可"。印度外交部对中国的反对表示不屑，称"中国的反对没有法律依据"。中国外交部回应印越南海采油是非法、无效的。希望有关外国公司不要卷入南海争议。

9月22日，菲律宾召集东盟十国的海事专家开会，讨论该国解决南海争端问题的一个建议：将南海明确划分为无争议和有争议的区域，无争议的地区由"独有主权国"直接开采，有争议的地区则由几个声索国合作开发。但此建议未获东盟与会专家批准。

9月27日，菲律宾总统阿基诺三世与日本首相野田佳彦举行会晤并发表联合声明称："南海地区十分重要，因为它连接着世界与亚太地区，这里的和平与稳定是国际社会的共同利益。"声明写道："航行自由、不受阻碍的通商、对现存国际法的遵守以及冲突的和平解决符合两国及整个地区的利益。"

10月11日，越共中央总书记阮富仲访华，双方共同签署了南海问题基本原则协议。同日，越南国家主席张晋创也对印度进行访问，越南与印度签署了合作开发南海油气协议。

10月18日，一艘中国渔船在南沙礼乐滩附近海域正常作业时遭到菲律宾军舰袭扰。

10月18日，一艘菲律宾军舰进入中国南沙礼乐滩附近海域，在试图接近一艘正常作业的中国渔船时，其螺旋桨缠绕住中国渔船所拖曳的25艘无人小艇的缆绳，致使中国渔船失去对小艇的控制。

10月23号，美国和菲律宾海军在中菲素有争议的南海浅滩举行了水陆两栖的作战演习。

12月3日，菲律宾海军在菲律宾巴拉望岛南端靠近巴拉巴克海峡的海域，以"非法捕鱼"为名扣留了六名中国渔民。

附录 APPENDIX

主要参考文献

1. 〔德〕威廉·恩道尔著，赵刚等译：《石油战争》，知识产权出版社2008年4月第一版。

2. 〔法〕菲利普·赛比耶-洛佩兹著，潘革平译：《石油地缘政治》，社会科学文献出版社2008年9月版第一版。

3. 唐风：《新能源战争》，中国商业出版社2008年9月第一版。

4. 韩立华：《能源博弈大战》，新世界出版社2008年11月第一版。

5. 〔美〕斯蒂芬·李柏等著，李伟译：《即将来临的能源崩溃》，中国人民大学出版社2009年6月第一版。

6. 金圣荣：《利比亚战争背后的阴谋》，人民日报出版社2011年7月第一版。

7. 中国工程院核能专题组：《中国能源发展战略研究》，科学出版社2011年5月第一版。

8. 孙荣飞：《中国石油险局》，《凤凰周刊》2010年第22期。

9. 汪孝宗：《石油出口能力2016年前达到峰值》，《中国经济周刊》2010年1月26日。

10. 康怡：《中外专家激辩中国能源战略》，《经济观察报》2009年8月24日。

11. 中国工程院：《中国制造业可持续发展战略研究》，机械工业出版社2010年10月第一版。

12. 《中国核能行业"十二五"发展规划研究报告》，中国能源网2010年12月。

13. 陈柳钦：《中国能源安全面临的挑战及其战略应对》，价值中国网2011年4月21日。

14. 孙英兰：《专家眼中的中国核电前景》，《瞭望周刊》2011年3月21日。

15. 王海清：《能源安全对策应"三管齐下"》，新华网2011年4月28日。

16. 何清、叶慧珏：《新中东塑造国际石油新政治》，《21世纪经济报道》2011年4月9日。

17. 中国光伏产业联盟：《2011中国光伏产业发展报告》，太阳能光伏网2011年3月18日。

18. 明金维：《从全球视野看中国突破能源安全瓶颈》，《中国证券报》2009年5月11日。

19. 杜祥琬：《中国能源可持续发展的战略思考》，《科学时报》2010年11月22日。

20. 杨泽伟：《中国能源安全问题挑战与应对》，《世界经济与政治》2008年第8期。

21. 郑浩：《美国有意介入南海主权争端之中》，凤凰卫视《新闻今日谈》2010年7月24日。

22. 蔡鹏鸿：《警惕：美国未来可能以更加激烈方式介入南海》，新华网

2010年7月30日。

23. 臧文茜：《泰纳线的博弈》，《第一财经日报》2008年11月4日。

24. 朱伟：《石油：中东战争绕不开的"主题"》，《科技日报》2009年8月12日。

25. 郁鸣：《大国博弈：中美新能源竞合》，《21世纪经济报道》2011年2月12日。

26. 刘丽群：《欧盟建构能源安全新战略》，《解放军报》2011年2月12日。

27. 张磊：《新能源博弈：站在新经济的高度》，《电气中国》2009年5月31日。

28. 王小聪、孙慧霞：《南海石油开采：商业与政治风险暂难解》，《新世纪》2011年7月。

29. 王斌：《里海地区背后的利益之争》，《中国青年报》2011年8月12日。

30. 张建新：《美国霸权与国际石油政治》，《上海交通大学学报》2006年第2期。

31. 姚望：《俄方屡次违约背后中俄能源政治博弈》，《凤凰周刊》2011年7月。

32. 尹一杰：《石油三巨头海外投资三分之二项目亏损》，《21世纪经济报道》2011年7月19日。

33. 汪孝宗：《中国石油危机有多远》，《中国经济周刊》2010年1月26日。

后记

能源是经济社会发展的重要基础。石油、天然气、电力则是人们最常用的能源之一。我们的日常生活,越来越离不开这些能源。可是,我们很少了解,能源从哪儿来、能源的现状、能源与政治的关系、未来谁来为我们提供能源。就拿石油来说,和平时期,汽车、航空运输等交通工具以及人们的日常生活都离不开石油;战争时期,车辆、战机、军舰更是离不开石油。可以说,石油是最重要的战略性资源,谁控制了石油,谁就控制了全球竞争的制高点,占据了国际关系的有利地位;谁控制了石油,谁就掌握了战场主动权,扼住了对手的生死命脉;谁控制了石油,谁就控制住了财富,有了经济健康稳定发展和人民生活水平不断提高的保证。

目前,中国正处于经济发展的关键时期,对能源的需求不断增长,能源供应和能源战略安全面临严峻挑战。能源危机既是一个严肃而又沉重的话题,同时也是一个我们必须共同面对的问题。

这几年,许多专家、学者和能源行业的人士纷纷建议笔者写一本能源方面的书,于是,笔者从2009年开始着手采写《能源战争》这本书,断断续续用了三年的时间才付梓出版。

本书从19世纪中后期开始，一直写到21世纪，跨越一百多年。因书中内容涉及面广，时间跨度也很长，能源市场行情和世界政局瞬息万变，涉及的部门很多，不论是资料收集、采访，还是撰写都比较困难。为增强本书的真时性、权威性和可读性，笔者先后采访了100多位政府官员、专家和能源行业的资深人士，请他们阐述了各自的观点和看法，引用的数据也都出自国家发改委、能源局、统计局等政府职能部门，具有很高的权威性。

本书旨在为我们观察和理解这个纷繁复杂的世界，尤其对于整个能源行业和想了解更多有关能源问题的读者提供一个全新的视角。如果您能从本书中获得一些能源知识，加深对能源、经济、政治的理解，从中获得一份感悟或启示，则笔者将为自己艰辛的创作感到无限的欣慰！

能源涉及面很广，远远超过财经的范畴，因此这本书最终的完成和出版，凝聚了很多人的心血与汗水。

在本书写作的过程中，得到了全国政协经济委员会副主任、国家发展和改革委员会原副主任、国家能源局原局长张国宝，国家发展和改革委员会副主任、国家能源局局长刘铁男，国务院参事室参事、国家核安全专家委员会成员吴宗鑫，中国工程院副院长杜祥琬，国家能源局规划发展司司长江冰，国家能源局新能源和可再生能源司副司长梁志鹏，国家发展和改革委员会能源研究所副所长戴彦德，中国能源经济研究院战略研究中心主任陈柳钦，清华大学当代国际关系研究院院长阎学通，著名经济学家韩志国，复旦大学教授钱文忠，中国石油大学工商管理学院副院长、中国油气产业发展研究中心主任董秀成，上海国防战略研究所副所长赵楚，气候组织大中华区总裁吴昌华，以及查道、尤文虎、胡文瑄、张建新、任海平、杨泽伟、韩晓平、陈珊珊、黄成军、廖道琼、黄旭、廖云等领导、专家和新闻界朋友的大力支持与帮助，在此一并致谢！

在本书写作的过程中，为了向读者奉献最新的资料和数据，笔者查阅了有关书籍和专家、学者的论著以及报刊上的一些资料，并在书中注明了引用资料的出处，但肯定有疏漏，在此向这些文章的作者和媒体深表谢意！

本书的顺利出版得益于北京大学出版社的大力支持，副总编辑杨立范和策划编辑贾米娜为本书的出版出谋划策，付出了辛勤的劳动。在此向出版社的领导和编辑、发行人员表示由衷的谢意！

由于本人水平有限，再加上时间仓促，书中难免出现不当和浅显之处，敬请读者见谅。欢迎您对本书提出宝贵意见或建议，在此先行表示感谢！笔者的电子信箱：ysh5198@163.com

余胜海

2011年12月于北京大学未名湖